うつでアスペなおやじ ヘルパーになる
あるいは私のプチ社会保障論

福岡・障害者と
暮らしを創る会
大平 実男

海鳥社

刊行に寄せて

津久井やまゆり園家族会前会長　尾野　剛志

■著者、大平実男さんと私との出会い

　2016（平成28）年7月26日、神奈川県相模原市の障害者支援施設「津久井やまゆり園」で元職員が引き起こした無差別殺傷事件から4年の歳月が経ちましたが、まだ記憶に新しいのではないでしょうか。

　この事件は、発生当日から県、法人、園、家族会がマスメディアに対して取材拒否をしていることに違和感を覚え、私は実名で取材に応じてきました。そして事件の風化を防ぐため、県や、法人、園、家族会に対し「マスメディアに園の中を公開すべき」と訴えてきました。講演や集会にも参加し、さまざまな人たちと議論してきました。それは今も続いています。

　一方、「福岡・障害者と暮らしを創る会」では、事件発生の年から「津久井やまゆり園事件追悼の集い」を開催しています。2017年6月末、大平さんからメールをいただき、「来年の集いで講演をしてほしい」と依頼され、引き受けました。2018年7月28日、第3回目だったと思いますが、福岡の皆さんに、事件当日のことや、「一時意識不明」の重傷を負った息子のこと、更には匿名報道や、園の取材拒否についても話をさせていただきました。

　懇親会もしていただき、そして翌日には、太宰府天満宮も案内していただき、大変感激しました。それから大平さんとのメール交換や、「創る会ニュース」、「マンスリーいぶき」などをいつも送っていただいております。そんな中、先日、大平さんから出版の話をうかがい、僭越ながら私が推薦文を書かせていただくことになりました。

■本書について

　大平さんから原稿が送られてきてまず驚いたのは、ページ数の多さ（378ページ）です。読み進めてさらに驚きました。小さい頃の大平さんは、やんちゃな子供として見られていたとのこと。「破天荒」な男として社会人になり、仕事に熱中したものの、50歳過ぎに会社が倒産。それが転機となり、さらには自分の母の介護、奥さんの母（義母）の介護、大平さんの親孝行の気持が、今の大平さんの原点であることが伝わってきました。

　普段はおだやかで心配りが上手な大平さんが、「アスペルガー症候群」という障害で苦しみながら生きてきたことが分かりました。若い頃から悩みながらも会社で働き、部下や上司に疎まれても必死に働き、50歳を過ぎて会社が倒産した後に障害福祉の分野に進むということは並大抵のことではありません。通信制大学に通い、いろんな資格を取り、「障害者介護事業所」をつくり、さらには、「福岡・障害者と暮らしを創る会」を設立し、今も多方面で活動している。10年以上にわたり、障害のある人たちに勇気と力を与え続けてきた姿が、文章から浮かび上がります。

　第4章第3節から12節で述べられている制度については、本当によく調べて記述されています。障害福祉に携わる人たちでさえ、ここまで詳しく調べないだろうと思います。大平さんの障害福祉に対する意気込みが伝わってきて、私はますます大平さんを敬服致します。

　そして、この本の第6章では、津久井やまゆり園事件についても述べられています。

　事件の背景や、犯人（植松死刑囚）の思想、事件に至った経緯など、本当によく調べて記述していることがうかがえます。この事件は、本当に（植松死刑囚）一人の責任なのか、私は今も疑問を持っています。福岡の講演の時も話しましたが、日本の「差別社会」がこの事件を引き起こしたと言っても過言ではないような気がします。「障害がある」ことについて、障害当事者や家族に対する社会の目があまりにも冷たすぎるということです。それが被害者側の匿名を望み、施設の取材拒否に繋が

っているということを社会は認識すべきです。

　私たち、障害福祉に携わっている者は、これからの日本の障害福祉について それぞれの立場から、声を上げ、一致団結し、日本の障害福祉の向上に力を注がなくてはなりません。

　匿名問題については「京都アニメーション無差別放火殺人事件」においても噴出し、今後、議論の課題になるでしょう。

　最後に、大平実男さんが、自分の生い立ちや、60年生きてきた証しを、10年以上にわたり調べ上げた資料を含め、378ページの冊子にして、いろんな方々に読んで頂こうと考えたことに心から敬意を表します。一読に値する本に仕上がっていますので、是非読んでいただくことを推薦致します。

はじめに

　もし私が、うつにならなければ……
　"アスペ" に生まれなかったとしたら……

　堪(こた)えました。とことん打ちのめされてしまいました。「"アスペ" の人たちは、偏った価値観、偏った人格形成、歪んだ思考、歪んだ社会性」、さらに講師は、「先天的自己チュー」とまで言うではありませんか。
　60歳を迎えてすぐ、アスペルガー症候群と診断を受けてわずか4日後、ホームヘルパーを対象に開かれた広汎性発達障害の研修会でのことでした。今読み返しても、発達障害の支援のプロというその講師のレジュメには、間違いなくそう書かれています。障害者支援を志して7年が経っていました。
　凹(へこ)みました。とことん凹みました。頭の中をいろんな思いが駆け巡ります。え、何それ？　障害のない人って何て恐ろしいことを考えてるんだ。いや、支援のプロのはずなのになぜ？　違うだろ？　専門書にもそんなこと書いてないよ？　ついこの間、ドクターから受けたアドバイスなんて嘘っぱちだったのか！　公表などできるわけがない！　ハア〜、これが差別かあ……。そうだ、アスペだってことは一生隠さなくちゃ。絶対にばれちゃいけない……。誰にもしゃべらない、絶対しゃべらない……。いや、いつかばれる、きっとばれる。ばれたらこんなひどい差別を受けるんだ！　そうか、生きてちゃいけない・ん・だ……。
　その日、どうやって家にたどり着いたのか、ほとんど覚えていません。でも暗澹たる気分で、ずっと堂々巡りの思いを繰り返していたことは、今でも苦い思いとして記憶に残っています。
　そのあとも同じ思いばかりが繰り返されます、毎日毎日……。でも10

日ほどすると、オレはいったい何やってるんだという気持ちが少しずつ芽生えてきました。営業マン時代に培われた負けん気も、ようやく頭をもたげてきました。目の前にある仕事も、いつまでも腑抜けであることを許してはくれません。家族も寡黙になった私を何か変だなと見ているし、何よりも自分自身で、「こんなのはオレじゃない！　元気出さんかい！」と思えるようになりました。2週間が経っていました。

　大した勉強をしていない私でも、講師の説には簡単に反論できます。「知的障害は発達のスピード、発達障害は発達の偏り」ということをドクターから聞きました。でもドクターと講師では、「偏り」の意味＝使い方がまるで違うようです。

　ドクターの言う「偏り」とは、本人の持っているいろいろな能力（＝機能と言っていいのかな？）や感性に、かなりの程度でデコボコがある、ということだと思います。つまり「偏り」とは、「本人自身の中の、他の機能の発達に比べて」だと私は理解しています。

　でも、講師の言った「偏り」はこれとは全然違います。結論から言えば講師は、「フツーの人＝障害者でない人」との“比較”で「偏り」を論じています。つまり、障害者でない人の「価値観、人格形成、思考、社会性」こそ絶対的な基準であり、「発達障害者」のそれは“基準に及ばない”から「偏っている」と断じています。「能力を引き上げる取り組みを」という話も含めて、講演のあいだ中ずっと「上から目線」を感じていました。

　どちらの捉え方をするかで、障害者に対する関わりは全く違うものになります。もちろん私は、障害者と誰かを比較するなどという手法は大嫌いです。

　さて言うまでもなく、アスペという診断名をもらっても、昨日の私と今日の私は何も変わりません。アスペに治療法はないと聞いていましたので変えようとも思いませんでしたし、何よりも他人をモデルにするなんて真っ平ごめんです。ただ、60年の人生経験があれば何とかこれからもやっていけるかな、と。

営業マンとして勤めていた会社が倒産し、50歳を過ぎて介護の世界へ転身しました。

2004年3月　ホームヘルパー2級資格取得
　　　7月　ガイドヘルパー資格取得
2005年3月　ホームヘルパー1級資格取得（短大卒業）
2006年3月　うつ発症・入院
2006年9月　障害者介護事業所オープン
2009年11月　アスペルガー症候群と診断される
2012年4月　「福岡・障害者と暮らしを創る会」設立
2013年4月　同行援護ヘルパー資格取得
2015年2月　相談支援従事者資格取得

　こんな私のヘルパー人生を綴ってみました。と言っても当事者としての考え方や活動に多くを割き、ヘルパーとしての活動や、利用者さんとの関わりにはほとんど触れていませんので、予めご承知おきください。

　なお、本文中に挿入したイラストは、私が最初に勤務した生活介護事業所の利用者さんたちから提供していただいたものです。

大平　実男

CONTENTS 目次

第5章 社会を俯瞰する

第1章

私による私について

第 1 節　捧げる……

1 父母のこと

　会社が倒産し、ヘルパーになろうと、50歳を過ぎて通信制大学で勉強を始めました。半年間の講義とその後の実習も無事終え、冬のスクーリングまで少し時間があるなあと、ホッとしているところへ、一人暮らしの母が入院したという連絡がありました。親不孝で心配ばかりかけていたので、ここは出番でしょう。でも引っかかることがありました。前の会社を退職したあと、一度も剃っていなかったヒゲが20センチくらい伸びて結構気に入っていたのですが、これをきれいに剃らなければいけません。そのまま会いに行けば母は腰を抜かすでしょうし、何より不景気の真っ只中だったので「首切り」に遭ったかと余計な心配をさせるでしょう。そんなことにはカンの鋭い人でしたから。はさみで思い切りよくバサッといきました。名残り惜しかったですねえ。

　2～3カ月入院していたと思いますが、退院がまた急でした。退院前に見舞いに行ってみると、自分では寝返りすらできない状態です。「何てこった。こんな状態で退院させるなんてひどすぎる！」と、主治医に猛抗議しようとしたら、「あなたが家で面倒見ると聞いてますが……」と予想もしない返事。何のことはない、「オマエ、暇だから世話しろ」と天のお言葉。ハイハイ、わかりましたよ。

　明日から寝たきりのばあさんを世話するのかよ、とも思いましたが、

ちょうどいいや、習ってきたことが練習できる、親孝行にもなるし、グッドタイミング！ という気持ちの方が強かったように思います。生死に関わる状態じゃなかったから、そんなのんきな気分でいられたんでしょうね。

　ところが翌朝、とんでもない光景を目の当たりにしました。何と、全く動けないはずの母が、四つんばいになって床の上を這っているではありませんか。「どうした！　どうやってベッドから降りた！」と叫ぶと、「あんたたちを当てにはできんからなあ……」と言います。トイレに行こうとしていたのです。まだ私が寝ていたので、起こすのはすまないと思ったようです。もちろんそれだけではなく、早く元気になって子供たちの手を煩わせないようにしよう、以前の生活を早く取り戻したいと思ったようでもありました。何ということでしょう……。母は、窓から差し込む朝の柔らかい光の中で、凛として輝いていました。すでに80歳を超えていましたが、この歳になっても、これだけ衰えても、まだ息子に教えてくれるのです。ああ、たまらん……と、何とも言えない気持ちに包まれたことをハッキリと覚えています。

　母はゆっくりと回復し、生来の明るさを取り戻してご近所さんやヘルパーさんに下手な冗談を言いながら、住み慣れた、そして何よりも大切にしているご先祖さんのいる自宅で余生を楽しみました。19歳で実家を離れた私にとって、ほんの短い間ですがこの一時期を母と過ごせたことは本当に幸せでした。

　母は88歳で眠るように亡くなりました。60歳で亡くなった父の33回忌を済ませたあと、安心したかのように……。最後まで律儀な人でした。

　父は私が24歳のときに亡くなりました。癌が見つかってわずか半年後のことでした。物静かでとてもよく働く人でした。物流会社で事務をしながら休みの日は小さな田や畑、そしてわずかに残った山林の手入れに精を出していました。私も子供のころよくついて行ったものです。

　満州（中国北東部）で従軍したことを本人や母の話で聞いていました

が、高校生のとき志願兵として出征したということは、葬儀のときの町内会長さんの弔辞で初めて知りました。剣道に夢中だったこともそのとき初めて知りました。ご近所の人によると、家のそばにある小川に手前が細く先が太い丸太（！）を沈め、水分を含んで重くなったそれを毎日欠かさず振り続けていたそうです。父は身長が170センチくらいで、当時としては大柄でした。胸板がすごく厚かったことも覚えていますが、剣道で鍛えていたんですね。そういえば葬儀のあと母が出してきた写真に目を剝きました。満州時代のその写真にはビア樽2つを占領し、同僚を圧倒して座る父の姿がありました。

　その父はものすごく達筆でした。筆であれペンであれ、どーしたらこんなに上手に書けるん？　と思ったものです —— 私は世界中の誰よりきっと悪筆でしたから。書道の専門家と比べても遜色なかったと今でも思います。

　一つだけ悔やんでいることがあります。父の世代では当たり前なのでしょうが、囲碁をたしなむということも葬儀のときに初めて知りました。家には囲碁の道具もありませんでしたし、誰かと指している姿も見たことがなかったのでそうとは知りませんでした。20歳を過ぎて先輩の教えで、見よう見まねでも囲碁ができるようになっていた私は、亡くなったあとになって、一度でいいから父と囲碁をしたかったなあと思いました。

　それにしても子供って残酷ですね。たかだか19年くらいで、振り返りもせずに生まれ育った実家を後にするんですから。

❷福島アヤ子のこと

　パートナーの母です。私たちが結婚したとき彼女は51歳でした。すでに夫を亡くしていた母は、一人娘に人並みの結婚式を挙げさせたいと思っていたようですが、相手が私ではその希望も叶えられませんでした。同棲がバレて私が挨拶に行ったあと、しばらく寝込んでしまったと聞きました。本当に申し訳ないことをしたと思います。

母は普段は物静かな人でしたが、話し込んでくるととても明るい人でした。私たちが共働きだったので、子供ができてからすごくお世話になったのですが、母に面倒を見てもらって3人の子供たちは本当に幸せだったと思います。関わり過ぎず、突き放すでもなく、きちんと適切な距離を保って孫たちに接していました。おかげで子供たちも素直にのびのび育ったと思います。

　前の会社に入った翌年、慰安旅行でハワイに行きました。そのとき母も連れて行ったのですが、上司の奥様とずっと一緒だった母は、「大平さん」と呼ばれて苦笑いしていました。ご高齢だったので勘違いされたのでしょうが、母はあえて訂正しなかったと言っていました。私は同僚とあちこち遊び回っていたのですが、初めてのハワイを母は満喫していたようです。

　晩年を母は介護施設で過ごしました。時々面会に行きましたが、いつも笑顔で迎えてくれました。たまには外に出かけるのもいいだろうと博多山笠のとき、飾り山見物に連れ出しましたが、とても目をきらきらさせていたことが、今でも印象に残っています。

　元気な母も、さすがに90歳を超えると衰えが目立ってきて、だんだんと部屋で過ごすことが多くなりました。最期は眠るように静かに息を引き取ったそうです。その1週間前にお見舞いに行ったのが最後でしたが、ナース室のそばで気持ちよさそうに居眠りをしていました。

　おばあちゃん、お世話になりました。本当にお疲れさまでした。まだお会いしたことのないお義父さんと、天国で穏やかな日々をお過ごしください。

第 2 節　アスペのこと

■1アスペルガー症候群について

　アスペルガー症候群という言葉は、新聞記事で見たことはありました

が、詳しくは知りませんでした。ヘルパーになる気持ちを固めてから障害関係の色々な本を読みましたが、その中に「ふしぎだね!?」シリーズ（ミネルヴァ書房）というものがありました。今でも事業所の図書コーナーに並んでいます。「ふしぎだね!?　自閉症のおともだち」を始め、「LDのおともだち」、「ADHDのおともだち」、「アスペルガー症候群のおともだち」など、発達障害の理解と支援についてとてもわかりやすく書かれています。それぞれの違いがよくわからず（この時点でアスペ確定？）、どれも同じようなことを書いてるなあという印象だったのですが、どれを読んでも「オレのことじゃん！」と感じたことをよく覚えています。サラリーマン時代に、何かおかしい、どうも他人とうまく行かない、よく怒らせるし、話がズレるみたいだし、と感じていたことを思い出しました。

　どうやら自分はアスペではないのか、と疑い始めたのは2009年のことです。事業を始めて数年が経っていました。アスペと関係あるかな？と思われるエピソードを時系列で思い出してみました。

①超えてる

　記憶では確か、小学校入学前だったと思います。向かいの家に同い年の女の子がいて、ほかの子も交えてよく遊んでいました。あるときその家の人が外出して、子供たちだけで遊んでいました。そのとき、何を思ったか私は、その家の布団を引っ張り出してきて、その家の井戸に次から次に放り込み始めたのです。

　どれくらい時間が経ったか覚えていませんが、戻ってきたその家の人は、すべての布団が投げ込まれているのを発見しました。「アラーっ！」「まーっ！」。あまりの出来事に、怒るよりも先に呆れてしまい、腰を抜かしてしまったようです。私はただただ「面白いなあ。楽しいなあ」と思いながら放り込んでいました。布団が使えなくなる、井戸水が飲めなくなる、などということは、全くと言っていいほど頭に浮かびませんでした。そしてその家の人から、母がめちゃくちゃ怒られているのを、ま

るで人ごとのように見ていました。それ以後、1週間か2週間か、毎日そこの人が我が家に水汲みに来ていました。私はと言えば、ほとんど罪悪感はなかったようです。それにしても、「子供のイタズラ」というレベルをはるかに超えていましたね。ずいぶんと周りに迷惑をかけました。

②計算づく

　私の地元には万弘寺（まんこうじ）という、大分県では名の知れたお寺があります。実家の2軒隣です。地元では、毎年5月にこのお寺にちなんだ市（万弘寺の市）が開かれ、中でも早朝5時から行われる物々交換市で知られています。1週間のお祭り期間中は、門前から目抜き通りまで、竹細工、金物屋、おもちゃ屋、キャンディー屋、反物屋などたくさんの露店が並び、元気に客を呼び込みます。私の家でも土間の一角を竹細工屋さんに貸し出していました。

　確か小学校の低学年だったと思いますが、この竹細工屋さんの前で"ダダ"をこね始めたのです。天井にぶら下がる小さなかごを見つけて「あれが欲しい」と母にねだったのです。母は「子供にはいらんだろ」と思ったようで、当然にもダメと言います。そこで私は火が付いたように泣き始め、「買って、買ってえ！」と大声を出します。しばらく母子のやり取りが続きましたが、このとき私は間違いなく、「もう少しだ、もう少しで買ってもらえる、もっと大げさに泣こう」と思い続けていました。「駄々をこねれば母ちゃんも折れる」という確信が子供心にあったんですね。あらん限りの大声を出し続けた私に、ついに母は根負けし、私の望みは叶いました。「泣く子と地頭には勝てぬ」というわけです。今でもデパートやショッピングセンターでこういう光景を見ることがありますが、「あの子もちゃんと計算しているんだろうか？」と想像してしまいます。本当に母を困らせていました。

③緘黙

　これまたかなりはっきり覚えています。高校1年のときでした。クラ

スで生活委員とか何とかいうものになっていて、あるときの会議です。3年生の生徒会長が司会をやっていて、遅刻が話題に上がりました。「我が校の遅刻は毎日200人を超えている。これを多いと思うか少ないと思うか」と問題提起しました。私の出身中学では毎日300人くらい遅刻していたので、迷わず「少ないと思う」と答えました。予想もしない回答に会長は激怒しました。「200人が少ないのか！」と。ものすごい剣幕だったので、私は押し黙り、会場は一瞬で凍りつきました。「『思うか？』と聞かれたから、思った通りのことを答えたのに、『多い』という自分の価値観を強制したいなら別の言い方をすりゃあいいじゃん」という考えがぐるぐると頭の中で回り始めます。同じ考えが頭の中で繰り返され、「1年8組、答えろ！」という会長の言葉も耳に入りません。沈黙したままです。業を煮やした会長は一層大きな声で、「答えろ！」を繰り返します。その状態が10分ほど続き、会場は白けた空気が漂います。遂には担当教師が割って入り、「大平どうした、何で返事しないのか？」と詰問します。私は、「会長だけでなく先生も怒らせてしまった」ということで緊張しまくり、返事もせずうつむいたままです。2人に対してついにひと言も発することはありませんでした。はた目には「頑固な奴」と思えたかもしれませんが、実態は、追い詰められて緊張しまくっていたわけです。「遅刻は減らさなければいけない」と言えばなんてことなかったのでしょうが、そのひと言が思い浮かびませんでした。場面緘黙という言葉が当てはまるのかどうか知りませんが、臨機応変な対応ができないことだけは確かなようです。

④つながらない

　50年以上前、中学生のときの理科の実験をはっきり覚えています。皿に入れた塩水をアルコールランプで熱すると塩が残るという、まあ実験する前から結果が見えているものでした。水分が蒸発して塩が姿を現します。きれいに塩だけが残ったとき先生が、「これが塩だ。舐めてみろ、辛いぞ」と言いました。次の瞬間、教室中に「アチーッ！」と叫び声が

響き渡りました。私が皿ごと塩を舐めて悲鳴を上げたのです。教室中からドッと笑い声が上がりました。「こいつほんとに舐めとる！」、「何やってんだオマエ！」、みんな口々にあざ笑いながら腹を抱えてヒーヒー笑い転げます。皆さんにはもうおわかりですね。「辛い」と言われた瞬間に、「熱い」というもう一つの情報がスッ飛んでしまったのです。先生だけが「オマエ、ほんとに舐めたんか……」と青ざめていました。多分この先生は、これ以後決して舐めろなんて言わなかったのではないかと思います。

　こんな調子で、Ａと密接に関係あるＢというものが結びつかない、存在自体に気がつかない、という事態が幾度となく繰り返されていきます。笑いごとじゃありません、ホント、困ってるんだから……。

⑤思ったままを口にする
　学生のときでした。6〜7人が集まって私のアパートでくつろいでいました。和やかに時が流れていたそのとき、私が前にいた女性にフッと、「お前もいつもおんなじ服着てるなあ……」とつぶやいてしまいました。女性たちは唖然とし、先輩たちは、「バカヤロー、何てこと言うんだ！」、「考えてモノ言え！」、「失礼だろーが！」と口々に罵ります。え、何がいけなかったの？　私はキョトンとしています。このとき私は、「きっとお金がないんだろうなあ。親がビンボーで仕送りもなく、服もあまり買えないんだろうなあ、俺と一緒だ」と考えていました。いわば「共鳴」、「共感」を伝えようとしたのに、予想もしない事態になって驚きました。今でこそ、究極のいらん世話、失礼極まりない言葉だったとわかりますが……。

　アスペの研修を事務所でやったときにこの話をヘルパーさんたちにすると、「酷いー！」、「信じられなーい！」、「レディーに何ということを！」と、これまた非難轟々です。なぜそう言ったかわかる？　とヘルパーさんたちに尋ねてもわかるはずもありません。説明しても、「ふ〜ん」、「へえ〜」という驚きの声もありましたが、「でもひどいー！」、

22

「あんまりだー！」と非難は止みません。まあ普通そうですわな。こういう例は本を読んでもあまり紹介されることはなく、ヘルパーさんたちは、トンデモナイ実態にさぞや驚いたことでしょう。

　こんな調子で、これを言ったらどうなるかということを考えず（あるいは思い至らず）口に出してしまうため、相手の気持ちを逆なでするという事態が幾度となく繰り返されていきます。もちろん、意地悪を言っているつもりなぞ毛頭ありません。ただ考えが及ばないということに尽きます。そんなに責めないでください、ホント、困ってるんだから……。

⑥白か黒か、あるいは言葉遣い

　断定することをとても好みます。曖昧なことを受け容れられない ── 理解できないように思います。

　サラリーマン時代、数人の部下がいました。「今月の売り上げはどうや？」──「大丈夫だと思います」。私はこの「……だと思います」という言い方が大嫌いでした。何か他人事みたいで、熱意も意欲も感じることができなかったのです。もちろん相手は、それらすべてを含めて「予算はクリアできますよ」という意味で言っているわけですが、当時の私はそれが全く理解できませんでした。「できます」という言葉を実際に聞かなければ安心できなかったのです。若い人たちは大いに戸惑ったでしょうねえ、今さらですがゴメンナサイ。

　ストレートな物言いでなければ全く理解できません。こうして白か黒か、あるいはちょっとした言葉遣いにも敏感に反応していくわけですから、周りとの小さなトラブルは絶えません。もう少しゆったり構えて森を見なくちゃいけないのに、木ばっかり見ています。そりゃあ、疎まれますわなあ。ホント、困ってるんだから……。

⑦自信、あるいは自己肯定

　ガキのころから全くの小心者でした。いえ、傍目にはゼンゼンそうは見えなかったかもしれません。図体がでかい上に、おっちょこちょいで

ひょうきんな奴でしたから。でも内心はいつもびくびくしていました。判断するとき、何かを決めるとき、いつもこれでいいのかなあ、間違ってなければいいがと思っていました。他人(ひと)の評価をとても気にしていたんでしょうね。嘲(わら)われないか、恥をかかないかといつも気にしていました。自分というものに自信が持てていなかったのでしょう。そして何か問題が起きると必ず、「オレが悪いんだから……。あのときこうしていれば……」と思ったものです。中学のとき同級生に、「どうしてそんなに自分を卑下するのか」と言われたこともあります。自分では「反省するのは大切じゃないか」と思っていましたが、度が過ぎると傍目にはいやらしさを感じますね。

　自己肯定感の低さ、これが実は科学的に説明できるということを、つい最近知りました。アスペと診断されたあとのことです。発達障害の専門家の本に、脳の中の基底核という部分が関係すると書いてありました。この基底核は自信を司る働きをしていて、発達障害の人はこれが小さい（未発達だ）そうです。そのため自己肯定感が育まれないのだと書いてありました。基底核が生まれつき小さいんだから、本人にはいかんともし難いことです。でもホント、困ってるんですから……。

⑧理解力
　判断力や決断力に欠けるということは上に述べた通りですが、もう一つ、理解力も大いに欠けていました。マシだったかな、と思うのは記憶力です。発達の偏りという奴ですね。「はじめに」で書いたように、この偏りというものは、「本人の中で」いろいろな機能や能力が偏っているということであり、「誰かと比べて」ではないということをもう一度おさらいしておきましょう。

　さて、小学校から中学校くらいまでは記憶力だけで人並みの成績を取ることは可能です。私自身、モノを覚えることが大好きで、歴代の天皇の名前や憲法を暗記したものです。歴史が好きでしたが、それとて、歴史上どういう意味を持つのかなどを考えるのではなく、ただひたすら暗

記に励み、答案用紙に正解を書くことだけを喜びとしていました。当時すでに受験戦争は過熱しており、学校でも点数がすべてという教育がされていました。理解力に欠けていても、点数さえそこそこ取れば特に問題視されません。

　ところが、蔦の絡まるチャペルで祈りを捧げたこともある高校に入り、大学受験まっしぐらという時期になると、記憶力だけでは通用しないことがハッキリしてきます。皆さんも覚えているでしょう、えんどう豆の遺伝の話。私はあの仕組みが全く理解できませんでした。暗記する手がかりすら見つかりません。イロハのイもわからないわけです。先生の説明も全く頭に入らず、そもそも何を言ってるのかさっぱり理解できません。ホントに初めての体験でした。同級生が黒板にスラスラと解答する中で、私は身動きできず机にしがみついたままです。「あれ、お前どうしたんだ？」。「わかりません」と返事をすると先生は何かを感じたのでしょう、私を立たせて説教を始めました。授業を止めて30分ほど続いたこの説教のおかげで、私は同じクラスの彼女にフラれてしまいました。クソッ！

　もう一つ、数学。授業中にわからないことがあったので、職員室まで質問に行きました。先生は隣の小さな部屋に私を連れて行き、黒板を使って熱心に、嚙んで砕いて説明してくれます。でもこのときもさっぱりわかりませんでした。理解力ゼロでした。

　この話にはもう一つ大事なことが含まれています。「ハイ。ハイ」と相槌を打つ私が、実は全く理解していないことを見抜いた先生は、「ここはわかるか？　大丈夫か？」と順を追って丁寧に丁寧に説明してくれます。そのうち私は全く別のことが頭に浮かんできました。「先生はこれだけ説明してもわからない自分に腹を立てている。きっと怒っているんだ……」。そう思った私は一段と声を張り上げます。「ハイわかりました！　ありがとうございます！」。とにかくその場を終わらせたい一心でした。終わらせなければ先生に申し訳ない……。カン違いもいいとこですね。こげんあります。ホント、困ってるんですから……。

⑨鵜呑み

　言葉をストレートに受け取るので、人の話を丸ごと信じてしまいます。疑うという考え自体が浮かんでこないわけです。

　営業マンは毎年予算を立てなければなりません。顧客ごと、品目ごと、月ごとに売り上げ目標を立てるのですが、仕事を終えてから取り掛かるので、1日ではとても終わりません。そんなときの同僚のひと言。「オレなんか徹夜して作ってるんだ」という言葉に強く刺激されました。スゴイ、負けられん！　と思ったものです。ところが数日後の焼き鳥屋での会話。「あの人が徹夜なんかするわけないやん。おちょくられただけだよ」。え、え〜っ⁉　はあ〜？　そうだったの〜。でも、ホントにホントなの⁇　愚かというか何というか、ホント、困ってるんですから……。

⑩マイナス思考

　自己肯定感の低さとも関係するのだと思いますが、思いっきりマイナス思考です。これは私の場合であって、「アスペ＝マイナス思考」という式が一般論として成り立つのかどうかは知りません。

　例を挙げればきりがありません。とにかく何をやるにもまず考えるのは、失敗したらどうしよう、いや失敗するのは目に見えてる、オレにできるはずがない、そのときどうしたらいいんだろう……。そして、この気持ちを他人に気づかれまいとビクビクしていました。成功目指してやるしかないわけですが、とてもそんな考えは浮かびません。答えの出るハズもないことを延々と考え続けたものです。このあたりは、「うつ」の素質を十分に備えていたということでしょうか。ホント、困ってるんですから……。

⑪サービス精神

　子供のころから、人を笑わせるひょうきんなことをよくやっていました。まだテレビが我が家になかったころ、夕食を終えるとほうきを横に

持って、今でいうエアギター風に飛んだり跳ねたりをよくやって家族を笑わせていました。落ち着きがない、という方が正確なのかもしれませんが、笑わせてやろう、驚かしてやろうという気持ちがとても強くあったように思います。注目を浴びたい、誉められたい、という気持ちも少しは……。

　大人になってくると、さすがに体を使ったオーバーなアクションは影をひそめましたが、ジョークは飛ばしていました。パソコンを覚えるとき、「.com（ドットコム）」なんぞあると、「ああ、大牟田線ね」などと言って、教えてくれる事務員さんをきょとんとさせていました。ローカルな話ですみません、朝の西鉄天神大牟田線は通勤・通学客でとても混雑するんです。どっと混む……。

　ジョークというよりオヤジギャグの部類でしょうが、最近はキレも悪くなってきて、笑ってもらえることが少なくなりました。代わりに増えたのがずっこけポーズです。例の、ヒザを折る奴ですね、ガクッとされます。

　さてこれまでの特性とは違って、サービス精神旺盛で困ることはありません。顰蹙（ひんしゅく）を買う、呆れられる、軽く見られるなどの反応がありますが、なに、場を盛り上げようと思って自分が好きでやってるんだから構わないでしょう。アスペと関係あるかどうかはわかりません。別にどうでもいいし。

⑫繊細？　いえ過剰反応

　図体が大きい上に運動神経が鈍いと来ていますので、ドンくさいとかトロいとかよく言われましたが、実はこう見えてもとても繊細なんです。……というとデリカシーの塊のようですが、ここまで読まれた方はすでにお気づきのように、そんなモン、カケラもありません。ほんの些細なことに反応してしまうというだけのことです。あとで知りましたが、「易刺激性（い　しげきせい）（「えきしげきせい」とも）」というそうです。

　入院していたとき、女性の研修医がよく様子見がてら話しに来てていま

したが、この人がしょっちゅう自分の髪を撫でるしぐさをします。しかも私の顔も見ず、目を合わせようともせずに話します。たぶん無意識なのでしょうが私は、「このヒト、オレの病気より自分の髪の方が気になるんだ」と思ってしまうわけです。10日ほどして我慢の限界を超え、とうとう仲の良かった看護師さんに訴えて出入りをやめてもらいました。

　同じ入院のとき、看護師さんにも NG を出しました。とても上から目線で、言葉も態度も私の神経を逆撫でし続けます。これも例の看護師さんに訴えましたが、注意されて改めたのでしょう、ほどなく本人がお詫びに来ました。それからはお互いに打ち解けて、退院までわだかまりのない関わりを続けることができました。言ってよかった？

　ホンの一例に過ぎませんが、自分が他人を不愉快にさせているときには気づかず、他人の不快な言動（全く気にならない人もいるのでしょうが）ばかりが気になる、ヤな奴でした。典型的な自己チュー？

⑬執　着

　こだわりという奴ですね。一つのことが気になると、そこから離れられません。適切な例かどうかわかりませんが、こういうことも。

　ドライブをしてるあいだ中、一つの曲だけを延々と聴き続けたことがあります。CD のリピート機能ですね。アルバム１枚ではありません、ほんとに"１曲だけ"なんです。もちろんお気に入りのものです。そのときは EXILE の「Style」という曲でしたが、朝出発して夕方帰り着くまで、リピートで延々と聞き続けるわけです。帰り着いたときにはすっかりマスターして悦に入ったものです。それにしてもパートナーはうんざりしていました。よく我慢してくれましたねえ。リコンされてもおかしくなかった……？

　EXILE やドリカム、DA PUMP、一青窈、藤山一郎などよく聴いたものです。あ、40代のころはウルフルズが好きでした。ガッツだぜ。

⑭独り言

　どこでもよく独り言を言います。新聞を読むときも、風呂場でも、トイレでも、書類を見るときも、歩きながらでも、とにかくどこでも独り言を言っています。運転中など絶好のチャンスです。ラジオのパーソナリティーに同意したり反論したり、曲に合わせて歌ったりします。前の会社では自分の席でもブツブツ言っていたので、「返事をしなくちゃいけないのか放っといていいのかわからないからやめて欲しい」と事務員さんからクレームを受けました。

　自分が困ることはありませんが、周りの人をだいぶ巻き込んだようです。

⑮片づけられない

　どーしてこーなんだろう、と自分でも呆れるほど片づけるのがへたくそです。私の部屋も机の上も、本当に見事に散らかっています。サラリーマン時代の机の上は、会社の雰囲気もあって、かなり片づいていました。でも今は、まるでだめですねえ。たまに片づけようとするのですが、思うように進まず、一日がかりになることもまれではありません。片づけ上手な上司に監視されていないとダメなのかしら？

　片づけ下手に関わるエピソードを一つ。本筋とは少しズレますが……。

　最初の入院のときです。病院には、「大名行列」というものがありますね。エラい先生が、研修医・看護師その他をたくさん引き連れて病棟を回るアレです。あるとき、その医者が私のところに来た際に、「私はね、患者さんに最初に整理整頓するように言うんですよ」と言いました。何のことだろうと思って彼の視線の先を見ると石鹸、かみそり、タオルなどを入れた洗面器があります。それらはきちんと洗面器に収まっていて、はみ出しているわけではありませんでした。自分としてはこれ以上ないくらい片づけていたわけですが、その医者の価値観からは散らかっている、と見えたのでしょう。「わかりましたか？」という念押しに、思わず「はい」と言ってしまいましたが、内心は激しい怒りが……。

「何だこいつ、入院したてで自分のことだけで一杯一杯の精神の患者に自分の価値観を押し付けてるのか！」というわけです。この医者は他の患者さんにも不適切な対応をして嫌われていたようで、あとで主治医から「あの人、患者さんたちからブーイングが出て他の部署に異動になりましたよ」と聞きました。上から目線の医療者など患者から追放されてトーゼン！

⑯不適切なモノ言い ── 言葉の選び方

　これまでご紹介してきたいろいろな事例に見られるように、コミュニケーションがとても下手だと自覚しています。これまでの例とは質の違うことをご紹介しましょう。

　あるとき、介護業界の集まりがあったあとの打ち上げ。40〜50人くらいいたと思いますが、その中でかなりの人が故郷大分の出身だということがわかってきました。10人ほどもいたんでしょうか、話題はおのずと県人会をやろうというコトに……。みんなでワイワイ盛り上がっていたとき、最年長だと気づいた私がフッと、「先輩風吹かそうかなあ〜」と口走ってしまいました。少なくとも隣にいた人にはハッキリと聞こえたでしょう。もろに聞こえた人は本当にオドロイたでしょうね。そのときは何とも思いませんでしたが、数日後にこのときのことを思い出し、「ヘンな言い方しちゃったなあ。みんな気分害したんじゃないかな？」と考え込む自分がいました。そのときにはヘンだと思わず、あとから気づくことが多いですねえ。

　「先輩風」という言葉に私が込めた意味は、「自分がいくらかカンパするよ。みんなでおいしいものを食べようや」という意味でした。でもあの言葉を聞けばたいていの人は、「え、威張り散らされるの？」と疑問に思ったり不快を感じたりするんじゃないでしょうか？　素直に言えばいいものを、ヘンに気取った言い方をしようとするから不適切な表現になるんだと思います。

　全く同じ失敗は繰り返さないと思いますが、ほんの少し条件が違えば

またまたやらかしてしまいそうな気がします。ホント、困ってるんだから……。

　ちなみにこの県人会が開かれることはありませんでした。いえ、私だけお誘いがなく催されていたとしたら知りませんが……。

　もういいでしょう。挙げればまだまだあると思いますが……。

　最後に念押ししておかなければいけないのは、ここに挙げたことはすべて私自身についてだということです。アスペの人みんなが同じだとは思わないでくださいね。障害者でない人と同じように、障害者もみんな千差万別なんですから。

2 TEACCHについて

　アスペルガー症候群に関する専門書はたくさん発行されています。その中で私が一番気に入ったのは、『図解 よくわかるアスペルガー症候群』（広瀬宏之著、ナツメ社、2008年初版）です。アスペの子供さんを育て、自身もアスペを疑っているお母さんから薦められて読みました。

　アスペの子供さんの理解と療育について書かれたものですが、もちろん大人にもそのまま当てはまります。著者はこの中でアスペを、「察することの障害」と言っています。これはわかりやすい！　私の数々の特性もこのひと言で全部説明できると思います。新人ヘルパーさんたちにカミングアウトするときに、それまでは回りくどい説明をしていましたが、この言葉を知ってからはとても説明しやすくなりました。

　「KY（空気読めない）」というのもインパクトがあってわかりやすい言い方ですね。KYの結果、周りと数々のトラブルを引き起こしていたわけです。

　この本をお薦めするもう一つの理由。それは著者が徹頭徹尾アスペ本人の目線で考えていること。当然ながら指示や指導、矯正・強制などの発想とは全く無縁です。本人の可能性を引き出すこと、本人が混乱せず

にすむために必要なこと、周りの人の適切な関わり方とは何かなどについて「肯定言葉で」書かれています。要は、本人のありのままを受け容れるという揺るぎないスタンスで貫かれています。「指示や指導、矯正・強制」がまずは相手を否定し、あるいは欠陥があるとして捉えることとは正反対です。著者が「尊厳」や「人権」、あるいは「個人」や「平等」ということについて、しっかり理解しているということなのでしょう。

可能性を引き出す療育としてTEACCH（自閉症と自閉症に関連したコミュニケーション障害のある子供の治療と教育）も紹介されています。ご存じの方も多いと思いますが、ここで TEACCH についておさらいしておきましょう。

TEACCH の 9 つの基本理念を見ていきます。

①自閉症の特性を、認知的・行動的な視点から理解する

フロイトが精神的なことが原因と理解したのに対し、TEACCH では自閉症の子供と触れ合い、観察し、その認知特性や行動特性を理解することから始めます。

②自閉症の治療に当たって、保護者と専門家が協力する

TEACCH では、保護者と専門家が次の 4 つの関係を持つことを重視します。

1. 専門家は自閉症児に関する知識や技術を保護者に教える
2. 子供の保護者は、子供の特性を専門家に伝える
3. 保護者と専門家はともに気持ちを支え合う
4. 保護者と専門家は、行政や一般の人々に対し、子供の代弁者として振る舞う

③新しいスキルを教え、環境を調整することで、自閉症の人が適応しやすくする

TEACCH では、次の 2 つの方法によって、子供が社会に適応できる能力を高めることを目標にしています。

1. 自閉症の子供が暮らしやすい環境を作る
2. 地域社会の一員として自立した生活ができることを目的とするスキルを教える

④子供の状況やニーズを知るため、個別の評価を行う

　特性の現れ方や学習能力、長所・短所などを、個別に評価します。

⑤学習と自立を支援するため、構造化された指導法を活用する

　子供一人ひとりの特性を理解した上で、その子供が理解しやすい環境を設定することを構造化といいます。時間の構造化、空間の構造化、行動の構造化があります。

⑥自閉症を理解するため、認知理論と行動理論を利用する

　例えば、子供に何か問題となる行動があるとき、言葉の理解や感覚過敏などの認知障害があるためにそのような問題行動をとるのではないかと考え、それに基づいた支援方法を考えていきます。

⑦スキルを伸ばすと同時に、弱点を受け入れる

　子供がいつも成功するように、達成可能なレベルに課題を設定します。成功したら子供がわかる方法で誉め、失敗したときは、課題を子供の能力にあったものに変更するか、構造化の方法を再検討します。

　子供は、自分の長所や興味が生かされるとうまく行動できるようになり、誉められることで自信がつきます。

⑧子供を全体的に捉える

　障害児の教育に関わる小児科医、精神科医、教師、言語療法士、作業療法士、ケースワーカーなどが専門分野にとらわれず、子供を全体的に捉えることが大切です。

⑨コミュニティーに基礎を置いた生涯にわたるサービス

　自閉症は治癒を望めず、生涯にわたる障害です。家庭や学校だけでなく、職場や地域社会などでも支援を行い、生涯にわたって継続する必要があります。

いかがでしょう。改めてその的確さが理解できますね。TEACCH の

視点と取り組みが、もっともっと拡がることを願ってやみません。

③診　断

　さてアスペは、おぎゃあと生まれたときから私の属性です。そしてそれを知ったのは還暦のときでした。

　診断が下ったとき、とてもほっとしたことを覚えています。「ああやっぱり。他人とうまくいかないのは自分が意地悪だったからじゃないんだ……」。アスペに限らず、発達障害は一生治るものではないということは知っていました。そして人生経験を積み重ねる中で、「体験って、改善はしてくれるんだなあ」とも思っていました。失敗はすぐには学習できませんでしたが、何度も同じ失敗を繰り返すことで、ゆっくりゆっくりとではありますが、「ああ、こういうときにはこういうことを言ったりしたりしてはいけないんだ」ということがわかってきます。本当に他人（ヒト）の何倍もの時間を掛けて学習してきたのだと思います。

　ドクターの言葉は丁寧で、私の心の扉をゆっくり開き、納得がどんどん広がっていきます。

　「もうおわかりですよね？」

　「アスペは治りません。ただ、体験を積み重ねることで適応力を増すなどの改善はできます」

　「日常生活は変化の連続なので、瞬間的に対応できないことはこれからもあるでしょう。頭に浮かんだことをすぐに言葉にするのではなく、ワンテンポおいてから話すようにするだけでずいぶん違いますよ」

　確かにそれまでの私は、何か言われると即座に ── しかも時として激しく ── 反応していました。

　「親しい人には、俺はKYだからとか、ちょっと的を外すなどと伝えておけばいいでしょう。誰にでも打ち明ける必要はありません」

　教科書通りのアドバイスだったと思いますが、いざ専門家の口から実際に聞いてみると、ソフトな語り口もあって本当に心の底から納得でき

ました。帰りにはとても浮き浮きしてルンルン気分だったことをよく覚えています。

さて心も晴れ晴れとして、その4日後の研修会に望みました。講師はアスペ支援のプロというふれ込み。否が応でも期待が高まっていくのを押さえきれませんでした。

ところが……、残念ながら「はじめに」に書いた通りです。「偏った」、「歪んだ」また「先天的自己チュー」という言葉が繰り返されました。ドクターの言葉が私を前向きにしてくれたのとは反対に、講師の放つ言葉一つひとつが鋭い矢となって私の心を突き刺します。その結果、私は奈落の底に突き落とされ、暗澹たる気持ちになっていました。

同じ専門家でありながらこの違いはいったい何なのでしょう？　どうやら「障害」に対するスタンスの違いがあるようです。

ドクターには専門家として、発達障害に対する医学的知識がしっかりあります。また、障害があろうとなかろうと誰もが人として平等であるという考えがしっかり確立されているようにも思えました。対して講師は、障害って劣等であることの証明だ、と言わんばかりのスタンスです。言い換えれば、人の価値は「能力」にあるのだ、だから自分たち能力のあるプロが指導し、矯正・強制し、能力を高めてあげるのだという結論を導き出しています。TEACCH のことを少しでも知っていればこんな考えには至らなかったことでしょう。TEACCH の考え方やドクターのアドバイスは「自己肯定感」を育み、アスペ本人にとって、とても有益なものです。でも講師の考え方は「まず否定から始まり」、とても有害としか言いようがありません。

講師は発達障害専門の就労支援施設を運営しているそうです。そこでは利用者に対して毎日、「あなたたちは税金のおかげで生きていけるんだから感謝しなさい」と教えていると言っていました。アンビリーバボー！　としか言いようがありません。民主主義の基本法である憲法には、「社会保障は国の責任」（＝公的責任）ということが明記されています。国は社会保障に関して費用負担の責任があるし、受給者は権利として利

用するのであって、「感謝しろ」などと洗脳・強制される筋合いなどどこにもありません。民主主義の基本の「き」を理解していないからこのような言葉が出てくるのでしょう。

　さてこの研修会は、ヘルパー向けに行われたものでした。「発達障害も公的サービスを受けられるようになるから、ヘルパーとして理解しよう」という主旨だったと思います。参加者はもちろんヘルパーさんたちが主で、事業所の管理者やサービス提供責任者も含めて70名以上の参加がありました。ヘルパーさんたちの多くは発達障害やアスペルガー症候群について初めて知る機会だったと思います。彼ら彼女らは何を成果として持ち帰ったのでしょう？

　「偏った」、「歪んだ」あるいは「先天的自己チュー」などの言葉で説明されて、発達障害者に対する適切な支援のかたちを学ぶことはできたのでしょうか？　その後、発達障害の人たちを支援する機会を得たとき、本人も家族も満足する支援を提供できたのでしょうか？　あなたの子供さんを、この研修を受けたヘルパーさんたちに安心して任せられますか？　「不適切に洗脳」されたヘルパーさんたちが、実際の支援に入って、「勝手が違う」として困惑している姿が目に浮かびます。利用者さんも家族も平穏ではいられないような気がします。

４納　得

　この研修の２週間後、もう一つの研修会に参加しました。アスペルガー症候群の本人、家族、支援者、研究者が200名くらい集まっており、どうやら団体の年次総会のような感じでした。

　そこではあの講師とは正反対の取り組みが紹介されていきます。

　TEACCHの具体化も披露されています。若い（といっても支援経験10年以上だそうですが）講師の話は、とてもスンナリと私の腑に落ち、だんだんと私は元気を取り戻していきました。

メモで質問を受け付けるというので、思い切って２週間前の体験を訊きました。「このような考えを障害者は受け入れなければならないのか？」と。何番目かに私の質問が取り上げられ、「いつの時代の考え方なんでしょう？　こんな人はいずれ専門家としてやって行けなくなります」との答えが返ってきました。ああ良かった、自分の困惑、迷い、疑問は正当だったのだと、深く納得しました。

　一人の質問者の話がとても気になりました。「アスペだと公表した途端に差別的態度をとられる。公表しない方がいいのではないか？」。私がドクターから診断されたときに受けたアドバイスと同じ回答がありました。この質問をしたＳさんは、アスペと折り合いをつけながら餃子店を営み、障害者を多く雇用しているそうです。終了後すぐに名刺交換し、いろんなお話をしました。今ではＳさんは、私たち「福岡・障害者と暮らしを創る会」をしっかり応援してくださっています。全国を飛び回って支援者を見つけ、障害者を雇用する餃子店の開設を呼びかけています。関心がおありでしたらご一報くださいませ。

5 考　察

　さてもう一度２週間前に戻りましょう。講師は時代錯誤で差別に与した考えになぜ固執しているのか、じっくり考えてみました。

　親しくしている親御さんから、講師にはアスペの子供さんがいることを聞きました。「え、それなのに何で？　自分の子供にもあんな考えで接しているの？」。一瞬耳を疑いました。さてここからは私の推理です。

　アスペであろうと何であろうと、障害者はその障害ゆえに差別を受ける ── これが今の社会であることは体験的に皆さんもご存じでしょう。差別は、した方は何にも気にしません ── あっさり忘れてしまうことも珍しくありません ── が、された方は心に深い傷を負います。悔しくて、歯がゆくて、屈辱感にさいなまれ、生きてちゃいけない！ と言われたようで、でも怒りをぶつけるところはどこにもありません。家族もまた

同様です。わが子がいじめられ、罵られ、どれだけ差別されても、差別のない場所に引っ越ししたくても、そんな場所はどこにもありません。今住んでいる場所で生きてゆくしかないのです。そうしたときに、「周りの人に迷惑をかけないように、可愛がられるように生きる」、あるいは逆に、「見返してやる、この子を立派に育ててやる」という感情が湧いてくるのはごく自然なことです。どちらも理不尽な差別がそうさせるのですが — 。

　「立派に育てる」ということは言い換えれば、「障害者でない人に負けないように、能力をしっかり高めて — 」ということだと思います。「能力」という物差しだけしか用意できなければ必然的に、「劣った部分の矯正・強制」という発想になります。その結果、「歪んだ」、「偏った」あるいは「先天的自己チュー」という"能力評価"が出てくるのだと思います。ここには、「尊厳や人権はそれぞれの人に固有で絶対的なもの、誰もが人として公平で平等」という近代民主主義の基本的な視点はありません。あるのはただ"比較"だけです。何と比べて歪んでいるのでしょう？　何と比べて偏っているのでしょう？　そもそも比べることに意味があるのでしょうか？　能力なんぞ、1億2600万人、誰もが違っていて当然です。また、「先天的自己チュー」という捉え方は、TEACCHのような適切な援助論を理解していないから思いついた「誤審」なのではないでしょうか？

　講師も子供さんも、私なんぞの想像も及ばない差別を受け、ご苦労されてきたのではないかと推測します。それにもかかわらず、差別する側と同じ土俵に上がり、その論理に取り込まれていったということに、この社会の持つ強制力 — 同化・同調圧力というのでしょうか — を感じてしまいます。差別の根深さを感じます……。

第 **3** 節　営業マンになる

　さて少し時間を戻しますが、30歳を目前にして友人の紹介で前の会社

に入りました。印刷会社を相手に機械や消耗品を販売する会社で、ちょうど創立10年目を迎えていました。仕事は営業です。ここまで読んでこられた読者は、何でアンタが営業？　やれるの？　と不思議に思うかもしれませんが、答えは簡単、切羽詰まっていたのです。すでに子供もおり、早く次の仕事を探さなければなりませんでした。自分には絶対に営業なんかムリだという心理もありましたが、経験のある印刷業界だしとにかくやるしかないと思ったわけです。

　初日は社内でいろいろと研修を受け、2日目に初めて上司に連れられて得意先回りをしました。案の定、緊張のしっぱなしです。それまでは工場の中で機械を相手に仕事をしていたので、話をするといっても気心の知れた社内の人間ばかりでした。そんな私にとって、1日に十数人もの人に会うのはとても疲れました。しかも皆さん社長や工場長という偉い人ばかりでしたから。その日はなかなか寝つけず、時計が午前3時を打ったのを覚えています。

　営業といっても固定客を回るルートセールスで、新人は消耗品の受注・配達から始まります。慣れてくるとだんだん横着になり、「何だ、ただの御用聞きじゃないか。オレにもできるさ」などという考えが浮かんでくるようになりました。そんなあるとき先輩から、「御用聞きと思ったらいつまでも御用聞きだよ」と言われました。先輩や上司たちは、数百万は当たり前で、数千万や億の額の設備類を契約してくることも稀ではありませんでした。自分の甘い考えを思い知らされ、それからは機械類を売ることにも力を入れました。そうして初めて契約をいただいたのは確か半年後くらいだったと思います。金額はわずか10万円そこそこでしたが、ものすごく嬉しかったことを今でも忘れられません。スポーツ選手は最初の1勝をよく覚えていると言いますが、自分の体験と重ね合わせるとよく理解できます。

　上司や先輩に助けられ、良い同僚にも恵まれて私は営業経験を積んでいきました。その中で必然的に、今どうするのがベストかだけを考えるようになり、徐々に習性となっていきました。トラブルと無縁だったわ

けではありませんが、そのうち「命まで取られるわけではない」という当たり前のことに気づき、誠意を尽くせば相手も許してくれ、再びチャンスをくれるということを学びました。今では少々のクレームにうろたえることはありません。「クレームはチャンス」という発想は、自分の中にしっかり根を張っていると思います。社会人なら誰でも経験することですが、クレームがあったときに適当にごまかしたり誰かのせいにしたり言い逃れしたりすると、相手は一瞬で見抜きますね。自分の信用を失うことになります。

さて、転機は37歳のときでした。営業所の一つを任されることになりました。前任の人がすごく優秀だったので荷が重いなあとは思いましたが、やるしかありません。月曜日の早朝に営業所に向かい、週末に本社に戻って報告するという生活が5年続きました。

赴任して最初に感じたのは、業者さんが来ないということでした。販売会社ですから、機械から消耗品まで仕入先は多岐にわたります。当たり前のことですが、仕入先の営業マンは本社にいる社長と商談し、決定権のない出先に来ることは稀です。本社を訪れるいろいろな会社の営業マンと知り合いになっていた私は、何だか取り残されたような気分になったことを覚えています。そのぶん逆に責任の重さをすごく感じたものです。

営業所時代の体験は私の大きな財産となっています。相談できる上司がそばにいるわけではない ── つまり、ほとんどすべてを自分で判断し決断するしかないという状況は、私にとってなかなかにしんどいものでした。でもそのことが逆に、判断力や決断力を鍛えてくれたと思います。また、魅力的な多くの経営者との出会いや部下との交流は間違いなく私を成長させてくれたと思います。営業マン時代の体験は、事業を始めた私にとって間違いなくプラスになっています。

一番大きな財産になったのは、「プラス"志向"」だと思います。ここまで読まれた方は「何とマイナス思考な奴だ」と思われたでしょう。習性となっていたマイナス思考では、何一つ成果を挙げることはできませ

ん。私のこの習性は、日々の仕事の中で徐々に修正されていったようです。成功しようと失敗しようと次の仕事が待っている ── そのような環境では、過去を振り返ったり悔やんだりすることなど何の意味もありませんよね。たいていの人が青年期までには自然に身につけていることを、私は何倍もの時間を掛けてようやく学ぶことができたようです。今では、「1秒前は過去！」という考えが染み付いているように思います。

　事業を始めてから、この考えは一層強くなったと思います。何せやることが多くて、いつも前を向いていなければなりませんから。

第 **4** 節　うつのこと

🔳事業所オープン

　都合4カ所の事業所で登録ヘルパーとして2年ほど勤務したのち、正規職の仕事を探しましたが、50代半ばの"新米"を雇ってくれるところなどあるはずがありません。おのずと自営を考えざるを得なくなりました。幸いにも介護の仕事は設備投資が必要なわけでもなく、事務所も自宅の一室で構わないことがわかりました。

　自分でやるからには、本当に当事者中心のサービスをしたい、専門的な知識やスキルは、自分の価値観を押し付けるのではなく、当事者の願う生き方を実現するために活かしたいと思いました。当事者を中心に据えるなら、非障害者はのさばっちゃいけないという当たり前の考えに行き当たります（当時の私は自分を非障害者だと思っていました）。そこで古い知人（三十数年ぶりの人も！）やヘルパー時代の人づてに、障害のあるご本人や家族、また思いを同じくする友人を誘い、何とかNPOのメンバーを確保することができました。半数を占める当事者や家族には、しっかり監督して欲しいとお願いしました。

　こうして2006年9月に新しい介護事業所をオープンすることができました。

ところが設立の2カ月後、体調に変化があり、「うつ」を発症してしまいました。周囲の人はオーバーワークだと言ってくれましたが、今思い出してみると、事業所申請や労働関係の書類整備など目の前の問題が一人では手に負えず、逃げ出す心理が働いたのかもしれないという気がしています。自己防衛だった……？

　うつにも個別性があるのでしょうが、私の場合は集中力の喪失というかたちで現れました。一つの書類を作ろうとしていると何分もしないうちに、「いや、あの書類の方が先だ」という気持ちが湧いてきて、別の部屋で探します。1～2分もしないうちに、「いやこんなことはしていられない。もっと先にやらなくちゃいけないことがある」と元の部屋に戻り、また別の書類に取り掛かります。これが延々と繰り返され、部屋を行ったりきたりします。1日が終わってみると、何一つ進んでいない状態で、後悔と焦りが出てきます。「何やってるんだオレは。明日はもっとペースを上げなくちゃ」という気持ちを抱えたままベッドにもぐりこみます。翌日はもっとひどい状態です。

　パートナーから「うつだと思うから病院に行こう」と言われましたが、聞き入れません。私は「うつは意欲低下を起こす」と思い込んでいましたので、「こんなにやる気があるのにうつのはずがない！」と、頑として拒否していました。集中力の低下や焦燥感などもうつの症状だと知っていれば犯さなくてすんだ失敗です。

2 入　院

　否定的な感情が頭を占領し、自己肯定感などかけらもない悶々とした日が続いた冬のある日、九州大学病院心療内科に入院しました。この入院までに、うつ病患者が通る道をひと通り体験していました。この入院に当たってもひと悶着起こしました。「精神科には絶対入院しない！」という私に、主治医が「じゃあ心療内科に」と勧めてくれたわけですが、

この心療内科教授との話し合いのときに、「仕事が山ほど溜まっている。入院している暇などない」と頑固に言い張ったのです。2時間に及んだこの話し合いで、教授は本当に辛抱強く私を説得してくれました。「回復しなくちゃ何も始まらない」と私に思わせてくれたこの教授には、今でも感謝の気持ちでいっぱいです。

いよいよ入院生活の始まり。ところが、心療内科の自分のベッドで寝ているときに、また新たな気持ちが湧いてきました。「ほかの患者さんやDr.たちに迷惑をかける」という不安が大きく膨らんだのです。つまり、「飛び降り自殺したり、暴れたりするのではないか？」という気持ちです。迷惑はかけられない、という思いを率直に教授に話すと、精神科の主治医との話し合いをセットしてくれました。そこで双方合意の上、精神科入院が決まりました。

事情が事情ですから、入院は当然ながら「閉鎖病棟」です。もちろん「事故」予防のためです。すでに2人がいた6人部屋に入り、3カ月に及ぶ入院生活が始まりました。

しばらくの間はずっと寝ていたのでしょうが、今ではそのときの記憶はスッポリ抜け落ちています。2週間ほどすると薬が効いてきたのでしょう、ようやく病室から出て図書室や売店、喫煙所などに行くようになりました。

元気になって行動半径が広がると、実にいろいろな人間模様が観察できます。病棟には研修医がよく訪れます。彼ら彼女らは特段の任務もないようで、患者と触れ合うことを目的としているようでした。若くて小柄な女性研修医と会話するようになり、ついには、「サッカーに熱心な看護師が気になっている」ということを聞き出しました。退屈でヒマな毎日ですから、こういうネタにはスグに飛びつきます。あるときその看護師を呼び出して、「Bセンセイがアンタのこと気になってるってさ」と伝えました。彼は驚いたようで、何度も何度も「ホントか？」と尋ねてきました。最終的には「身分が違いすぎる」と考えたらしく、聞かなかったことにすると言っていました。あ〜あ、もったいなさすぎるよ〜。

さて２週間ほどして元気になってくると、それまでのマイナス思考一辺倒から、ポジティブな考えが浮かぶようになりました。「これはチャンスだ、閉鎖病棟など誰でも体験できるものではない。障害体験はこれからの自分にきっとプラスになる」と思えるようになっていました。20年以上の営業経験で培った"プラス志向"につくづく感謝しました。

　主治医を絶対的に信頼し、狭い病棟内で運動などして復帰を目指しました。病棟内で落ち着いて周りを見渡すと、うつや統合失調症など様々な精神疾患で多くの患者さんが疲れた羽を休めていました。入院期間中はこれら患者さんとの出会いを始め、それこそ１冊のノンフィクションが書けるのではないかと思うほどにいろいろな体験をしましたが、詳しいことはここでは省きます。ただ、「これで精神障害者の気持ちが少しはわかるかな？」、「ピアカウンセリングに活かせるか知らん？」と思ったものです。

　５月になって県の担当者から、NPOが認証されたとの連絡を受けました。当時は開放病棟に移っており、電話も外出も自由にできましたので、副理事長と待ち合わせてそそくさと出かけました。晴れ上がった、とても天気のよい日だったことを覚えています。

　少しだけエピソードを。

　入院が急だったので、ヘルパー登録していた事業所にはご迷惑をかけました。開放病棟に移ったその日、責任者に電話して事情を説明すると、「うつなんか病気のうちに入らん！」と言われてしまいました。これは心底 ── 本当に心が震えるほど ── ありがたかったです。信頼関係がないと治療中の当人になかなか言える言葉ではないと思いますが、逆に言えば、「ああ、信頼してくれてたんだなあ」という気持ちにさせてくれたわけです。この方とは仕事を通じて今でも交流があります。というより、最後に勤めたこの事業所を私は目標にしています。スタッフがとても明るく、利用者さん目線を忘れない素敵な事業所です。中原さん、今後ともご指導くださいませ。

❸ うつに思う

うつは本当に怖い病気です。理路整然と「死」を導き出し、それを実行することすらあるわけですから。うつの特徴が「マイナス思考」にあることは、ご存じの方も多いでしょう。私の体験では、何かを考えていて問題にぶち当たったとき、必ず、絶対に、漏れなく「マイナス」の方を選んでしまうのです。「プラス」の方を選ぶことはまずありません。できない理由や条件が頭を占領し、できるためには何が必要か？ などというプラスの問題意識は絶対に浮かんできません（断言！）。論理的に考えていって、必ずマイナスの方を選ぶわけですから、「俺なんか不要な人間だ、死んだ方がいい人間だ」と結論を出します。否定の極致ですね。そしていったん出した結論に囚われ、頑固に正しいと信じ続けます。修正が極めて難しい状態ですね。

うつの人にはこんな特徴があることを知っておいて欲しいと思います。医者ならぬ一般の人が、うつの人にどう接すればいいか、基本的なことを私の体験から拾い出してみましょう。

・とにかく冷静に

　　家族から「うつになったみたいだ」と言われても、決してうろたえないでください。家族の不安な状態は患者さんに悪影響しか与えません。冷静に話を聞いて、次（↓）の行動へ。

・必ず医療機関を受診する

　　お稲荷さんへのお参りや祈禱・お祓い・民間療法などでは治りません。

・決して励まさないでください

　　「頑張れ」「しっかりしろ」などの励ましは、患者さんを「責められている」という気にさせます。「必ず治るから治療を受けよう」と誘ってください。

・治療中の飲酒は医者の指示に従う

　　飲酒は薬に悪影響を及ぼし、また自殺行動を助長する危険性を高

めます。「週１回だけ、ビール350mℓまで」など、必ず具体的な指示がありますから、それを守るように働きかけてください。

・否定しないでください

　病気で不調のため、患者さんが思わぬことを言うかもしれませんが、決して否定しないでください。「そういうふうに考えているのか」、「辛かったな」、「大変だったなあ」など、共感的な態度が患者さんを安心させます。

　繰り返しますが、うつは自ら死を選ぶこともある病気です。取り返しのつかない事態になる前に、適切な対応を心がけましょう。患者さんと接するときは、常に穏やかな環境づくりを意識してくださいな。

4 再　発

　さて、NPOの認証書を受け取った10日後、退院に至りました。退院後はすぐに事業所申請が待っていました。市の福祉課に２度ほど出向き、アドバイスを受けながら申請を終えました。９月１日に事業開始が可能だということなので、当初（発病前）の計画よりちょうど入院と同じ期間だけ延びたということになります。ところがこの９月開始というのが理事会で猛反対に遭いました。「病み上がりだから早すぎる。療養して来年に延ばしたらどうか」という、私を気遣うありがたい気持ちからでした。皆さんの気持ちに感謝しながら、「せっかく順調に回復しているし、とにかく体調最優先を心がけるから一つのけじめとして９月という目標を持たせて欲しい」と訴え、何とか全員の了承を得ました。ホント、頑固ですねえ。

　ところが始めるにしても当時は利用者さんのアテなど全くありません。もちろん、前の事業所の利用者を引き抜くなど考えてもいませんでした。そこでパンフレットを作って配布しようということになり、私と副理事長で制作に取り掛かりました。これが悪かったんですね。毎日夜遅くまでパソコンとにらめっこしていたら脳が悲鳴を上げました。うつが悪化

（再発）してしまったわけです。脳の全部の神経を１カ所に集めて針金できりきり締め上げられるというか、万力でギリギリ締め上げられるような、体験したことのない痛みが目覚めているあいだ中続きます。しまったと思ったときにはもう遅すぎました。予約より１週間早く病院に行き、パンフを置いて欲しいと言いながら頭痛を訴えると、「こんなものを無理して作るから再発するんだ、馬鹿なことを！」と主治医から大目玉を食らいました。順調に回復していたから過信していたんですね。

仕事のことを考えると、１年半は私が現場を離れるわけにはいかないと予測できました。この頭痛は、再び入院するまでの間、ずっと私を悩ませ続けることになります。

　すでに賽は投げられています。ここでひるむわけにはいかないと、頭痛を我慢しながら、ペースダウンして開業準備に取り組みました。９月１日無事オープン。ところが利用者さんもいなければ、ヘルパーさんたちも障害者支援の経験ゼロの人ばかり。設立総会のときに理事長が「ふぶきに見舞われないように」と冗談めかして言ったことが思い出されました。しかし何のこれしき、病気のしんどさに比べればそよ風みたいなモンです。パンフレットを配り、研修やボランティア情報を手に入れてヘルパーさんたちを派遣してわずかながらですが賃金を保証し、利用者さんが現れるのを待ちました。

　ようやく利用申込みがあったのは、ほぼ３カ月後の11月の終わりでした。しかも立て続けに３名です。私がヘルパーやボランティアとして関わったのは知的障害や精神障害の人たちが多かったので、そういう人たちの利用があるんだろうなあと何となく思っていましたが、予想に反して３名とも身体障害の人たちでした。

　自分の病状と頼りない能力は把握できているつもりでした。ですから私が直接現場に出張ることはまずい、サービス提供責任者（サー提）を早く採用しようと思いましたが、いかんせん、ふところ事情がそれを許しません。しばらくは私が管理者とサー提を兼任するしかありませんでした。

利用者さんが現れて喜んだのもつかの間、事業が回転し始めると心配した通り病気が邪魔をし始めました。何せ記憶力と頭の整理が全くと言っていいほど言うことを聞いてくれません。同じことを何度も言う、聞く、聞いたことをすぐに忘れていくということが繰り返されました。あるヘルパーさんの言うには、「○日にミーティングをやるから」という連絡を5回入れたことがあったそうです。他のヘルパーさんたちに対しても同じようなことはあったはずです。でもヘルパーさんたちにはカミングアウトしていましたので、皆さん大きな心で許してくれてたんですねえ。

　ところが利用者さんとなるとそうはいきません。一度だけ取り返しのつかない大失敗をしてしまいました。ヘルパーの手配が抜け落ちていたのです。その利用者さんはマヒのため首から下が全く動きません。トイレに行くにも食事をするにも、ベッドで姿勢を変えることにも介助が必要です。女性ですので、私が駆けつけるというわけにもいきません。当然厳しい叱責を受けました。「介護なんかやめてしまえ！　迷惑だ！」—— 解約の憂き目にあいました。本当に申し訳ないことをしでかしてしまいました。今でも決して忘れることはありません。余談ですが、この方は、私が出入りしないことを条件に、2年後くらいに再契約していただき、それからずっと利用していただいています。本当に感謝しています。

　1年半後に再入院して療養すること3カ月、ようやく少し頭がすっきりしてきました。今では薬も大幅に減らすことができ、抗うつ剤2種類と睡眠促進剤1種類だけです。薬は手放せませんが、おかげで今はとても安定し、はた目にはうつを患っているようには見えないようです。

第5節　Cさんのこと

さてここで、どうしても触れておきたい友人がいます。

短大でヘルパー2級の資格を取ったあと、福岡市内のある精神障害者

作業所に勤務することになりました。この歴史ある作業所に通う人たちの中にＣさんはいました。高校時代に野球部でピッチャーをやっていたとかで、胸板がものすごく分厚く、声もドスが利いていて、その上いがぐり頭にサングラスときているので、存在感は圧倒的でした。同僚の通所者さんたちは、Ｃさんに少し怯えていたところがあったように思います。ほかの通所者と違い、「ここに来なくたって行くところはいっぱいある」と公言し、たまにしか顔を見せませんでした。

　彼に誘われて自宅に遊びに行ったとき、ＣＤやＤＶＤ、カセットテープなどが、床から天井まで何列も何段も積み重なっているのを見て目を見張りました。全体では数千曲どころか、優に万は超えていたと思います。私も彼の勧めに甘えて、何枚か借りて帰りました。

　Ｃさんは高校卒業後調理師学校で資格を取り、料亭で働いていたそうです。このときに、先輩たちからのいじめを受けたことが原因で統合失調症になったと言っていました。

　法人設立の準備をしていたときに、彼から応援してもらったことを思い出します。準備のとき、私は失業中でしたので、フルタイム勤務のパートナーに代わり、毎日夕食作りをしていました。ところが、レシピ本を見ながら何を作るかを考え、買い物に行き、調理に取り掛かって出来上がるまでに、大体３時間ほど掛かっていました。あるときハタと思いつき、彼に夕食作りのバイトをお願いしました。彼には現金収入が入り、私には時間ができるというわけです。このバイトは３カ月ほど続いたでしょうか、私は大いに助かりましたが、夏の暑さに彼がダウンして幕引きとなりました。

　さて作業所での彼のエピソードをいくつか。
　あるとき彼が、「夕べ、12時に呼び出されて説教された」とボソッと言いました。「どうした。何かやったの？」と聞くと顛末を語り始めました。彼は電話魔と言えるほど誰彼なしに電話をかけまくり、私も少々辟易していました。同じ通所者のＤさんは、もともとＣさんに苦手意識

があり、恐れを抱いていたようで、電話をもらったときに出なかったようです。それに怒ったＣさんが、Ｄさんの電話にわめき散らす留守録を入れ、それを聞いたＤさんが職員にSOSを求めたという次第です。このＤさんは小柄で、病気のせいでしょう、いつも自信なさげでした。Ｄさんの訴えを聞いた職員が「ほっとけない」と考え、文字通り深夜にＣさんを作業所に呼び出し、説教を垂れたというわけです。

「まさか病人を深夜に呼び出すハズがない」とたかをくくってＣさんの訴えを信用していなかった私は、職員から事実であることを聞き、本当に驚きました。

精神障害者には、病気のため生活リズムが乱れ、十分な睡眠がとれない人がたくさんいます。Ｃさんもご多分に漏れず、「昨日は眠れなかった」と時々訴えていました。そのことは職員全員が知っているはずです。睡眠をとるべき深夜に、説教のために通所者を呼び出すなどということは、どのような理由があろうとするべきではないと思います。

一般社会でこのようなことがあり得るでしょうか？　長い私の社会人生活でも、もちろんこんなことはありません。皆さんも同じではないでしょうか？　「取引先が倒産した！」などというときは緊急事態ですから、私たち営業マンも土曜であれ日曜であれ呼び出されますが、個人的なことを理由に、説教されるために呼び出されるなんてことは絶対にありません。事態に驚いた職員が、うろたえて落ち着きをなくしてしまい、不適切な対応をしたとしか言いようがありません。対処は翌日でも全く構わなかったのだと思います。

このことは、障害者と支援者の関係に疑問を持ち始めていた私に大きな影響を与えました。「職員は、非障害者に対しても同じことをするんだろうか？」「非障害者は結局のところ障害者を見下しているんだろうか？」ということについてずっと考えてしまいました。

そのことがあってからだと思いますが、Ｃさんは作業所から徐々に遠ざかっていきました。私には、「あんなとこ行かなくたって生きて行けるからな」と言っていましたが、負け惜しみ、強がりにも聞こえました。

職員の対応のせいかどうかわかりませんが、Ｃさんが行き先を一つ失ったことは確かです。

　Ｃさんが顔を出さなくなったあと、通所者が不足気味になり、存亡の危機に陥ったその作業所は、職員たちが必死になってＣさんに戻ってくるよう電話をかけまくっていたようです。でも自宅を訪問して本人と語り合うこともなく、お察しの通り、Ｃさんが再びその作業所に行くことはなかったようです。

　さてもう一つのエピソード。

　Ｃさんは80歳を過ぎたお母さんと二人暮らしでした。お母さんは、介護保険でヘルパーを利用し始めてほどなく病気になり、入院してしまいました。残されたＣさんは一人では身の回りのことが全くできず、生活できません。入院することになり、市内のＥ病院に入院し、数カ月後にＦ病院に転院したようです。

　入院の顛末を知らなかった私は、転院後に事情を知りました。

　そしてＦ病院に面会に行ったときのことです。いきなり休憩室に通されましたが、そこにはＣさんがいないようでした……。が、よくよく見ると、少し離れたところに、Ｃさんらしき人がいました。でもどう見ても、以前のＣさんと様子が違います。体格がまるで違うし、髪もかなり白くなっていて、何よりも以前発していたオーラがまるで消え、ただのしょぼくれた爺さんです……。

　ところが！　間違いなくＣさんじゃないですか！　彼に近づき、「久しぶり。大平だよ」と名乗っても、「ああ……」と生気のない返事。何ということでしょう。目の前にいるＣさんは、以前に比べて30キロ近く――間違いなく20キロ以上は痩せていました。痩せこけていた、という方が実態に近いでしょう。激しい混乱が私を襲いました。（どうしてだ！　何があった！）頭がまとまりません。これだけの変化をした人を、私の人生で見るのは初めてです。入院前に食事が摂れなかったのか？　Ｅ病院に入院中に痩せたのか？　はたまたＦ病院に転院後に痩せたのか？　彼に尋ねても、返事はおぼつかなく、ろれつもよく回らないので

詳しいことは聞き取れません。帰りにエレベーターまで送ってくれたスタッフから聞き出そうと、「彼はここに来たときからあんなに痩せてた？」と尋ねましたが、あいまいに口を濁され、ついに真相を知ることはできませんでした。

　理由や原因はわからずとも、１年もしないうちにあれだけ痩せているとは、いったいどんな過酷な出来事が彼を襲ったのでしょう？　暗澹たる気持ちのまま、その日は引き上げました。

　その後も彼との交流は続いています。忙しくて２カ月に一度くらいしか行けませんが、リクエストのあった差し入れを抱えて、30分ぐらいの面会を重ねています。

第2章

「創る会」のこと

第1節 設 立

　国の最高法規たる憲法では、25条に「社会保障は国の責任」である旨が明記されています。国は財政赤字がどんどん膨らむことに危機感を抱き、あらゆる部面で国の関与（＝税金投入）を減らそうと、80年代後半から自己責任論を声高に叫んできました。これからの障害者政策を規定するグランドデザイン（2004年）で、国は自己責任論を前面に打ち出し、社会保障の削減を宣言しました。

　2005年成立の障害者自立支援法は、グランドデザインを受けて国庫負担を削減する方針が明確に示されています。その中心が就労支援。確かに、それまでだと障害者には税金を使うばかりでしたが、働けば収入が得られるので納税者にすることができます。税金投入を削減でき、税収は増える、一石二鳥……頭いいですねえ。

　ところがこの自立支援法は、「走りながら考える」と厚労省が漏らしたように、その内容は多くの問題を含んでおり、法案段階から障害者や家族、関係者から悪評フンプンでした。「障害程度区分」、「応益負担論」、そして「自己責任論」などです。また、一部の障害者たちは、「自立」の中身を批判しました。「自立とは、自分の人生を自分で設計し、自分で決めていくことだ。ヘルパーなど、誰かの手を借りて実現することは自立と矛盾しない。国の言う自立とは、税金使うな、納税者になれということだ！」。自立について辞書を見ると、確かに国の言い分は一面的なようで、障害者側の言い分が正しいようです。国の言い分は身体的自

立に偏っており、突き詰めればヘルパーを使わなくなることが自立の完成形ってことになりますが、障害者にはムチャな話。

　さてこの自立支援法をめぐって、2008年に全国各地の障害者が「違憲訴訟」を起こしました。「応益負担」は、憲法25条「社会保障は国の責任（＝公的責任）」に違反するというわけです。この裁判は終始、原告側優勢で進み、2010年１月に原告側と被告側（国）の間で和解が成立しました。画期的な和解内容は次の通りです。

　政府は、「自立支援法は、障害者の人間としての尊厳を深く傷つけた」として謝罪し、

　・国は速やかに応益負担を廃止する

　・自立支援法を廃止し、障害者の参加のもと新たな法律を作る

　・「障がい者制度改革推進本部」を設置し、新たな総合的福祉制度を
　　制定するに当たって障害者の参画の下に十分な議論を行う（以下
　　略）

などです。

　この和解に沿って法の見直しなどが取り組まれると全国の障害者が期待しましたが、ものの見事に裏切られてしまいました。「福岡・障害者と暮らしを創る会」の設立は、このような状況を背景にしています。設立趣旨書に経緯を見ていきましょう。

設立趣旨書

2012年4月20日

福岡・障害者と暮らしを創る会

　障害者自立支援法が延長されようとしています。障害当事者や支援者に対して「障害者の人間としての尊厳を踏みにじった」と頭を下げ、自立支援法を廃止して当事者の意見を十分に反映した新法を作ると反省してみせた厚労省と民主党政権は、許しがたいダマシをしようとしています。

　総合福祉部会の佐藤久夫部会長が、「60の骨格提言のうち3つしか反映されていない。48項目については触れられてもいない。」と怒りのコメントを出した"新たな"法案は、閣議決定をするにあたり、「すべての」骨格提言を無視するものとなりました。

　障害者の個別ニーズを無視し、機械的にサービスをはめ込む悪名高き「障害程度区分」は、「障害支援区分」と名を変えただけで温存されています。

　障害者が日常生活や社会生活を、障害のない市民と同等に行うために必須の福祉サービスを、「益」として障害者に負担を強制する「応益負担」もそのまま残しています。

　何よりも見逃してはならないことは、国のすべての政策を貫く「自己責任論」が、ここでも強力に打ち出されていることです。憲法25条に規定する「社会保障は国が責任を持つ」という公的責任が正面切って放棄され、国も自治体も当てにせず自分で生きろという哲学が全面開花しています。

　新しい法案は、その名も「障害者総合支援法」―。障害者をとことん舐め切っています。「名前を変えたから自立支援法は廃止になった」と言い放つ国を許すわけにはいきません。

団結と闘いが必要です。人間の尊厳を否定し、差別を固定するすべての目論見を打ち破ろうではありませんか。障害種別を超え、また、当事者も家族も支援者も対等な立場で参加し、"One for all, All for one"（一人はみんなのために、みんなは一人のために）の基本理念の下、「障害のない市民との公平と平等」を勝ち獲ろうではありませんか。

この旗印を鮮明に掲げ、ここに「福岡・障害者と暮らしを創る会」を設立します。

このようにして誕生した「創る会」は、障害者総合支援法案に異議あり！ として法案反対のビラを、福岡市の中心部天神で２度にわたって配布しました。残念ながらこの取り組みは実を結ばず、国の思惑通りの法律が出来てしまいました。

会はその後、手探りしながら少しずつ取り組みを増やしていくことになります。

第2節　学習会

ある程度定期的に集まった方がいいだろうとみんなの意見が一致して、毎月１回集うことになりました。資金などありませんから、ふくふくプラザ、あいあいセンター、ボランティアセンターなどの無料施設を利用しています。内容は、まずは自分の近況報告、そしてメインは学習会ということになりました。障害者は多種多様な困りごとや問題を抱えていながら、どこに相談していいかもわからない人がいます。また、自分たちを取り巻く世の中がどのように変化しているのか ― そして自分たちがどう影響を受けるのかも、一人ではわかりづらいものです。ただのおしゃべりの会にはしたくないと意見が一致して、学習会をやろうとなり

ました。会には知的障害、身体障害、精神障害、発達障害の人が集い、小さいとはいえ障害種別を超えて集う団体は福岡でも初めてなのではないかなあと思いました。

　会の運営にあたって、次のルールをみんなで決めました。

【大事な約束】
①誰もが対等な立場で参加します。お互いを尊重しましょう
②自由な意見を出し合いましょう。相手の否定ではなく、対案を出し、テーマに沿って話が進むよう、みんなで工夫・協力しましょう
③一緒に進みましょう。誰もが同じ理解をしてから次に進みます
④違いを認めましょう。お話が苦手な人の意見もじっくり聞きましょう

　発足して間もなく、福岡市レベルで差別禁止条例づくりが始まったので、会として参加しようとなり、私がほぼ毎回顔を出すことになります。
　条例づくりの場で出された意見や議論を持ち帰って、学習会で報告し意見交換するということを繰り返していました。初めのころでしたが、「合理的配慮」という言葉が出たとき、「私は誰に配慮されなくちゃなんないのよっ！」という甲高い声が響き渡りました。
　この女性は、「合理的配慮」という言葉を初めて聞いたとき、「保護・庇護が配慮に代わっただけじゃないの！」と思ったそうです。彼女は、近年の世界の主流である「障害者は保護・庇護の対象ではなく、権利の主体」という認識を確信しているそうで、「合理的配慮」という言葉に、旧態依然としたパターナリズム（温情的庇護主義・家父長制的庇護主義）を感じたと強く訴えました。彼女はパターナリズムを、「障害者に権利などあるものか！」という考えだと捉えていると話してくれました。
　この問題について会で真剣に考えようと声が上がりました。が、突然のことでほとんど情報がありません。言葉は聞いたことがある、という人は何人かいましたが ── 。結局、私が情報を集めてくるということに

なり、次回へ持ち越しとなりました。

　さてこうなると、私の「のめり込み」の性格が顔を出します。１カ月間丹念に調べたあと、次回の学習会でおおまかに次の情報を提示しました。

①国連障害者権利条約にReasonable accommodation（りーずなぶるあこもでーしょん）とある（2006年）

②この言葉を日本政府仮訳文で、「合理的配慮」と最初に訳している（2007年）

　　「『合理的配慮』とは、障害者が他の者と平等にすべての人権及び基本的自由を享有し、又は行使することを確保するための必要かつ適当な変更及び調整であって、特定の場合において必要とされるものであり、かつ、均衡を失した又は過度の負担を課さないものをいう」

③川島＝長瀬訳でも「合理的配慮」の訳を採用している（2008年）

④内閣府差別禁止部会の意見書に「合理的配慮」の言葉がある（2012年）

⑤障害者差別解消推進法に「合理的配慮」の言葉がある（2013年）

⑥各地の条例にすべて「合理的配慮」の言葉がある

⑦驚くことに、accommodation に「配慮」の意味は全くなく、正しくは「便宜」の意味。

⑧reasonable には「合理的」のほかに、「正当な」という意味もある

⑨お隣、韓国の障害者差別禁止法では、「正当な便宜提供」と訳されている

⑩「配慮」の意味を持つ英語は consideration。権利条約には全く使われていない。

　お察しの通り、これらの情報を得たメンバーさんたちは、実に様々な反応を示しました。ワイワイと盛り上がりましたねえ。

①「便宜」を「配慮」と訳しちゃいかんだろう。試験だと０点だよ。

②入試だと、１点差でも落ちちゃうよね。人生変わるかも。

③最初の訳を疑わなかったのね。鵜呑みにしたのかしら？

④外務省のエリートが、この程度のことを知らないはずがない。

⑤でも「便宜」って、あんまりいい意味ってないんじゃないの？

⑥確かに日本語だと、「ルールを曲げて」、「こっそりと」というニュアンスを感じる。

⑦外国だと、単に「取り計らい」「取扱い」って意味みたいね？

⑧「配慮」って、昔からある日本人の美徳だよね？　特に新しいわけでもない……？

⑨いや、「合理的」って付くから「新しい価値観」ってもてはやされてるんだろ？　「合理的配慮」って言葉は、これまでなかったよ

⑩「配慮」って自発的にやるんでしょ？　指示や要求・依頼がなくても

⑪そうだよね。そして、自分ができる範囲を超えてやることでもない……。

では、配慮「する人」と「される人」の関係は？　と投げかけると ━

⑫「する人」は、「良かれ」と思って善意ないし良心に基づいて行う

⑬「する人」は、自分の価値観に基づいて配慮の内容を決めることが多い

⑭「される人」の希望を確かめてからやるって人は、少ない……かなあ……

⑮「する人」は、「してあげた」という気持ちになりやすい

⑯「される人」は、ありがたく思い感謝する

⑰「される人」は、自分の希望よりも、「する人の価値観」が優先されることに不満

⑱「される人」が、おせっかいと感じる配慮もある

⑲「差別をなくす」って、「誰もが同じ権利を持つことを保障する」ってことでしょ？　保障する制度・システムを作り上げることが必要なのであって、「配慮」などという「心の問題」にすり替えるっておかしくない？

⑳「保護・庇護の対象から権利の主体へ」という価値観の変化を正しく反映しよう

まあ、いろいろな意見が飛び交いました。

　「私は誰に配慮されなくちゃなんないのよっ！」という女性の叫び、その感覚は、障害者がみんな大なり小なり持っているようです。ひと言で言えば、「尊厳・主権の否定」を感じるのでしょう。「対等に見られていない」ということですね。

　長時間の議論の末、「合理的配慮」は、Reasonable accommodation の訳としては不適切であること、直訳である「正当な便宜」を発展させて、「正当な権利保障」が条約の真意を伝えるものであることを確認しました。めでたく、全員一致でした。

第 **3** 節　　差別禁止条例づくり

❶盛り上がる取り組み

　2006年10月、千葉県で国内最初の障害者差別禁止条例が制定され、同年12月には国連で障害者権利条約が採択されました。この流れを受けて、全国の自治体で差別禁止条例づくりが取り組まれることになります。

　法の整備は、当事者運動の大きな前進が機運を盛り上げたのだと思います。

　①障害者は「保護・庇護の対象」でなく「権利の主体」だという考えが広まった。

　②同じく、「（施設でなく）地域で自分らしく生きる」という機運が盛り上がった。

　一方、国としてもグランドデザインに沿った政策を実行したいところです。そこで、①を認めるフリをしながら、就労支援を前面に打ち出していきます。「フリ」というのは、少し説明しといた方がいいでしょう。

　差別を禁止する先輩条約として、1979年に国連で批准され、85年に日本でも批准された「女子差別撤廃条約」があります。名称は国連も日本も同じです。このとき「差別」は、「撤廃」すべきものだと理解されて

いました。ところがご存じの通り、障害者差別に関する国内法は、「障害者差別解消推進法」です。「撤廃」が「解消」に変わり、ご丁寧に「推進」が加えられています。

「撤廃」とは、「強い意思を持って（＝目的意識的に）無くす」ということであり、公（＝国）が「社会全体の意識的な取り組み」の先頭に立つ責任を持つということです。

対して「解消」を辞書で引くと、「今までの関係・状態・約束などが消えてなくなること」とあります。「無くす（意志！）」よりも「無くなる（いつの間にか）」というニュアンスが強いように感じます。つまり私は、「解消」という言葉に「意志」を読み取ることができないわけです。さらに、「推進」という言葉が付くと、「推進してるけど、なかなかうまくいきませんねえ」という言い訳が、あらかじめ用意されているように感じて仕方ありません。

大きくはこのような理由で「フリ」と評価しましたが、理由はまだまだ他にもたくさんあります。どこかで触れることができればと思います。また、②の動きも、国は待ってましたとばかりに巧妙に利用します。「地域の人が精神障害者を適切に理解し、支援できるよう」啓発に力を入れていくことになりました。医療費は社会保障給付費全体のおよそ30％を占めています。他は年金が約50％、介護が約20％となっています。年金も介護も制度「改正」が続き、すでに削減に手が付けられています。次の「本丸」である医療費の削減は国にとっては緊急の課題でした。

日本の精神科入院日数は、世界に比べて極端に長期化しています。諸外国で平均入院日数が100日を超えているのは、わずかにオーストラリアのみ。他の国がすべて平均50日以下であるのに対し、日本は300日を余裕で超えてダントツ！（いずれも厚労省資料）。これにかかる医療費は膨大だと思われますが、患者の退院を促し、地域でメンドー見てもらえれば大幅に削減できますね（この地域移行には落とし穴があります。病院の敷地内にあるグループホーム ── もちろん病院経営！ ── に入所させて、「地域移行の実現」などというわけですが、精神障害者はそんな

ことを望んでいません。厚労省が病院側に「合理的配慮」をした挙句の奇策ですが、ここではこれ以上触れないでおきます）。

　さてこのような状況の中で、福岡でも条例づくりが取り組まれていくことになります。私たち「福岡・障害者と暮らしを創る会」も、市・県レベルでこの動きに参加していきます。

②福岡市レベル

　千葉県条例に遅れること7年、2013年8月に「福岡市に障害者差別禁止条例をつくる会」が発足しました。たぶん1年以上前から関係者の間で準備が進められていたのだと思いますが、その甲斐あってか80名を超える人が集いました。本当に熱気ムンムンだったことをよく覚えています。

　発足会で一番印象に残ったのは、「条例は地方の憲法だ。条例で障害者差別禁止を謳うことは大きな意義がある」という役員さんの言葉です。誰もが新しい取り組みにワクワクし、高揚感を抑え切れないようでした。

　世話人会を最高決定機関とし、2カ月に1回のペースで開催しました。そして市内の障害者や家族から1000を超える被差別体験アンケートを回収し、中間報告としてまとめたのは2014年の11月でした。

　「障害者は権利の主体」、「他の市民との公平と平等」を確信し、実現しようとする多くの当事者・関係者との交流が広がることはこの上ない喜びでしたが、この過程で残念なことがいくつかあったのも事実です。

①知的障害の本人が一人も参加していなかったので（親御さんは数人参加していた）、参加を呼び掛けようと提案したが否決されたこと。理由は何と、「参加を希望されても送迎に責任が持てない」というものでした。排除ありきの理屈……。

②私と友人のアンケート回答の内容が、本人に連絡も確認も断りもなく変えられていたこと。他の人の回答も、本人に無断で手が加えられていた疑いを残す。

③「正当な権利保障を求めよう」と提案したところ、「権利や、まして保障という言葉は、行政が嫌うので使わない方が良い」という意見があったこと

④議論の中で、「知的障害者にピアカウンセリングはあり得ない」という発言があったこと

⑤また、少数意見を懲りずに述べる私に対して、「大平さんは私たちの時間を奪っている！」や、「多数の人があなたと意見が違うことはわかっているだろうに」と、あたかも「少数意見は時間の無駄だ」と言わんばかりの発言があったこと。民主主義の否定ですね（この発言については、次回世話人会で司会者が、「この会を民主的に運営する。少数意見も多数意見も同じ価値があり、予め少数意見を排除する発言は慎んでほしい」と発言して諌めてくれました）。

　障害者差別をなくそうという集まりの中で、とてもアンビリーバボーな出来事でしたが、それ以後私はずっと錘を引きずるような気持ちで参加していたことを思い出します。

　とりわけ、障害者差別禁止を求める団体が、知的障害者を排除するという態度を取ったことが衝撃でした。このような体質を内に抱えた「つくる会」は、条例制定後の後継団体に衣替えするときに、188ページで示すような重大な差別事案を引き起こすことになります。排除に賛成した人たちに次の論文を嚙みしめていただきたいと思います。初の車椅子国会議員である八代英太氏の秘書を務めた久保田哲氏によるものです。1982年の「リハビリテーション研究」に掲載され、40年近く前にすでに認識されていた視点です。

　「われわれ障害者は、この場及び他のすべての国際会議において、われら自身のために発言する権利を要求する ── 」
　1980年6月、カナダのウィニペグで開催されたRI（国際リハビリテーション協会：筆者注）の第14回世界会議で、障害者自身による国際連帯組織づくりが始まったとき、ヘンリー・エンズ氏（カナダ

障害者連合代表、車イス）が述べたこの言葉は、その後の世界の障害者運動の展開のモットーとなった。それからおよそ1年半たった1981年12月、シンガポールで第1回障害者世界会議が開催され、DPI（Disabled Peoples' International）が結成された。そこでこのモットーは、更に新しいものに書き替えられた。

「われわれは、発言の機会を要求していくのではない。われわれは、発言するのである ― 」

これは、アメリカの盲目の婦人がフロアから発言した言葉であるが、DPI結成のために集まっていた世界の障害者運動のリーダーたちの気持を最も端的に語ったものといえよう。しかもそれは、たんに"発言する"権利や機会の問題にとどまらず、DPIの哲学を象徴するものであるといっても過言でない。あらかじめ誰かの手でしつらえられた場での発言権という限定されたものでなく、むしろそうした権利を有することを自明のこととして行使していくという。これは目覚めの宣言なのであり、運動の自立の声明でもあった。

（久保田哲「DPI（障害者インターナショナル）の哲学」、「リハビリテーション研究」1982年3月）

当時、すでに全国で14の条例ができていたと思いますが、福岡でもより良い条例にしようと、各地の条例を参考にしたり、各地から講師をお招きして講演をいただくなど多彩な取り組みをしました。2018年1月の時点で世話人会は34回を数えます。そして、そこで集約した意見をもとに、5人の代表が条例の文案を市民代表や行政とともに協議しました。2018年の2月2日に市主催のタウンミーティングがあり、6月市議会に提案することが発表され、同議会の最終日に満場一致で成立しました。さてタウンミーティングの場で、パブリックコメントを募集しているということが、市から明らかにされました。私たち「福岡・障害者と暮らしを創る会」では、2月の定例会で条例案について検討し、次の通り意見を提出しました。

福岡市障がいを理由とする差別をなくし障がいのある人もない人も ともに生きる条例（案）に対する意見

2018. 2. 21

福岡・障害者と暮らしを創る会

　「差別をなくし、障害者とその家族に貢献する」ものとして、また、「障害のない市民との公平と平等を基礎として」「障害者は権利の主体である」という世界中の理解をここ福岡で実現するものとして、障害者差別をなくす法制度に大いに期待しています。すべての障害者差別をなくすことは障害者と家族にとって悲願です。

　以下に、当会の意見を述べます

１）目的について

　いかなる差別も“少しでも減ってくれればいい”、あるいは“ある程度残ってもしょうがない”というものではありません。障害者差別も、その“すべて”が無くされなければならないと考えます。差別の例外を認める市の条例案は、障害者と家族の願いに反するものです。<u>例外を認めないとすべきと考えるが如何。</u>

２）名称について

　性差別をなくす法律は、「女子差別撤廃条約」となっており、日本も批准しています。「撤廃」とは法や制度を整備し、行政が社会の、そして国民の先頭に立って取り組むという積極的意味を持つと考えます。ひるがえって「解消」には、そのような積極的意味はありません。従って、障害者差別をすべてなくす福岡市の積極的な意思を明確にするために、<u>「障害者差別撤廃条例」</u>とすべきと考えるが如何。

３）「社会モデル論」を定着させて頂きたい

　「障害は個人に宿る」＝いわゆる医学モデル論は過去のものになり、「障害は個人の機能特性と社会的障壁との相互作用」とする社

会モデル論が世界の共通理解となりました。世界基準という意味において、福岡市が「社会モデル論」を採用する旨表明されたことは、真に慧眼であります。ここに至り、「障害は個人が克服すべきもの」とする医学モデル論の残滓は払拭されねばならないと考えます。

　その意味において、<u>本市で使用される「障がい」表記は本質的に医学モデル論に基づいており、適切な語に置き換えるよう検討して頂きたい。</u>「障害」を「障がい」と表記としたのは、「害の字は害する意味があり、不当だ」という指摘があったから、と聞き及んでおります。障害者が、「害する存在であるか否か？」という問いの立て方は、紛れもなく個人に焦点を当てており、正真正銘の医学モデルです。障害者とは「障害する人」ではなく、「障害された人（＝disabled）」であることは自明です。「障害は社会の側にある」として、「障害を、そして差別をなくす責任は社会の側にある」とした世界中の理解（＝すでに到達しているレベル）に、福岡市が遅れることは、福岡市の障害者にとって著しく不当です。

4）正しく理解し、世界水準の内容に！

　「障害者差別解消推進法」を始めとして、各地の条例でも「合理的配慮」が花盛りです。タウンミーティングでも指摘致しましたように、reasonable accommodation（正当な便宜）の日本独自の（意図的な？）誤訳です。世界中はこの言葉を、正しく「<u>正当な便宜（提供）</u>」と訳し、障害者の権利主体性を謳い上げています。ところが、原文と異なる「合理的配慮」と訳してしまうと、障害者はたちまちにして配慮の対象となり、主権を有する障害者でない人とは不平等な存在へと貶められます。配慮の内容は配慮する側が決めるのだ、障害者は配慮に従え、という考えは紛れもなく障害者の主権を否定するものです。権利主体性を担保するために、「合理的配慮」の誤訳を排し、「正当な便宜提供」を採用されることを望みます。

なお当会では、原文を発展させて、「正当な権利保障」という語を使用しております。世界中の理解を発展させ、かついっそう解かりやすく説明できるものだと考えるからです。

5）条例や制度の見直しを

　2014年1月に我が国において批准された障害者権利条約は、その第四条で次の通り規定しています。

　　第四条　一般的義務

　　1　締約国は、障害に基づくいかなる差別もなしに、全ての障害者のあらゆる人権及び基本的自由を完全に実現することを確保し、及び促進することを約束する。このため、締約国は、次のことを約束する。

　　(b)　障害者に対する差別となる既存の法律、規則、慣習及び慣行を修正し、又は廃止するための全ての適当な措置（立法を含む。）をとること。

　障害者差別をなくすためには、新たな取り組みとともに、条約がその第四条第1項（b）に規定する取り組みが必須です。「締約国は（中略）約束する」とあるにも拘らず、「障害者差別解消推進法」（平成25年法律第65号）では、この内容を明文化していません。国の不作為によって日本の障害者が、世界の障害者に遅れることがあってはなりません。

　障害者差別解消推進法の制定にあたっては、国会自身が内容の不充分さを自覚し、「条例において上乗せ・横出しすることは構わない」旨の付帯決議が、衆参両院において可決されたことはご存じの通りです。

　つきましては、権利条約第四条第1項（b）と同内容の条文を原案に明記するよう求めます。また、それに取り組む機関の創設を求めます。

後日、市によってまとめられたパブコメ集には、次の通りの回答が記されていました。

　1）について
　　条例全体として差別を許さない旨の強いメッセージが込められているため、原案のままとする。
→「例外の容認」を、メッセージが強いか否かにすり替えており不当。

　2）について
　　福岡市保健福祉審議会の委員の意見を踏まえたので、原案通り。
→提案内容に答えない形式論で不当。これだとパブコメ自体が無意味。

　3）について
　　ご意見ありがとうございます。事業実施の参考にさせていただきます。
→はい、しっかり監視しますネ。

　4）について
　　「合理的配慮」という表現は、差別解消法や他都市の条例で使われ、広く認知されているので、原案通り。
→内容に全く答えておらず不当。せめて訳語の正当性を説明して欲しかった。

　5）について
　　ご意見ありがとうございます。事業実施の参考にさせていただきます。
→ホントにちゃんとやってよ。しっかり監視させてもらいますヨ。

3 福岡県レベル

▶全面的敗北

　「福岡県障害者権利条例を創る会」（以下、「県創る会」）が2015年1月に設立され、県条例づくりに取り組んでいました。この会は、「障害者差別解消推進法」は、真に障害者の求めるものではないと批判し、国連

権利条約のレベルを福岡県において実現しようという熱意にあふれていました。私たち「福岡・障害者と暮らしを創る会」はその考えに共感・共鳴し、相当な親近感を覚えたものです。私たちは、「県創る会」発足の数カ月後に参加したと記憶しています。

　結論から言うと、この取り組みは障害者側の完敗でした。

①それまでずっと、「条例は作らない」と言い続けていた県の姿勢を見て「県創る会」は、議会への働きかけに活路を見出そうとしました。2016年３月30日に県議会各派を訪れ、３年をめどに条例を作るよう要請しました。各会派からおおむね前向きな感触を得て、「県創る会」は、被差別体験アンケートの実施、各地でのプレ学習会、その集大成としての県民フォーラムなどに取り組んでいきます。ところが……

②３カ月後の６月、知事が突然「検討する」と議会で表明しました。それから条例案の可決成立の翌年３月までは、まさに怒涛の電車道。障害者側は、周到に計画された県の動きに一方的に押しまくられ、何の抵抗もできずに終わりました。

▶県交渉

・７月28日

　「県創る会」に対する県のヒアリング。当事者団体を一堂に集めてヒアリングするよう求めたが、県に拒否され、やむなく応じた。

　「『障害のない人との公平と平等』は、県も全く同じ考えである」との回答あり。

　「『県創る会』と県の思いが一致しているわけではない」との回答も。そして、「制定スケジュールはまだ読めない」との回答だったが、何と……

・12月16日

　「原案ができたので、県民説明会を20日に行う」と県より連絡あり。週末を挟んで実質２日間しかなく、県レベルの団体は内部討議も十分

にできず。

・12月20日説明会

　予想通り県からの説明に1時間を費やし、質疑時間は30分しか残されていない。一連の県の態度や、2月議会提案、10月施行というスケジュールに批判が集中し、内容に関する質疑はほとんどなし。

　県の手の平で踊ってしまったという気がします。

　各団体に意見があれば、1月23日まで受け付けるとされた。

・2017年1月18日「県創る会」の県交渉

「2月提案、10月施行という計画を取り消していただきたい」

　→取り消さない。予定通り進める。

「当事者を含めた『条例策定検討会議』を設置していただきたい」

　→条例成立前には設置しない。

「内容は権利条例とすべきである」

　→権利条例は作らない。

　→「障害者差別解消推進法」の実効性を担保するための条例とする。

　結局、「まずは条例を作る。このことに協力をお願いしたい。（内容を）話し合いながら作ることは無理」、という県側の鉄の意志の前に押し切られていきます。Nothing about us, without us！（我々抜きに、我々のことを決めるな！）という障害者の訴えは、正面から踏みにじられてしまいました。

▶プレ学習会

　県との交渉以外に、「県創る会」は当事者側の力を強める取り組みとして、各地で学習会を行いました。

　開催地は糸島市、飯塚市、北九州市、大牟田市、久留米市の5カ所でした。県全域をカバーするにはあと1～2カ所必要と思われましたが、「県創る会」の力ではこれが精一杯でした。4月に企画を立て、9月、10月の2カ月間ですべて終わらせました。参加者は5名から12名で、5カ所合わせても46名にとどまりました。力不足がモロに反映されたかた

ちですが、「小さく産んで大きく育てる」と気持ちを奮い立たせました。

　内容は参加者からとても喜ばれました。ADA（アメリカ障害者法）成立までの障害当事者の取り組みをドキュメントタッチでまとめたDVDは、障害者自身が重要な役割を果たしたことがよく理解できた、やはり大きなことを成し遂げるには多くの人の団結が必要だ、など皆さん大きな刺激を受けたようです。

　また、「県創る会」のスタンス＝「権利条例とすること」、「障害者は権利の主体」、「『合理的配慮』は障害者差別を温存する、つまり無くすためには有害な考え」、「必要なのは『正当な権利保障』」などを説明する資料も好評で、みなさん大きく頷いていらっしゃいました。プレ学習会での配布資料を巻末の資料編にお示ししていますので、ご覧くださいませ。

▶県民フォーラム

　5カ所でのプレ学習会を終え、その集大成として11月19日に福岡市で、「障害者権利条例を創ろう！　県民大フォーラム」を開催しました。企画段階では500名程度という数字も出ましたが、プレ学習会の惨状を見ると、とてもそんなには無理だろうと予測できました。当日は、わずか四十数名。23の会員団体がせめて5人ずつでも出してもらえればという期待は、あえなく打ち砕かれました。お二人の講師に物凄く申し訳なく思ったことを、苦い記憶とともに思い出します。新聞では申し訳程度にベタ記事扱いで、会場写真すらありませんでした。

　当事者の側は、条例づくりにかける意欲とは裏腹に、圧倒的に力量不足でした。このような実態を県も正確に把握し、障害者与し易しと判断していたのだと思います。基礎的な組織づくり・態勢づくりが間に合わずに、一方的に県のペースに押しまくられ、障害者と家族にとって有害な ──「差別をなくさない条例」ができてしまいました。

　県議会において全会一致で成立した ── つまり「県創る会」の、議会への働きかけが全く実を結ばなかった ── 条例は、障害者を主権者と認

めるものではありません。障害者の悲願である「差別の根絶」に、県は取り組まないと宣言したも同然です。

　県が自身の狙い通りの条例を制定できたこと、その理由は、ひとえに障害者側の力が足りなかったことに尽きます。それは、先行する他自治体の条例と比べて、わずか9カ月という、ぶっちぎりの短期間で制定されたこととしても現れています。「障害者の意見は聞いた。でも、議論はしなかった」という“煮え湯”を「県創る会」は呑まされてしまいました。

　今となっては、それもこれも負け犬の遠吠えでしかありません。福岡県の障害当事者は、3年後の見直しに向けて、まずは自身の力を付けなければなりません。

第4節　今後の取り組みの方向について考える
〜川崎市ヘイトスピーチ規制条例を参考に〜

■1 全国の障害者に希望を与える川崎市条例

　さて差別を浴びるのは、言うまでもなく障害者だけではありません。性差別、人種差別、民族差別に始まり、国内では部落差別、在日コリアン差別、アイヌ差別、LGBTQの人たちに対する差別、はたまた病者に対する差別や職業に対する差別、挙句の果てには身長や体形、出身学校や学歴などを理由にした差別もあり、およそありとあらゆることを理由として差別が行われています。現在（2020年7月）では、コロナ禍にあって献身的な努力を惜しまない医療関係者の子供に対する差別（学校や保育園に来るな、公園に来るな）も広く行われています。

　差別は人と人を平等に扱わないという現象ですが、本質的には正義と人道と尊厳に反する行為であると言えるでしょう。

　差別に対抗する取り組みは、被差別者を中心に行われてきました。前節で見てきたように、福岡の障害者は福岡市・福岡県レベルにおいて

差別禁止条例づくりに取り組んできたわけですが、結果ははなはだ心もとなく、差別を温存・固定する条例ができてしまいました。

　福岡のみならず、全国の障害者に衝撃と希望を与える条例が神奈川県川崎市で、2019年12月に制定されました。その名も、「川崎市差別のない人権尊重のまちづくり条例」。「ヘイトスピーチ禁止」というストレートな表現ではありませんが、在日コリアンに対するヘイトスピーチの<u>根絶</u>を目指す条例です。

　川崎市内では2013年から在日コリアンを排斥するヘイトデモ・街宣が繰り返され、国会で「ヘイトスピーチ解消法」が成立するきっかけとなりました。市は啓発や教育では抑止できないと判断し、「居住する地域において平穏に生活する権利の保護」を掲げて刑事罰の導入に踏み切りました。条例は採決直前に退席した２名を除く57人の全員一致で可決・成立しました。在日コリアンや、差別と向き合ってきた市民らは「<u>初めて差別が犯罪と定められた</u>」と喜んでいます。

２内容を見る

　条例では、何がヘイトに当たるかについて、<u>外国出身という属性を理由</u>とした「居住地域からの排除、身体への危害の煽動、人以外のものにたとえるなど著しい侮辱」と定義。対象場所を「道路、公園など」と公共空間に限定し、手段も「拡声器を使用」、「プラカードを掲示」、「ビラを配布」と明示しています。

　これらの要件を満たしヘイトと認定されても、すぐに刑罰は科されません。市は第三者機関（審査会）の意見を聞き、<u>勧告、命令、公表の３段階の行政手続き</u>を用意。勧告、命令の有効期間も限定しました。ヘイト認定し１回目の勧告を出した後、６カ月が経過すれば、再度ヘイトと認定されても命令には進まず、再び勧告となります。３段階目の公表まで進めば、市は警察や検察など捜査機関に告発し、最終的に裁判所が50万円以下の罰金を科すかどうかを決めます。司法判断に委ねることで恣

意的な運用の恐れも排除する狙いだそうです。

　これらの丁寧な対応は、「表現の自由に最大限配慮した」ものだそうです。

③原動力

　条例を提案した福田紀彦市長は、「川崎は『元祖・多様性』のまちだ。国内外にルーツのある人たちがつくってきた。これからも多様性を誇りとして取り組んでいく。全ての市民が差別を受けず、個人の人権が尊重されるまちづくりを進めたい」と決意を述べています。

　条例を市長提案とした福田市長には、「川崎は『元祖・多様性』のまちだ」という信念があるわけですね。「川崎市民が差別のために苦しむことがあってはならない」という熱い想いが議会を動かし、議員も市長の想いに応えたのでしょう。

　もちろん、当事者たちの取り組みが強力に発揮されたことを忘れてはいけません。条例制定を求めてきた市民団体「ヘイトスピーチを許さない かわさき市民ネットワーク」も成立後に記者会見を開き、「差別で人を傷つけることの責任が明確化された」と評価しました。メンバーの一人の在日２世は「以前は職場に『朝鮮に帰れ』と電話があったが、条例素案発表の６月以降は一度もない。成立前から抑止効果は発揮され、既に守られている。今後も抑止効果に期待する」と強調しました。

④価値観

　見てきたように市長には、「全ての市民が差別を受け」ない街づくりという目標がありました。「市民は誰もが平等である」という価値観ですね。この価値観は、尊厳、公平、人権など、近代民主主義の重要な価値観に通じるものです。

　そのような価値観をしっかり保って、「川崎市民が差別のために苦し

むことがあってはならない」という思想を市民と共有し、議会に訴えたのだと思います。

当事者や市民の側も市長の考えに賛同し、全国で初の「差別が犯罪と定められた」条例づくりに邁進したのでしょう。

川崎市の条例づくりに当たっては、近代民主主義の価値観を根拠とする主張が大切にされ、繰り返されました。

そこには余分な訴えなどなかったのだと思います。例えば障害者差別でよく言われる「無知」。「知らないから差別するのだ、障害や障害者のことをもっと知ってもらおう」、川崎市に当てはめれば、「在日コリアンのことを知らないから差別があるのだ、在日コリアンのことをもっと知ってもらおう」などという主張はなかっただろうと推測します。言ったところで何の力にもならないし……。

やはり社会の原理・原則＝人はみな自分の役割を果たすことでつながっているし、そこに差別があってはならない、という考えこそが基本的に求められているのだと思います。

川崎の市民たちは、「在日コリアンの実態をもっと知ってくれ、そして差別をなくしてくれ」とは訴えませんでした。そうではなくて全面に押し出したのは、「平等・公平は社会の常識だ！　差別は犯罪だ！」という "主権者としての訴え" です。「主権者は、自分たちを取り巻く問題の解決に当たっては、自分たちの主張をしていいのだ」ということを実践したのです ― まさに "当事者主権！"。

⑤これから

川崎市の例を見ていくと、「トップの考えや意思」というものの重要性が明らかになってきます。福岡市長や福岡県知事から、「市民・県民が差別を受けることがあってはならない」という言葉を聞いたことはありません。

障害者差別をなくそうという建前で作られた市条例や県条例には、差

別の例外が公然と謳われ、「差別をなくす」はずの条例が、「差別を温存する」条例になっています。また、世界的な了解事項である当事者主権が採用されず、「障害者を客体化するものだ」として批判を受けてきたパターナリズム（温情的庇護主義・家父長制的保護主義）が継承されています。

　世界中のどこであろうと障害者は主権者であり、従っていかなる差別も受けることは不当であり、正義と人道と人権に反します。

　市条例も県条例も、３年後の見直しが掲げられています。今後、福岡の障害者はどのように取り組みを進めていくべきなのかを考えてみました。

　　・障害者問題の主権者として、もっともっと力をつけていくこと
　　・その基本は、「主権者である」という強烈な自覚であること
　　　言い換えれば、能力評価を基にした悪しき代理主義を排すること
　　・自身が力をつけるとともに、差別と闘う他の団体と手をつなぐこと
　　・市長や知事に対して、「障害者は権利の主体である」、そして「あらゆる差別はあってはならない」と表明させること

　思いついたのはざっとこんなことですが、どれもが簡単なことではありません。でも、自身が人生の主役であることを願う障害者にとっては、必要なことばかりです。頑張りましょう、福岡の障害者。私たちは主権者なのです。

第 5 節　「障害者自身が発信するフォーラム」

　福岡・障害者と暮らしを創る会には、障害種別を超えた当事者が参加しています。条例づくりや学習会に取り組む中で「障害者自身がもっと力をつける必要」を痛感し、そのことに向けた取り組みとして、「障害者自身が発信するフォーラム」を毎年春に開催することとしました。2015年に始まったこの取り組みは、企画・準備から運営に至るまで、すべてを当事者が担っています。講師の選定や出演交渉も当事者が担いま

す。失敗は避けて通れませんが、「来年に生かせばいいや」とおおらか
に構えています。すでに5回を数え、今は2020年9月の第6回の準備に
追われています。

　フォーラムについての詳細なご報告は巻末の資料集に掲載し、ここで
は各回の概要をご報告したいと思います。「創る会」が大切にするもの
の一端を感じていただければと思います。

第1弾　2015年2月11日
「『保護・庇護の対象から権利の主体へ』はどこまで進んだのか？」

〈参加者数〉総数110名

・講演

　Ⅰ.八尋光秀氏（ハンセン病国賠訴訟弁護士）

　　「国連の採択と日本の批准〜障害者権利条約をめぐって」

　Ⅱ.土本秋夫氏（ピープルファースト北海道）

　　「障害のない市民との公平と平等」

　　八尋氏には権利条約が、「障害が社会の側にあり、従って障害を
　取り除く責任は社会の側にある」ことを明らかにしたとわかりやす
　く解説していただきました。障害は「個人の努力によって克服する
　というものではない」ということですね。

　　土本氏は、「私達は障害者である前にひとりの人間だ（People
　first !）」というピープルファーストの理念を熱く語り、「みんなは
　ひとりのために、ひとりはみんなのために！　いきいき　のびのび
　ゆうゆうとした　地域生活をするために当事者運動をやっていま
　す！」とアピールして、満場の喝采を浴びていました。

・当事者40名（知的障害：7名、身体障害：17名、精神障害：11名、
　　　　　　発達障害：2名、難病：2名、不明：1名）

・家族　11名（知的障害：6名、身体障害：1名、精神障害：1名、
　　　　　　発達障害：2名、難病：1名、不明：0名）

・アンケート回答　23名

第2弾　2016年2月11日

「さあ顔を上げ、胸を張ろう」

　〈参加者数〉78名

　・対談「私が議員になって取り組んだこと」

　　安部都氏（長崎県長与町議会議員）

　　古庄和秀氏（大牟田市議会議員）

　　　車椅子を利用するお二人は、障害者地方議員で構成する「障害者の自立と政治参加をすすめるネットワーク」で活動されています。

　　　お二人には、当選当初のご苦労、非障害者議員が徐々に自分たちを受け入れてきた経過と、議場のバリアフリー化などを具体的な事案に基づきながらお話しいただきました。「ありがとうと感謝しても、すみませんはタブー」という安部議員の言葉には、大きく頷きました。

　・パネルディスカッション「障害者が望む支援と人生」

　　発言者　視覚障害者、知的障害者、精神障害者

　　　お三方ともご自分の納得できる方法で、当事者の権利拡大に取り組まれています。当事者団体結成の夢、当事者中心の運動を作り上げること、差別禁止条例を作ること、皆さんそれぞれに、ご自分の目標に向かって進んでいることが、会場の共感を誘いました。

　・当事者20名（詳細不詳）

　・アンケート回答18名

第3弾　2017年3月5日

「自己決定を学ぶ」

　〈参加者数〉記録ナシ（60名程度）

　・講演　松尾真裕子氏（福岡大学病院精神神経科、精神保健福祉士）

　　　　　「本人を支援する」

　　　松尾さんには患者さんに対する直接支援を具体的に語っていただきました。基本的なスタンスは「人生の主人公は自分自身である」

ということです。参加者から多くの共感が寄せられていました。

・当事者20名（詳細不詳）

・アンケート回答16名

第4弾　2018年3月21日
「『障害者が働くということ』〜働けば、いいことばかり〜」

〈参加者数〉58名

・講演　執行泉氏（餃子専門店黒兵衛社長）

　　　「障害者雇用に挑戦して14年 ― 黒兵衛餃子の歩み」

　自身も発達障害のある執行さんは、制度が始まる前から独自の方法で障害者雇用に取り組んでこられました。体験に基づくお話はとても具体的で、講演後はたくさんの質問が飛び交いました。

　過去サイコーに熱気ムンムンなフォーラムでした。

・ディスカッション　「私達、働いています」

　発言者　現に働いている4名の障害者

　　　　　精神障害（男性）、知的障害（男性）、知的障害（女性）、

　　　　　精神障害（女性）

　肉屋さん、餃子屋さん、清掃業務、放課後デイサービスと仕事の内容は異なれど、皆さんそれぞれ充実した就労生活ができていることが、ビンビンと伝わってきました。やはり皆さん、頼りにされるとついやる気が倍増するようです。

・当事者26名、家族4名、支援者28名

・アンケート回答16名

第5弾　2019年3月21日
「障害者、アカルイミライを語ろう！」

〈参加者数〉41名

・講演　あそどっぐ氏（寝たきりコント芸人、脊髄性筋萎縮症患者）

　　　「あそどっぐトークライブ〜社会に寝そべれ〜」

参加者数が少なく、盛り上がりを心配しましたが、そこは芸達者のあそどっぐさん。出だしの自己紹介から、一気に会場の爆笑を誘います。今のご本人があるのは、間違いなくご両親が特別扱いをしなかったからだと仰っていました。真剣な中にも、参加者は1時間ほどあそどっぐワールドに引き込まれていました。
・シンポジウム「障害者、アカルイミライを語ろう！」
　発言者　難病、発達障害者、身体障害者、精神障害者
　　今回も個性豊かな方々にお話を聞くことができました。
　　自己紹介に始まり、自分らしさ、喜びを感じるとき、息抜き方法、友人関係、困難の乗り越え方、理解者、貴方にとってのアカルイミライなどについて、自由奔放にお話しいただきました。皆さんそれぞれに、ご自分の意思に基づいて思い思いの関心ごとに取り組んでいるからでしょう、とても明るくお元気でした。

第6弾　2020年3月20日
「いろいろな差別を知ろう、そして語ろう〜多様性を尊重し、つながりあう社会へ〜」
・講演　横田耕一先生（九州大学名誉教授・憲法学）
　　　　「憲法に見る個人の尊重と平等」
・トークセッション「差別と向き合って」
　発言者　自立支援法違憲訴訟元原告保佐人（知的障害者保護者）、部
　　　　　落解放同盟福岡市協書記長、在日コリアン2世、横田先生
という内容で計画していましたが、ご存じコロナ感染拡大防止のために、泣く泣く9月に延期しました。この本の出版には間に合いそうもありません。

第6節　虐待を許さない

高齢者虐待、児童虐待と並び、障害者虐待も年中繰り返されています。

「虐待」を辞書で調べてみると、たいていの辞書には「むごい取り扱いをすること」とだけしかありません。

　障害者虐待防止法では、①身体的虐待、②精神的虐待、③経済的虐待、④性的虐待、⑤ネグレクトを虐待であるとしています。ネグレクトとは無視、つまり、食事を与えない、病気になっても受診させない、不潔な下着のまま生活させるなど、「保護の放棄」ですね。「義務不履行」でもあります。

　児童虐待防止法では、このうち③経済的虐待が含まれていません。もう一つ、児童虐待防止法で特筆すべきは、「本人が虐待と感じるものはすべて虐待」と規定していることです。障害者差別についての議論の中では、「差別かどうかを障害者の側が決めるってのはおかしい。客観的な物差しが必要だ」という声が聞こえます。差別を受けて苦しんでいる本人が、差別だとして問題にし、抗議することのどこがいけないのでしょう？　再発防止を求めるのは当然すぎる要求ではないでしょうか？障害のために差別を受けたこともない人の判断を考慮するなんて、「障害者は権利の主体」という理解に真正面から反する考えだというしかありません。児童虐待防止法を大いに参考にして欲しいものです。

　「創る会」の設立以前に、虐待事件に対する抗議行動に個人的に参加しました。とても意義ある出来事でしたので、当時発表した文章を掲載します。

　「先生！」（2010年8月）
　ある晴れた日に、県内の知的障害者入所施設へ行ってきました。いえ、見学などではなく、男女を同室にしていたのは虐待に当たるとして、知的障害の当事者団体が抗議に行くから来ないかと誘われたものです。それ以上の詳しいことは何も分かりませんでしたが、

当事者運動に関心があったので、二つ返事で応じました。

　アポなしで乗り込むと幹部らしき職員が、「何の御用ですか」とまずは丁寧な対応。メンバーの代表が「虐待の抗議に来ました」と言うと、「えっ、何の虐待ですか？」これには私もビックリしました。虐待だったとして県から指導を受けているにもかかわらず、全く自覚していないの？　それとも虐待の件数が多すぎて、どれか特定できないの？　どっちにしてもエライとこやなあと思いました。

　抗議行動──施設長との話し合いは２時間近くに及びましたが、詳しいことは省きます。最後は施設長から「ヒト、モノ、カネ、何もかも不足していて手探りでやっている。いろいろと教えて欲しい。」との発言がありました。話し合いの中で、施設長は誠実な人だと感じていました。このあと施設長の案内で施設見学をしました。入所者は60代以上とおぼしき高齢者ばかりで、若い人は一人もいませんでした。まさに地域から放り出された、隔離されたというのがぴったりの光景でした。このとき、想像もしなかった場面に出会うことになります。入所者が職員を「先生、先生」と呼んでいるのです。「え〜っ」と思っていると、ナント彼女たちは私たちにまで「先生！」と言うではありませんか。「……」。絶句してしまいました。利用者の孫くらいの若い職員を先生と呼ばせ、訪問者をすべて先生と呼ばせるこの光景を目の当たりにして、ただ立ち尽くすしかありませんでした。教育とはこれほどまでにヒトの尊厳を奪ってしまうものなのか……。戦時中の軍国教育を私は知りませんが、洗脳とはかくなるものなのかと、強烈に脳裏に焼き付けました。

　この体験は、私を当事者運動へと駆り立てることになるのでしょうか……。

　福岡県が言うには、「福岡県は虐待が多いと厚労省から目を付けられ

ている」とのことでした。このあと私たちは、いくつかの虐待の抗議に取り組むことになります。当時の広報紙の記事を見ていきましょう。

虐待防止法学習会（2013年3月）
　先月13日、福岡市障害福祉課の職員を迎えて、昨年10月から施行された障害者虐待防止法の学習会が開かれました。
　虐待は、①身体的虐待、②精神的虐待、③性的虐待、④経済的虐待があり、⑤ネグレクト（放棄・放任）なども含まれることが説明されました。法施行以後、市内での「従事者」による虐待は3件が報告されているそうですが、いずれも施設で起きており、居宅系の事業所ではゼロだったとのことです。
　でもねえ、暴力バーじゃあるまいし、一般の民間企業では顧客を虐待！するなんて、天地がひっくり返ってもありえないことなのに、どーなってんの、このギョーカイ？　誰のおかげでオマンマが食べられるのか、なんて考えないんでしょ〜ねえ。
その翌日、すさまじい虐待が明るみに！
　なんというタイミング！　翌日の朝刊各紙には、*障害者施設で虐待！*　の見出しが躍っていました。小郡市（福岡県）の大規模知的障害者施設で、理事長の長男が立場（支援次長）を利用して入所者に数々の虐待を行っていたというものです。
・重度知的障害の男性の頭上に的を置き、「千枚通し」を投げてダーツ遊びをした
・男性4人に殴る蹴るの暴力を振るい、エアガンで撃った
・足が不自由な人の足を蹴った
・生きたザリガニを顔に近づけた
・女性利用者に性的虐待を繰り返した（犯罪だよっ！）
　この長男は、「耳が聞こえんけん、叩かんとわからん！」とも言

い放っていたそうです。支援技術のいろはの"い"も修得していないドシロートが支援次長だって！ 手話スタッフを配置するのがジョーシキだろうが！ 構造化を知らんのなら、筆談だってあるぞ！ 叩いたら分かったのかよ！ 「従順」にさせただけなんだろっ！

　法人は長男をすでに解雇していますが、トカゲの尻尾切りでは許されません。法人と理事長である父親に責任があるのは明白です。虐待として見るだけではなく、「障害者差別！」として捉える視点を忘れてはいけません。

そこで、当事者の抗議行動

　NPO法人リブロ。その玄関前に全国から知的障害者と支援者が集まりました。北海道から九州まで、その数60人。3月11日（月）11時、抗議行動の始まりです。リブロ側は責任者不在として、「理事長は抗議文をまだ読んでいない」と繰り返すだけでした。参加者は全員で、「虐待を許さないぞ！」「私たちは障害者である前に人間だ！」とシュプレヒコールを挙げて抗議しました。虐待された仲間に思いを馳せる悲しみを抑え、みんなの顔には怒りが満ちあふれていました。

福岡県庁にも行きました

　筑豊の知的障害者入所施設「カリタスの家」で虐待があったのは9年前の2004年。抵抗のすべを知らない特に重度の障害者を狙い撃ちにして、リモコンやコップ、スリッパなどで殴る、首を絞める、熱湯コーヒーを無理やり飲ませてケロイド状の後遺症を作るなど、職員によるやりたい放題の虐待が日常化していました。

　この事件を受けて福岡県は、施設の指導を強化すると約束したはずです。同じ様な虐待が"福岡で"また繰り返されました。全国の"仲間"が怒るのは当然でしょう、「県の指導は効果が挙がってないじゃないか！」と。4月16日に県とリブロの協議が開かれること

なっており、その結果を公表すると県は回答しました。リブロに対する行政処分に注目しましょう。

「リブロ」虐待事件 ── 続報（2013年4月）
　①前号でご報告した「リブロ」虐待事件で新しい動きがありました。ピープルファースト（PF）に対する回答書でリブロは、「事件は辞めた職員の作り話」と言い、「裁判で明らかにする」と牙をむき出しにしました。PFによる2度目の県交渉が、4月16日（火）13:00より行われます。注目しましょう。
　②「リブロ」の告発者を守る会ができました。「リブロ」から告発者に対する圧力が予想される中、告発者と連帯し孤立させないものとして、別紙のとおり協力を呼びかけています。多数の方のご賛同をお願いします。
　リブロは福岡県に対し、改善報告書を10月31日に提出しています。まあ、嘘八百を並べていることは間違いありませんが、県がどう対応するのか注目されます。虐待施設を残しちゃったら福岡県の恥ですよねえ。次は厚労省との交渉です。制度改革がリブロを生み出したことを明らかにしていきましょう。

　こののち、私たち「創る会」は、仲間に対する虐待を絶対に許さない全国のピープルファーストの人たちと継続した抗議行動に取り組みます。この取り組みの詳細については、巻末の資料編に掲載しておりますので、ご覧いただければ幸いです。
　紆余曲折ののち、リブロは2014年3月に福岡県と佐賀県から指定を取り消され、翌15年10月に総会で解散を決定しました。

こうしてリブロは取り消しになりましたが、利用者の行き先は何も決まっていません（とその時は思っていました。ライフステージが引き継ぐという情報は入っていませんでした）。私たちは利用者の受け入れ先を確保すべく、就労支援事業所の設立に向かって、もうひと頑張りすることになります。

　いろいろ検討した末に、餃子の販売に取り組むことにしました。福岡市で障害者を雇用して餃子の製造・販売に取り組む「黒兵衛」さんの力をお借りしようとなったわけです。

　餃子は黒兵衛さんから冷凍で送られてきます。それを数え、パック詰めして、注文主へ宅急便で送るわけですが、その工程は20くらいに細分化できます。その工程を利用者さんとスタッフで分担して取り組もうとなりました。

　必要なことは、まず何と言っても場所の確保。幸いにもリブロのあった福岡県小郡市からそう遠くない佐賀県三養基町に古い一戸建てを見つけることができました。もちろんそのままでは使えませんから、少々の改修が必要。お金がかからないように、できるだけスタッフで手分けして取り組みました。

　次に必要なことは利用者さんの募集。三養基町や小郡市はもちろん、近郊の市町村へ出かけて、説明会と募集を行いました。ところがあちらこちらで参加者ゼロ。説明会を終えたころにやっと一人だけ「働きたい」という人が見つかりました。

　蒼ざめてしまいましたが、人件費その他の経費は発生しているので、とにかく収入が必要 ── 餃子販売を軌道に乗せなければなりません。このあと数カ月はホントに餃子ばかり食べていました。この時は自分がアスペであることがホントにありがたかったです。何せ毎日毎食ギョーザを食べ続けても一向にイヤにならないわけですから……。でも全国にいる友人からの惜しみない協力はありがたかったですねえ。作業所や施設からまとまった注文をいただきました。サラリーマン時代に取引をして

いただいていた福岡や熊本のお客さんにお願いしたときも、皆さん快く協力してくれました。つくづく感謝しました。

さて、誰にも負けない熱意で取り組んできた虐待被害者の居場所づくりは、結果的には半年余りで頓挫することになりました。利用者さんが思うように集まらない中での取り組みは、報酬が入らず、餃子の売り上げだけでは経費の捻出すらままなりません。単純に資金ショートです。7月に入ると、継続が難しいことがいよいよ明らかになってきました。

全国の当事者やご家族・支援者にご贔屓をいただいて、たくさん餃子をお買い上げいただきましたが、私の狭いネットワークでは数が望めず、また、頻回に求めるのは無理があります。カンパはありがたく頂戴しましたが、友人から借りた少なくないお金は返済しなければなりません。

決断の時が来ました。残念ながら7月の中旬に、頑張ってくれたスタッフに解雇通告せざるを得ませんでした。大げさに言えば、人生を狂わせてしまったことに、本当に申し訳ない気持ちでいっぱいでした。1カ月後の退職日までに、スタッフ全員が次の職が決まったと報告に来てくれたときには、本当に良かったなあと思いました。そして、こんな私に報告に来てくれたことに心から感謝しました。

友人からの借金は何とか返済することができました。友人は、「返ってくるとは思わなかった」と笑っていましたが（いいヒトですねえ〜）、いえいえ、貴重な財産を踏み倒す度胸はありません。

失敗の原因は数々挙げられます。

・久留米の障害当事者から、「リサーチもせずに落下傘か。大丈夫かい？」と言われたことを思い出します。

・借金を申し込んだある友人も、「間違いなくどこかの法人が引き継ぐから、手を出さない方がいい」と言っていました。私には周りの状況が全く見えていませんでした。

・あとで知ったことですが、「らいふステージ」は、リブロの理事長が虐待発覚直後から早々と手を回していたそうです。さすがの嗅覚。

・リサーチ、ヒト、カネ、戦略、すべてが不充分でした。意欲と情熱
　は有り余るほどだったとは自負していますが、いかんせん冷静さと
　能力をとことん欠いていました。

・失敗する条件をすべて備えていたと言えるかもしれません。完敗で
　す。

　こうして、リブロ虐待事件に対する一連の取り組みは、資金が途絶え
るとともに終わりを迎えました。この過程を通して築くことのできた全
国の仲間との信頼と友情を財産として、「創る会」は佐賀から撤退しま
した。

【リブロその後】

・2014. 3. 13　　リブロ認可取消し

・2014. 3. 14　　ライフステージがあとを引き継ぐ

・2015. 10　　　リブロが総会で解散を決定

・2017. 10. 19　リブロが福岡地裁に自己破産申請。負債総額5800万円。

第7節　ピープル・ファースト

　私のキャリアというか、「福岡・障害者と暮らしを創る会」の歴史を
振り返るとき、全国の知的障害者の当事者団体であるピープルファース
ト・ジャパン（以下PF）との出会いを外して語ることはできません。

　「あとがき」で触れているように、この14年間を振り返ってみると、
人権、尊厳、民主主義、平等、差別、自立などについて常に考えていま
した。その神髄を学ばせてくれたのは主として障害当事者だったと思い
ますし、中でもPFとの出会いは、私に新しい価値観を学ばせてくれた
と、心から感謝しています。PFに関わっている大学時代の友人からの
誘いがきっかけになりました。

　PFは世界各国に存在しています。そのネーミング「ピープルファー
スト」は、直訳すれば、「まずは人間だということなのだ」となるでしょ
う。それを彼ら自身の言葉で言うと、「障害者である前に人間だ」と

なります。「障害を見るな。主権者としての人間だということをまず理解してくれ」と言っているように私には聞こえます。

10年くらい前だったでしょうか、福岡で全国大会が開かれました。実行委員会が1年ほど前に立ち上がり、準備のための会議に何度か参加したことがあります。

そこでは初めて見聞きする実態に驚きました。それまでに私が一度も体験したことのない光景が繰り広げられていました。プログラムはもちろん当事者が話し合って決める、司会も進行役も当事者が担う、意見が煮詰まったら適宜休憩を入れる、人の話に口を挟むでもなく、相手がしゃべり終えるまで聞いたうえで挙手をして意見を言う、決定はもちろん全員による投票で、違う意見を言っていた人も決定したら従う。何というか、と〜っても新鮮な気持ちになりました。本当に民主的に運営されており、非障害者である支援者もサポートに徹し、内容には全く口を出しませんでした。「ああ、当事者中心が実行されているなあ」と感じたものです。

当事者たちは、自信のなさそうな人も、しゃべり慣れてる人もいるようでしたが、本当に「自分はみんなと平等なんだ、思うところを存分に言ってもいいんだ」ということを意識し、それを喜んでいることが、言葉の端々から感じ取れました。お互いが、そして一人ひとりが尊重されてきたという長年の積み重ねが、このような結果を生んだのだと思います。とにかく本当に新鮮だなあと強く感じました。「福岡・障害者と暮らしを創る会」が毎年春に開催している「障害者自身が発信するフォーラム」は、PFから学んだことを反映しています。

広島のPFを訪問した時に、Aさんというメンバーさんと知り合いになりました。この方はかなり落ち着きがあり、軽度〜中度かなあと感じましたが、支援者の話だと、以前はA1判定でかなり手を焼かせてくれたのだとか。「えっ、A1の人がこんなに落ち着きを見せるの?」と私は驚きましたが、支援者の努力や工夫、ピアカウンセリングなどで、徐々に成長していったそうです。

この方はまた、138ページの「差別をなくすために必要なことは何か？」というアンケートに、迷いもせず「正当な権利保障」を選びました。障害者は、差別禁止法の学習会で支援者から「合理的配慮」こそ必要だと教え込まれることが多いので、この回答には本当に驚きました。まさに支援の質、ピアカウンセリングの効果が如実に表れているという思いを強くしました。「知的障害者にピアカウンセリングはあり得ない」と無知ゆえに断言する福岡の某自称支援者に、本当に「この現実を見よ！」と言ってやりたいところです。知らないだけなんだろ？

　「障害者である前に人間だ」という訴えは、虐待に抗議する取り組みの時に、一層顕著になりました。PFは全国各地で繰り返される虐待に対して、必ずと言っていいほど抗議行動を組んでいます。前節でご紹介した福岡県小郡市のNPO法人「リブロ」での虐待が発覚した時も、当事者団体の中で唯一、全国動員で抗議行動に立ち上がりました。「福岡・障害者と暮らしを創る会」も常に2名が参加しました。到着したバスから降りたメンバーさんたちは施設前に集合し、「虐待を許さないぞ！」、「仲間に対する虐待をヤメロ！」、「障害者である前に人間だ！」と怒りをぶつけます。

　虐待に対しては、抗議声明を出す当事者団体はあっても稀ですし、現地で抗議行動をする団体はPF以外にありません。ものすごい熱気を感じ、当然ながら私の気持ちは「とても信頼できる。これからもずっと離れずにいよう」と固まっていきました。

　PFとの交流はその後もずっと続き、「障害者自身が発信するフォーラム」の講師としてお呼びしたり、「やまゆり園事件を考える福岡の集い」にメッセージをいただいたりしています。「障害者は権利の主体」という国際的な流れを体現し、尊厳と平等を大切にして、仲間のことを常に考えながら行動するPFと、今後とも良い関係を続けていきたいと思います。全国のPFの皆さん、どうぞよろしくお願いしますね。

第3章

キューバ紀行
～キューバで救急車に乗ってきた～

　さてここまで、自分について、「創る会」について書き連ねてきました。次の章ではタイトルにある通り、「プチ社会保障論」の風呂敷を広げるわけですが、その前に私の人生でとても大きな意味を持つ旅について少しお話しさせてください。「プチ社会保障論」につながる何かがあるかもしれません。

　2009年11月、還暦を迎えてすぐ、遙か地球の裏側、キューバを旅しました。いえ、40年来の友人が半年前に行ってきたので触発されただけのことです。ドクターの言う「易刺激性」が発揮されたわけですね。

　「ラテン」という言葉にはヨーロッパにはない、あるいはハワイとも違う独特の解放感や明るさを感じたものです。20歳のころレコードを持っていましたが、三波春夫や藤山一郎、霧島昇やザ・ピーナッツの曲とともに、ラテンミュージックもよく聴いていました。「タブー」、「そよ風と私」、「キサス、キサス、キサス」、「シボネー」、「闘牛士のマンボ」、「セレソ・ローサ」、「マンボ No. 5」、「キエン・セラ」、「ベサメ・ムーチョ」、「マシュ・ケ・ナダ」、「カミニート」、「エル・クンバンチェロ」、「コンドルは飛んでいく」、「ラ・クンパルシータ」、「アマポーラ」など、数々の名曲を思い出します。

　彼の地はスペイン語。もちろん日本語と博多弁、大分弁しか話せない私には通訳が必要です。幸いにも友人のお嬢さんがジャマイカに行く道中に通訳してくれることになりました。彼女はジャマイカ留学の経験があり、帰国してからもたまに遊びに行っているそうです。じゃ、ま、いーか。

キューバから帰国後すぐに文章にまとめたものがあります。それを引っ張り出して、加筆修正しました。どうぞ浜辺のビーチチェアに寝そべっている気分でお読みくださいませ。

11月15日（日）初日

　13：00、ハバナのホセ・マルティ国際空港に到着。昼だというのに到着ロビーは薄暗い。電力不足だとは聞いていたが、国の玄関がこのありさまだとは、よほど事情が深刻なんだろう。通訳兼ガイドの初村美夏さんがテレカを買って、予約した民宿に電話すると、パイプが故障して水が使えないので他の民宿を紹介してくれるとのこと。タクシーの運転手が近づいてきたので値段交渉すると、事前に調べておいた相場通り（2500円くらい）だったので乗る。走り始めて腰が抜けそうになる。何と時速100キロ以上、たぶん120〜130キロのスピードでぶっ飛ばしている。確かに道路は広いが、歩行者は信号の無い場所を自由に横断し、車はその人たちのスレスレのところをビュンビュン走る。実に危険で、思わず眼を閉じるシーンが何度もあるが、そこはお互い慣れたものという感じでドライバーも歩行者も平然としている。ところで、走っている車といえば、50〜60年前のものと思われるものばかりで、大型のアメ車が多い。昔のハリウッド映画にタイムスリップしたかのようで、マニアにはたまらん光景だなあと思う。ただ、どれも埃まみれのものが多く、ほとんどの車の塗装が剝げている。最近の車と思われるのは100台に1台あるかないかだった。

　やがて住宅地に到着し、初村さんと私は別々の民宿に泊まることになる。私の家主はヨランダさん。ロシア語と英語が堪能で、息子と2人暮らしをしている。ひと休みした後、初村さんと落ち合って近くを散歩する。のんびり歩いてみると、空はどこまでも青いのに、街がどことなくくすんでいるように見える。そう、多くの建物（ビルも民家も）が無彩色で、色というものがほとんどない。建物の一部が壊れていても全く手がつけられた様子もなく、壁が剝がれていてももちろんそのまま、す

崩れた壁。色塗りは珍しい　　　　　　　　野菜は全くありません

べての建物が埃を被ったままなのだ。足元に眼をやると、車道といい歩
道といい、大小の穴が無数に開いている。う〜ん、補修もままならない
のか。

　キューバで初めての食事はミックスピザ。具はチーズ、ハム、オリー
ブのみ。野菜は貴重品で、ハバナではなかなか手に入らないのだとか。
缶ビール Bucanero（ブカネロ）と黒ビール Baradero（バラデロ）がと
ても美味しかった。

　宿に戻ってテレビを見ていると、国営放送で"うたばん"をやってい
た。キューバ音楽らしきものが次々に登場するが、スタジオはとてもシ
ンプルで、日本のような豪華なバックや大仕掛けの装置はない。予算不
足なのだろう。

　ヨランダさんと話をしていると、カストロ前首相をいたく尊敬してい
るそうで、何と800ページ（1冊で！）のカストロ本を持っていた。昔
の商売柄、こんな分厚い本をどうやって製本したのだろうかと考え込ん
でしまった。また彼女は、建国の父ホセ・マルティの伝記二十数巻も併
せて持っていた。

　ちなみにキューバの人は、カストロ前首相（フィデル・カストロ）を
親しみと尊敬をこめてプレジデント（大統領）と呼び、チェ・ゲバラを
コマンダンテ（司令官）と呼んでいる。フィデルから2008年に国家評議
会議長の座を引き継いだ弟ラウル・カストロは改革・開放政策（資本主

義の導入）を10年にわたって推進し、2018年にミゲル・ディアス＝カネルに国家評議会議長の座を譲った。

　ここでこだわりが頭をもたげ、ちょっと考えてみた。キューバ国民が「カストロ大統領」と呼んでいるのに、どうして日本では「首相」と呼ぶのだろう？

　スペイン語は知らないが、英語で大統領は「the President ＝プレジデント」、そして首相は「the Prime Minister」。Prime は「筆頭」、Minister は「執事」。つまり「大統領」には、その上に立つ者がいない＝自身が最高権力者であるが、「首相」には国王や女王、天皇など、その上に立つ者がいる＝自身は、最高権力者の「召使いの親分」でしかない、という違いがあります。そうしてみると、当然ながら「首相」よりも「大統領」の方が格上ということになりますね。どうもその辺が関係しているんじゃないかと疑っています。

　キューバ革命が起きた1959年の日本は、資本主義経済のもと戦後復興から、高度成長へまっしぐら。このときの日本の官僚の胸の内：「なに、キューバ革命？　フン、社会主義革命だなんていらんことしてくれるわ。カストロが大統領だって？　ジョーダンじゃない、アメリカ大統領と同じ扱いなんかできるか。首相で行け、首相で！」……と推測してみました。日本の官僚って、国民が外国語苦手なのに付け込み、自分たちに都合のいい訳を当てることを自由自在にやってくれます。意図的な誤訳。え、考え過ぎですか？　でも面白いでしょ？

11月16日（月）ハバナ大学とクラブトロピカーナ

　窓を開けっ放しにして寝たので、乾燥した空気にのどをやられてしまった。ヒリヒリと痛む。顔を洗ってテーブルに着くと、薄っぺらでパリパリに焼いた小さなパンが7〜8枚とコーヒーのみの朝食。もちろんサラダなんてものはなし。これじゃ腹にたまらんよ。

　ハバナ大学を案内してくれるソランダさんが迎えに来てくれ、初村さんと3人で出発。キューバでは、教育は社会で担うものという考えで、

ハバナ大学の図書館

大学構内に鎮座するポンコツ戦車

教育費は幼稚園から大学院まですべて無料だそうで大いに感心する。ただ、公務員の給料は安いそうで、コンピュータの指導をしているソランダさんは月収約2700円。これではとても暮らせないと、副職にやっている大使館関係の仕事が月約3万円。何なんだこの差は？

　ハバナ大学の図書館を覗いたら多くの学生たちが勉強していたが、結構おしゃべりもしていて、日本の図書館のような静寂さとは無縁。教科書は使い回しをしていて、5年に一度くらい更新されるとか。

　街のカフェテリアでお茶していると、身体障害らしき高齢の男性が近づいてくる。コーラの空き缶を加工して作ったビックリカメラもどきを売っており、初村さんが100円で買い求める。ソランダさんは、こういう観光客にたかる人がいると思うと同じキューバ人として恥ずかしいと言うが、どうしてどうして、彼は立派に労働して対価を得たんですよ。

　ソランダさんといろんなことについて何時間も話し込んだ。経済情勢がとても厳しく、副職を持たないと暮らせない。チップを稼げる観光客向けのホテルやツーリスト関係の仕事の人気がある。野菜不足は深刻で、革命後に一層ひどくなった。そういえば、飛行機から見た大地は赤茶けていて、いかにも痩せているという印象だった。インターネットは普及し始めているが、1時間600円かかるので、一般人はまだまだ手が出せない。革命後のキューバについては、人々は不満を持っているがそれを口に出すことはない。なぜなら「皆、自分の仕事を失いたくないから」。

いやあ、実に華麗なもんですなあ

離婚の件数はかなり多いようで、「男がダメ！」なのが原因だとか。「働かない」、「お金を入れない」、「浮気をする」、これじゃあ女性に愛想をつかされるよなあ、全く男って奴は……。

障害者は家族介護が基本だが、集うところはある。また、障害者年金のようなものもあるとのこと。話に夢中になっているところへ、男性がキューバ共産党機関紙「グランマ」を売りに来たので1部ゲット。スペイン語はまるでわからないが、旅の記念にはなるだろう。ただ、日付は数日前のものだった。

夕方、宿でテレビを観ていると、ハバナ市制50周年の記念集会の様子が流されていた。2000〜3000人くらい集まっているようだが、どうも盛り上がりに欠けている。演説に呼応する人も少なく拍手もまばら。趣旨からして10万人くらい集まってもよさそうなモンだと思ったが、ひょっとして統制された官制動員だったのかなあ。そういえばソランダさんが「市民の政治的行動は、たとえ反米的なものでも抑制される。イラク反戦集会も企画されたが、政府につぶされた」と言っていた。キューバ政府はどうやらアメリカを刺激しないよう腐心しているようだ。

夕食のため、予約していたハバナ最大の観光スポットの一つ、クラブトロピカーナへ向かう。A席の料金を支払ったが、何かの手違いだろう

かS席へ案内される。こういう間違いは無邪気に嬉しい。食事や初村さんとの会話を楽しみながら、歌や踊りやショーを観る。

　終盤になると踊り子たちが客席まで降りてきて、客を踊りへと誘う。旅の恥はかき捨てとばかりに輪の中に入りダンスをしていると、手を引っ張られて舞台にまで上げられてしまった。思わぬ体験だったが、いやあおもろかった。

　ちなみにここのボーイやダンサーたちはみんな公務員。トイレにいたおしぼり係はずいぶんとチップがたまっているようだった。

11月17日（火）アジア美術館と革命の継承

　今朝も昨日と同じパリパリのパンとコーヒーのみの食事。う〜ん、先が思いやられる。きのうアポを取っていたアジア美術館を訪ねる。館長のミランダさんがいろいろと話をしてくれた。彼女は数年前に来日し、東京で半年間留学していたそうで、大阪、広島、福岡を訪れたことがあるらしい。アジア美術館では中国、韓国、日本などの美術品を展示しており、じっくり見学させてもらった。ここでは日本語教室もやっており、ソランダさんもここの生徒だそう。また折り紙教室もやっており、生徒さんの作品が多数飾られていた。私は日本から折り紙をたくさん持参しており、お礼にと贈呈したら大喜びされた。ちなみにORIGAMIという言葉はそのまま世界中で通じるそうだ。初村さんが持ち込んだ大量の鉛筆やノート、三角定規なども大喜びされ、明日小学部の生徒に紹介してくれることになった。またそのあとには障害児施設を見学させてくれるという。

　なかなか面白い展開になってきたので、予定していたトリニダーやサンタクララなどの観光地めぐりは中止することにした。このままハバナにいた方がエキサイティングな体験ができる予感。

　昼食後、革命博物館へ出かけた。まず、その横にあるグランマ号（嵐の日にフィデルたち80名がアメリカから出航して、密かにサンタクララに上陸した）を見物したが、警備の兵士にカメラを向けるとさえぎられ

公園脇の古本屋さん　　　　　革命広場。左にチェ、右にホセ・マルティ

てしまった。顔は撮られたくないのか知らん？　博物館に入ると、まず
入り口に掲げてある言葉に思わず笑ってしまった。

　「ありがとうバチスタ、君のおかげで革命を達成できた」

　「ありがとうレーガン、君のおかげで革命を強固にできた」

　「ありがとうブッシュ、君のおかげで革命を継続できた」

　ホント、感謝の気持ちって大切ですな。

　館の中にはフィデルやゲバラ、ホセ・マルティはもちろん、革命以前
の民族の闘士の資料が展示されていた。また、モンカダ兵営襲撃のとき
の作戦を紹介する精密な模型などが展示されており、興味深く見て回っ
た。

　その後、馬車で旧市街を40分ほど走って（4000円！）革命広場に到着。
建国の英雄ホセ・マルティの、高さ18メートルの巨大な像には警備の兵
士がいて、近づくなといわれた。広場はおよそ400×800メートルくらい
の広さで、ここに何十万人も集まるのかいなと思った。北京の天安門広
場を見たことはないが、この何倍もの広さなんだろうなあと想像した。

　ここから、海に沈む夕日が綺麗で有名というホテル・ナシオナルに行
き、テラスでお茶する。戻る時になってデジカメがないのに気づく。ど
うやらここへ来るタクシーの中へ置き忘れたようだ。嗚呼、撮りためた
写真が……。

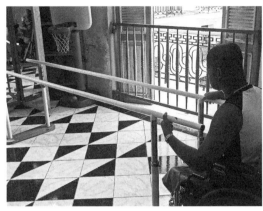

リハビリ室にある矯正（？）具

さあ平行棒で歩行練習だ

やったぞ！
寝返りできたじゃん

11月18日（水）障害児施設と学校

　アジア美術館の職員カランダさんに、障害児施設に連れて行ってもらった。そこはリハビリ施設のようで、40名くらいの子供たちが通っていた。身体訓練室では直立や歩行のための訓練が行われており、5〜6名が課題にチャレンジしていた。初村さんは、障害児に果たして意味のあるトレーニングか疑問に思ったようで、「良くなるのか」「歩けるようになるのか」といった質問を投げかけていた。「長い目で少しずつね」という返事に、“良くする”という目的は日本とはだいぶ違うというのが初村さんの感想だった。

　次に案内されたのは、小学校の中に併設された幼稚園の5歳児クラスだった。1クラス20名で、5、6歳児には副担任がついている。クラス20名というのは中学まで徹底しているようで、日本の現状に比べて大いにうらやましく思った。見学したクラスの先生は何と17歳で、15歳（中学卒業）から専門教育を受けていると言っていた。予算不足で教材やおもちゃがないので、先生や父兄が紙などで手づくりしているそうだ。印刷機が1台もないので、テストなどは父母が職場でコピーして持ってくるなど協力している。月に1回、親への教育も教師が行っており、学校は勉強するだけでなく、人生そのものを学んでいく場だという姿勢が強

手づくりの教材

5歳児、20人で1クラスです　　　　　　公園で遊ぶ小学生たち

く感じられた。どこぞの国のように成績がすべて、偏差値がすべてとい
う価値観はこの国にはない。この学校に障害児はいなかったが、「特別
な支援が必要」ということで、障害児はすべて養護学校に通っていると
いう。どうやらインクルージョンの考え方は採られていないようだ。

　昼食時にカランダさんにキューバ社会の話をいろいろと聞いた。

　食事はパンのみ配給で、一人一つ毎日配給所に受け取りに行く。肉や
玉子などは一人に年1冊配られる配給ノートに欲しいものを書いて購入。
使い切るとノートを少し高値で買い足す。1カ月間に600円だけ支払う
と毎日昼食が食べられるが、出されるのは店側が決めたもので、質が悪
いそう。まあ、空腹を満たすことだけは保障されているんだなと理解す
る。水光熱費は平均80〜100円くらいだが、電気をたくさん使う家庭で
は400円くらいだとのこと。

　住宅はローンを払い終えたら個人所有になるが、転売は違法。しかし、
それを承知で転売する人も多く、そのための業者もいて裏ビジネスが存
在している。捕まることはあっても、弁護士を雇いお金を払えばいいの
で、恐れずにビジネスしているとのこと。公務員の給与は低く、2700〜
3000円くらい。違法にビジネスする方が儲かるので、公務員になりたが
らない人が多い。そういえば、弁護士を辞めてタクシードライバーにな

ったという2人に乗っけてもらったが、「1日で弁護士の月給（4500円くらい）以上稼げる」と言っていた。外国人観光客向けのホテルマンが、チップのおかげで公務員の何倍もの収入があるのは前述の通り。いびつな経済の一端を垣間見た気分ですなあ。

　昼食後、特別な産婦人科病院を見学した。若くして妊娠してしまった少女たちや、家庭に問題がある妊婦が来る施設のようだ。診察をしたり、体調管理などをしており、何人かは住んでると言っていた。

　夕食はカランダさんが予約しておいてくれたパラダール（民家レストラン）でとる。ここには生バンドはない。隣に座っていたイギリス人カップルが、スペイン語のわからない私たちを助けてくれた。彼はコンピュータエンジニアで、彼女は眼科の検査技師。毎年1回数週間のバカンスを取って海外旅行に出かけており、日本にも来たことがあるという。このボブ夫妻とはえらいウマがあって、2時間くらい、イギリスや日本の社会について語り合った。イギリスではかつて"鉄の女"サッチャーによって多くの改革が進められたが、医療制度だけには手をつけられなかったようだ。今もほとんどの医療がタダだそうで、日本の後期高齢者医療制度の話をすると目を剥いて驚いていた。「そんなの世界中のどこにも無いよ！」。さらに、日本では年間3万人以上が自殺していると話すと、「アンビリーバボー！　イギリスでは数えるほどしかいないよ」と言っていた。貧困率も日本では15％を超えたと言うと、「イギリスでは何％か知らないが日本ほど高くはないと思う。どこの国もそれぞれ問題があり、貧困が解決したらまた別の問題が生まれるように思う」と返事が返ってきた。貧困問題は深刻さを増すことはあれ、解決するとはとても思えないんだけど……。

11月19日（木）医療とお酒と音楽と

　キューバに着いて風邪を引いてから一向に良くならないので、今日は病院に行くことにする。医療の現状が少しでもわかったらと淡い期待。

　シーラ・ガルシア中央病院に行きドクターの診察（バイタル、問診、

インフルエンザで〜す

私を運搬した救急車

触診など）を受けると、インフルエンザの疑いがあり、専門病院に救急車で転送されることになった。この車、救急車といいながら、ベッド一つと椅子4〜5脚だけで、医療設備が全くない！　何と単なる運搬車ではないか。

　他の車と同じように100キロ以上でぶっ飛ばし、着いたところは40キロほど離れた岡の上の古びた病院。一般患者との接触を避けるために裏口から入る。トイレは表の待合室のところというので行ってみると、待合室の電気はすべて消えていて昼だというのに薄暗い。トイレの中は真っ暗で、手洗い場の水も止まっていた。う〜ん、これが現実なのだ。30分ほどして現れたドクターは、精密検査もせず、問診と触診をしただけで「ノープロブレム」。何のために来たのやら。シーラ・ガルシア中央病院に戻り、処方箋を書いてもらって精算。クスリ代を含めて4000円だった。公務員給与の1カ月分以上とは、いくら外国人とはいえ相当ボッタくられた感じ。う〜ん、ひょっとすると、政府推奨の観光客向け現金巻き上げシステム？

　昼食は海岸沿いにあるお土産市場でとることにし、タクシーで向かう。3×3メートルくらいのコンテナのようなものがお店で、200軒以上が規則正しく配置されている。ここの御食事処で食べた赤飯のようなご飯はものすごく美味しかった。昼食後みやげ物店を物色。どこの観光地でも値段交渉はお約束。極端な値下げは無理だが、1〜3割くらいはまけ

ご覧のとおり医療機器はない

病院。内部は廃屋同然のたたずまい

　てくれる。当然数がまとまれば安くなる。私はここでほとんどの土産を購入。初村さんは自分へのお土産として、超・超・チョ〜ビキニの水着を買っていた。タダのひもやん……。

　夕食はカランダさんと一緒にとることになっていたので、約束の旧国会議事堂前へ向かう。議事堂前は道路も広く、大勢の人が往来していた。180人乗りの2両連結のバスは中国から輸入されたもので、この時間はどのバスも帰宅する地元の人で満員。30分ほど経ってもカランダさんが来ないので困っていると、「ハポン（日本人）？」と言って一人の青年が近づいてきた。暇つぶしに彼と話していると、語学学校で日本語と英語を習っているという。しばらく立ち話をしてカランダさんをあきらめ、彼を夕食に誘う。

　彼の名はホセ。23歳でおばあちゃんと二人暮らしだという。警備員として12時間働いたあと2日間休むというシフトなのだとか。毎日12時間くらい働いている日本人から見ればずいぶん楽な勤務に思えるが、キューバではこうして失業者を出さないようにしているのだろう。彼の給料は月に1500円くらいで、その中から100円の授業料（語学学校は有料）を支払っているという。ホセが言うには「若い女の子の90％くらいは金持ちの外国人に売春している」とか。「そりゃ大げさだろう」と言っても、「信じられないだろうけど事実」という。

　う〜ん、キューバにはこんな問題もあるのか。経済問題が根っこには

ドラムがウマく叩けました

マラカスだっていけるよ

ワシにたかるバンドメンバー

踊りまくる初村ガイド

あるんだろうけど、深刻な社会問題やなあと思う。

　レストランでは生バンドが演奏していたが、お酒の勢いも手伝ってホセに教えてもらいながらサルサを踊った。挙句の果てに、俺にもやらせろとばかりに、ドラムを叩いて何曲も演奏（？）した。バンドの連中から「中国人は自分たちだけで固まっているし、日本人も消極的な人が多いけど、お前は違うなあ。まるでキューバ人みたいだ」とホメられてしまった。この連中、ビールを飲ませろとせがんでくるので、「おう、飲め飲め！　あるだけ全部飲め！」などと悪乗りしてしまった。繰り返される乾杯。ホント、酒が入ると人が変わるんだよなあ。まあここでは飲むだけ飲み、踊るだけ踊り、バンドにも入れてもらって大いに楽しんだ。いやあ実に心地良い時間だった。明日もホセが市内を案内してくれるという。

11月20日（金）葉巻と ID カード

　アジア美術館へ行き、昨日待ち合わせに来なかったカランダさんを訪ねるが、子供が病気になったので休んでいるという。昨日の理由がわか

ってひと安心。

　観光客で賑わうオビスポ通りを歩いていると、ヘミングウェイのそっくりさんに会い、ツーショット写真をお願いすると、指を2本立てる。どうやら撮影料らしいが、2人合わせて200円。ジェスチャーを使っているのはどうも耳が聴こえないか、言葉が話せないようで、「いろんな稼ぎ方があるんだなあ」と感心する。彼は道行く観光客との撮影に次々に応じ、だいぶ稼いでいるようだ。天国のヘミングウェイも苦笑いしていることだろう。

　「バスが遅れた〜」といって30分遅れてホセが登場。おまけに、とても急ぎ足で歩いていたら警察に不審がられて呼び止められたそうだ。待たせたお詫びにアイスをおごれよと冗談を言うと本当におごってくれた。初村さんと2人で、君はいい奴だと盛んにおだてる。昼食後ホセが、「キューバに来たんなら葉巻を買いなよ。友達を紹介するよ」というのでついていくとアパートの一室に入る。友人はタバコ工場で働いており、主に上質のものを扱っているそうで、間違いなくヤミ。仕事場から盗んできたのか？　20本入り7000円の最高

ヘミングウェイとツーショット

VIVA FIDEL！（カストロ万歳！）

バンドネオンのおっちゃん

巨大なキリスト像に目をやる

級のものを5500円にディスカウントしてもらって購入、お土産とする。ホセにはいくら入るんだろうか？

マレンコ通りにある海の見えるカフェでお茶する。葉巻を早速1本ふかしてみるが、辛過ぎてダメ。客席を回りながらバンドネオンを演奏してチップをもらっているおじさんに何曲かリクエストし、お礼に1本あげる。現金が欲しいそぶりだったが、もう1本あげると、ありがとうと言いながら向こうへ行ってしまった。このカフェには3時間ぐらい居座ってホセと話をした。

ホセ曰く ── 。

キューバの若者は社会主義にうんざりしている。給料が安いことや、外国に行けないことに対して特に不満を感じている。今年は革命50周年になるが、革命記念日は盛大に祝った。理由はあんたたちの想像とは違って、政府を支持しているからじゃないよ。

キューバでは反社会主義では生きていけないから、支持したふりをしているのさ。僕らには言論の自由がない。反社会主義の行動をとったために刑務所に入れられている人がたくさんいる。人々はこの社会に変化を求めているが、行動を起こして虐げられたり、社会が混乱して再び失業するのを恐れている。将来キューバがどう変わると思うかって？　そんなのわかる奴はこの世でただ1人、フィデルだけさ（何という存在感！）。キューバの医療や教育のシステムは素晴らしいと思う。世界の貧しい国々に医師や看護師などを派遣していることを誇りに思う。だけど今のままでは自由がない。社会主義と資本主義がミックスされたらいいのに。日本はいいところだ。行きたいけど、お金がないから絶対無理だよ！

どこの国でも、政府の悪口を言うのは庶民の共通した楽しみかもしれない。でも教育費は無料だし、出産後１年間は有給（！）で休めるし、物価は安いし、自殺はないわ、失業はないわ、何より、とりあえず食べることの心配はしなくて済む。殺人事件は年間数件と言っていたが、食うに困らなけりゃそれも合点がいく。見方を変えりゃまるで天国なのに、それ以上何が不満なんだよっ、キューバ人わっ！

　「日本のようになるということは、年間３万人の自殺者が出る社会であることを受け入れるということだ。キューバ人はそれを望むのか？」と聞くと、「キューバでは自殺なんかないからよくわからない。キューバ人は楽天的だからきっと自殺なんかしないと思うよ」という返事。

　── そんな問題じゃないってば！

　「社会主義の到来を予言したマルクスをどう思う？」と聞くと「誰それ？　知らないよ」とつれない返事。ええ〜っ、キューバ人はマルクスを知らないのかとビックリしていると、レーニンやスターリン、チェ・ゲバラやホセ・マルティについては小さいときから学校で習うし、試験にもよく出るから知っているが、マルクスなんて聞いたこともないという。マルクスは、資本主義が世界中を覆うと解明し、そして資本主義が高度に発達することが社会主義を準備すると予言した人で、哲学者で、思想家で、経済学者で、歴史家で云々と説明すると、「何だ、ヒットラーのことなんだね？」……イスから転げ落ちましたヨ。

　日本人として気になる質問をぶつけてみた。「キューバ人がもともとの言語を奪われ、スペイン語を話すことをどう思う？」。ホセはきょとんとした表情を見せ、「何のことだい？　キューバは４世紀もスペインの植民地だったんだぜ。誰もがスペイン語が話せて当たり前じゃないか。何か問題でもあるのか？」と答えた。旧宗主国のスペインとは、今は協力関係にあるから過去の植民地支配は問題にならない、という考えはキューバ市民に根づいているようだ。かつてのアジア諸国に対する日本の植民地支配と、その後の微妙な関係を頭に浮かべて質問したつもりだが、ホセの返事は"突き抜け"ていた。歴史が遠い過去のものになってしま

ったというより、陽気なラテンの文化のなせる業なのだろうと思う。

　ホセが「警察に呼び止められたらこれを見せるんだよ」と言って取り出したIDカードのようなものを見てびっくり。定期券くらいのサイズのカードに十数桁の番号が振られ、顔写真が貼られている。国民は全員このカードの携帯が義務づけられているという。日本の住基ネットなんぞの比じゃない。これで国民全員を直接的に管理・把握できるわけね。ああ、何というおとろしい社会……絶句するしかありませんでしたよ。

　長居しすぎたので夕方、場所を移してホテルのオープンカフェでまたお茶。ここも生バンドが演奏しており、一番前の席に陣取る。ここのバンドのメンバーたちもみな公務員。演奏の合間に自分たちのCDを1枚1000円で売り歩いていたけど、売り上げは全部国に持っていかれるんだろうなと思う。曲に合わせてハミングしながら手拍子を取っていると、私たちの席のすぐ近くまで来てくれた。やっぱり人は自分に関心を持ってくれる人に好意的になるんだよなあ。コロコロと心を転がすようなフルートの高い響きがとても心地よかったので、帰ったら習ってみようかなあと思う。無趣味なのでちょうどいいかも。

　そのままこのカフェで夕食をとることにする。アルコールのせいでまたもやサルサを踊ったりしてはじけてしまった。こうしてキューバ最後の夜は、酒と音楽に包まれて賑やかに更けていった。3人でいったん宿に戻ったが、初村さんはそのままホセと一緒にディスコに踊りに行った。朝の5時まで楽しんでいたらしい。若いなあ。

11月21日（土）墓地と市場

　いよいよ今日帰国。便は午後なので、朝は近くを散歩。キューバに来て初めて一点の曇りもなく、快晴で背中が汗ばむ。すぐ近くに世界で2番目に広い集合墓地があるというので散策した。一つひとつの墓はすべて石造りでとても大きく（4×6メートルくらい）、お金持ちだけしか入れないのかなあと思う。近くを歩いている人に聞くと、誰でも入れるよとのこと。建設費や管理費のことを聞くのを忘れた。そういえばホセ

最高の〝キューバ晴れ〟　　　　　どこまでも続く墓地

山と積まれている野菜や果物　　　　でかいぞパパイヤ

たちと、宗教の話をするのを忘れていた。岬の上に高さ20メートルくらいの巨大なキリスト像が建っていたから、たぶんキリスト教は排除されているわけではないんだろうと推測。

　宿の主人にお礼をしようと、メルカド（市場）へ向かう。庶民の台所が賑わっているのは世界中どこも同じ。人いきれでむせ返っており、かぼちゃ、ピーマンなどの野菜やココナッツなどの果物が山のように積まれている。ここで大きなパパイヤを買い、宿へ持ち帰る

　昼ごろ、主人のヨランダさんにお別れをしていよいよ空港へ向かう。お土産にラム酒を買った後、遅い昼食をとる。ピザにはやっぱり野菜が乗ってない。さて飛行機に搭乗。私はトロント行き、初村さんはジャマ

出発ロビーはめっちゃ明るい　　　　　　　エアカナダで帰りま～す

イカ行きの、どちらも小さな飛行機に乗り込んだ。ここで悪夢が私を襲う　――「コートを忘れた！」。宿の洋服ダンスに入れたままだったのだ。仕方がない、帰ってから連絡するか。カナダ、寒いんだろうなあ……。

　機内で隣のでっぷり太った外人に話しかけられる。お前は何語を話すんだと聞いてきたので、Can you speak Japanese?（あんた、日本語話せる？）と言うと周りの席からいっせいに笑い声が挙がった。笑うなっ！　「日本語はわからん。オレはカナダ政府の人間で、大学に政治学やら経済学やらを教えに来たんだ」と言うと毛布を被って居眠りを始めた。もう少し話したい気持ちもあったが、私も誘われるように眠りについた。

　こうして私の楽しいキューバ旅行は終わりました。時差ボケにもならず、とても充実した１週間でした。とりわけ、キューバ市民が心を開いて語ってくれた事柄は、私の世界観と歴史観を大きく変えるものとなりました。人生観はいささかも変わりませんが、この旅が、実は私に何を与えてくれたのか、これからじっくり考えてみたいと思います。

　わがままを聞いていただき、一生懸命通訳していただいたガイドの初村美夏さんに紙面を借りて厚くお礼申し上げます。

　出版にあたってじっくりと考え、この旅で確信したこと……。

　①キューバの社会主義は理念に留まらざるを得ないこと

　②キューバは、いずれ資本主義に征服される　――　敗北せざるを得ない

こと

③それはキューバ共産党の力量不足ではなく、歴史の発展として必然であること

④そして世界中は、いったん資本主義に覆い尽くされること

⑤新しい時代が来るとすれば、世界の隅々まで資本主義に覆われたあとであること

⑤そしてその新しい時代がいかなるものであるかは、いまだ明示されていないこと

　社会主義が大嫌いな多数派のあなた、ご安心ください ── あなたの生きてるうちは社会主義など実現しません。そして、社会主義が大好きな極少数派のあなた、残念ですが ── あなたの生きてるうちは社会主義など実現しません。せいぜい、尊厳を保って生きてゆくしかないのだと思います。

おまけ ── 大変化！

　この記念すべき旅行で、私自身に物凄く大きな変化がありました。物心ついたころからずっと私の心を支配し、悩ませていた"死の恐怖"を、ものの見事に脱ぎ捨てることができたのです。

　思い当たるのは幼少のときの、記憶に残っている最初のお墓参りです。5〜6歳のころだったでしょうか、家族そろって海辺のお墓参りに行ったときのことですが、さあ着いたぞと言われても、それらしきものがありません。「あれ、どこにお墓があるの？」。私は子供心に、お墓と言えば石造りと思い込んでいました。実際、周りのお墓は、石造りのものがたくさんありましたから。きょとんとしている私に母が、これがお墓だよと指差した先には、浜辺で目にする砂山らしきもの ── それも形がほとんど壊れかけ、よほど想像力を働かせないと砂山があったんだなあと思うことすら難しいモノでした。ビックリしましたが、落ち葉を掃き、墓地全体を掃除し、周りの土をかき集めて山の形にし、竹筒を土に差し込んで花を活けられるようにすると、なるほど、お墓に見えないことも

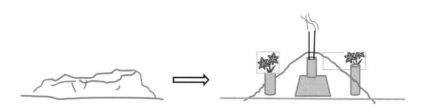

ありません。6つの山が出来ました。じーちゃん、ばーちゃん、叔父さん、叔母さん、そして幼くして亡くなった兄、姉だと聞かされました。「へえー、そうなんだあ」と思ったことをよく覚えています。

　さて、肝心なのはここからです。線香をあげ、花を活け、家族でお経を挙げながら仏さまの供養をしているとき、私の頭の中は、死んだら土の中に埋められるんだ、という思いに占領されていました。死んだまま土に埋められる、苦しくても身動きどころか息もできない、手足を伸ばしたくても無理、水を飲みたくてもできない、……そんな怖いだけの想像が堂々巡りします。子供心に、物凄く辛い想像でした。いやだ！　土に埋められるなんて絶対嫌だ！　苦しくて身動きできない！　イヤだよお！　焼かれて骨だけが骨壺に入れられ、地中に埋葬されているということなどまるで考えつきませんでした。"土葬"（もちろんそんな言葉すら知りませんでしたが）されるというイメージだけが繰り返し浮かんだわけです。

　「土の中で、永遠に身動きできない苦しい思いをするなんて嫌だあーっ！」。強烈な"原体験"でした。"死んでる"から、痛いも苦しいもないわけですが、「理屈」ではなく「感覚」ですから、振り払っても振り払っても消えてくれません。私の"マイナス思考"は子供のころからだったようです。このことがあってからでしょうか、私は臆病者として人生を送ることになります。まずは、夜の2階が怖くて1人で上がれません。真っ暗な空間が、私を羽交い絞めにして、身動きできないようにしてしまう感覚に囚われるわけです。今のように階段下に灯りのスイッチがあれば、どうってことないんですけど……。あとは推して知るべし。

　お墓参り以後、ずっと"死"に怯えていました。そして本能的に、

"死"や"恐怖"から距離を置く行動ばかり採っていました。大人になってもキューバを訪れるまで、その感覚に私はずっと絡め取られていたように思います。

　キューバの何が私を"解放"してくれたのか、うまく説明できませんが、たぶん、"歴史"の流れが見えたと思ったからじゃないかなーと感じています。

　キューバに5日間滞在すると、「ああ、歴史はこういうふうに進むのか」ということを何となく感じます。時は休まず刻み続ける ― つまり、歴史はたゆまず前進する、人の命 ― 人生など、歴史の中では一瞬に過ぎないちっぽけな存在だ、短い人生で、何かが完結する姿など目にすることができるはずもない、ヒトの営みからもたらされる、ある種の結果など何世代もあとにしか確かめようもないのだ、な～んてことを旅の中で感じていたように思います。それは同時に、「死ぬのに悩むとか、くだらねーや」という気分をもたらせてくれました。おかげで理不尽な死の恐怖を、とてもスムースに脱ぎ捨てることができたと思います。世間の人より何十年も遅れた目覚めでしたが、今では何かに怯えることもなくなりました。いつ死んでも構わないよ、土の中で身動きできなくても、なんくるないさあ～、と思えるようになりました。物凄く開放感を与えてくれた人生サイコーの旅でした。

第4章

私のプチ社会保障論

第1節　アカルイミライに向かって

2002年、永らく勤めていた会社が、民事再生法の適用を受けて倒産しました。兆候を感じていた社員たちは、それぞれに自分の選んだ次の職場へ移って行きました。私は障害者福祉の道へ。まるで畑違いなんですが、どうしてこの道を選んだのかよくわかりません。ただ、「ビビビッ！」という感覚があったことは確かで、直感に素直に従いました。退職したときが2月で、まだ入学が間に合う短大で福祉の勉強をすることにしました。

現場をまるで知らない私は、暇を見つけては近隣の施設見学に行っていました。知的障害者の入所施設を訪問したときのことです。闖入者の不躾なお願いを快く引き受けてくださったスタッフに、施設内を見学させてもらっていました。そのとき、ニコニコと笑みを浮かべて近づいてきた青年が、私に軽く「コツン」と頭突きを見舞ったのです。もちろん痛くも何ともありませんでしたが、スタッフは「こらっ、何するね！」と叱りました。私はと言えば……、とても嬉しく感じていました。勘違いかもしれませんが、「あ、歓迎してくれてる……」と思えたわけです。知的障害の人たちは、全体に愛嬌を振りまく人が多いように感じますね。これはウレシイ体験として記憶に残っています。

精神障害者の作業所にボランティアを兼ねて見学に行ったときは、スタッフばかり5～6人で、通所者さんが誰もいませんでした。……と思っていたら、スタッフと思っていた人たちは、実はほとんどが通所者さ

んでした。え～、そうなん？　私は、精神障害者と言えば、気持ちも頭も一杯一杯で、何だか破滅的なことをする人たち、と思い込んでいましたので、障害者でない人と見分けがつかないというのは本当に驚きでした。皆さん適切な支援を受けて、ほんとに穏やかな日常生活を送っていらっしゃったんですね。差別的な刷り込みというか、物凄い偏見・先入観に囚われていたのだと思います。その後の体験で、精神障害者には適切な支援を受けて地域で穏やかに暮らしている人がたくさんいる、ということを理解していきました。かく言う私も薬のおかげで、ゼンゼンうつには見えないようです。なんてったって、世界一のドクターに診てもらっていますから。

　さて、私がそれまで身を置いていたのは営業という世界で、同業者との競争が熾烈です。少しでも気を抜くと同業者に出し抜かれてしまいます。必要なことは提案。お客さんが何に困っているのか、何を課題としているのか、何を解決したいと思っているのか、しっかりアンテナを張り、具体的な提案をすることで信頼が得られていきます。日ごろからの観察力が問われるわけです。提案が採用されると設備投資していただくわけですが、「あの機械、入れて良かったよ」なんて言われると天にも昇る気持ちになります。設備は買っていただく、信頼は積み増しできるということで、営業マンの至福のときです。
　さて誰もが知っていることですが、「お客様は神様」という言葉はビジネスの世界では常識ですね。営業マンという「売上」の最前線にいると、そのことを一層強く意識します。でも、福祉を志しているときに、大いに戸惑いました。あちこち見学に行ったり、実習で先輩に付いて行ったりしていると、どうも様相が違います。一部ではあるのでしょうが、「私たちのおかげであの人たちは生きていける」という、私にとってはとても受け入れ難い考えをする人が、少なからずいたんですよね～。「あの人が命をつなぐことに自分は貢献している」という考えは、プロとして大切なプライドであり、それがあればこそ一層レベルアップでき

るのだとは思います。でも「私たちのおかげで……」だととても傲慢な感じがして、まるで受け容れることができません。なんてったって、営業マンごときが、「オレのおかげであの会社があるのだ！」なんて考えたとしたら……、ハイ、即刻出入り禁止ですね。

　アンテナをピンと張って、しっかり観察するようにしました。私の印象ですが、どうも介護保険から入ったヘルパーさんたちに多そうで、障害者のヘルパーさんたちはそうでもなさそうです。介護保険は国の価値観がきっちり反映されているからでしょうか？　また、障害者は、尊厳や人権を訴え続けてきた当事者運動の影響があり、当事者運動などなかった高齢者とは違うのかなあと感じています。

　「お客様は神様」か、「私たちが主役」か、この文化的（？）ギャップは虐待にも通じているのかもしれません。高齢者虐待防止法が施行されようが、障害者虐待防止法が制定されようが、どこ吹く風とばかりに虐待が繰り返されています。死者を出すのも珍しいことではありません。他の民間事業では業者がお客に暴力を振るうなんぞ絶対にありませんよね？　いや、ごくごく一部にあるかな？　暴力バーに精神科病院、そして学校では暴力が大手を振っていますねえ。暴力バーは別として、堅気のショーバイである病院や学校で暴力を必要とするのは、適切な関わり方のできない人だけ。

　いずれにしてもこの世はお金の世の中。お金を払う人がお客で、サービスの対価としてお金を手にするのが業者。利用者が全額を払うわけではありませんが、社会保障として国（＝公）が１割を負担しているというだけのこと。お客さんが利用してくださるからこそ、私たちがオマンマにありつけるわけで、その真理は変わることがありません。まれに、「感謝しない人は解約する」という同業者もいますが……、はあ〜、いろんな事業所があるもんですねえ。

　短大に入学したのが2003年の春。高齢者対象の介護保険制度は、2000年にすでに始まっていましたが、障害福祉の世界では、この年４月から支援費制度が始まりました。社会福祉基礎構造改革とかで、あらゆる社

会福祉が見直されている時期だったと思います。ちょうど私の経歴と重なりますので、制度を軸に据えて社会保障を時系列で考えてみることにしましょう。

　ご紹介したように、私は50を過ぎてヘルパーとして障害者支援の道に入りました。若いときからこの道を目指した人たちには及ぶべくもありませんが、異なる社会体験であってもそれはそれで財産です。アスペであったとしても自分の人生を肯定し、アカルイミライを手にするためにいろいろと考えてみました。独特な見方も、遠慮なく披露したいと思います。

第 2 節　「なんかヘンだなあ」

　繰り返しますが、私は50歳を過ぎて障害福祉の世界に入ってきました。若いときから目指していたわけではなく、専門学校や福祉系大学で学んだわけでもありません。ですから「福祉の本流」の考え方や価値観を学んだ記憶はありません。通信制の短大で２年間福祉を学びましたが、学習内容は介護保険が主 ─ しかも実習中心 ─ で、障害福祉の講義は一度だけだったように記憶しています。実戦に必要な具体的なこと（もちろん、とても大切なこと）は学べるんですが、原理・原則などについては何も語られなかったように思います。

　障害や福祉という分野は一般にはなじみが薄く、普通にサラリーマン生活を送った50代のおやじにとっては専門性に慣れるまで少し時間を要しました。でもそれまでの経験や体験から、何事についても一家言は持っていますので、福祉の現状について、「あれ、何か違うよ？」と思うことは多々ありました。当初感じた数々の違和感について、もう一度振り返ってみることにしました。ここでは主に、言葉について考えていきます。言葉に持たせる意味と使い方、シチュエーションなどについて「ん？」と思うことがとても多かったように思います。

■ 「障害は個性だ」を考える

　いつから言われるようになったのかは知りませんが、この言葉を聞いたのはずいぶん昔です。20～30年前？　もちろん今と違って、障害者との関わりなど全くなかったころです。初めて耳にしたとき、「え、個性？　障害が？」と不思議な感覚に襲われました。「違うでしょ？」という反発に似た疑問が浮かびました。未形成でしたが、「持ち上げればいいと思ってんの？」という感覚が頭を過ったように思います。同時に、「障害者にも個性はある」というならわかるけど……とも思いました。

　「個性」という言葉から私は、「素敵なもの」、「優れたもの」、「秀でたもの」をイメージします。肯定的評価です。一方でそれまでの数少ない体験から、障害者って「可哀想だなあ、大変だろうなあ」、そして「俺たちとは違うなあ」とも思っていました。つまりは否定的評価です。ですから、「障害は個性だ」と聞いたときに頭がこんがらがってしまいました。「何で障害が個性なん？　違うだろ？」とおかしさを感じていました。否定的対象を肯定的評価？　どゆこと？　というわけです。でも深く考えたわけではありません。障害者と関係を持ち続けてもいませんでしたから。

　50歳を過ぎ、この世界で生きて行こうと決めたときに改めて考えてみました。答えは意外にシンプルでした。2005年だったと思いますが、自立生活センターの中西正司氏と上野千鶴子氏の共著『当事者主権』（岩波書店、2003年）に答えを見つけました。英語圏では「障害はattribute」というそうで、この日本語訳に当たって訳者が「個性」という言葉を当てたそうです。attribute に個性という意味は全くありません。ヨコから見てもタテから見ても裏返しに見てもありません。「属性・特性・特質」とあります。「障害は attribute ＝属性だ」という訳ですね。「属性」とは「本質に付随する性質」のこと。たとえて言えば、背が高くて、スマートで、イケメンで、面倒見が良くて、スノボが得意で、お酒に目がなくて、カネ離れが良くて、お人好しで、でもナゼかモテな

い、といくら属性を並べても私の本質とは言えませんね。つまるところ、「私の本質は私だ」と言うしかないわけです。属性をいくら並べても ― 50だろうが100だろうが ― 本質を説明することはできません。そのような理解からすると、英語では、「障害なんてお前の属性にしか過ぎないんだよ」、「障害があろうがなかろうがお前はお前じゃないか」と言っているようです。「障害を見るな。人を見よ」ということですね。そういう認識が基本にあって、初めてヒトとヒトとの対等・平等な付き合いができるんだよ、という考えなのだと私は理解しています。私にはとてもしっくりくる考えです。

　耳が聞こえないのは、目が見えないのは個性なんでしょうか？　障害者でない人と同じ情報を得るために、特別な条件や環境を必要とする ― それがなければ情報に接することができない→情報を理解できない→判断のしようもない→決めることもできない ― ことを個性と表現するのでしょうか？　言葉が出せないのは個性ですか？　脳性マヒによる筋緊張のために全身の力を振り絞り、人の何倍もの時間をかけてしゃべらなければならないことは個性なのでしょうか？　脳が障害されているために妄想や幻覚、幻聴に苦しむことも個性？　また、脳の障害のために他人との距離がうまく取れなかったり、場の空気が読めなかったりして孤立する、疎まれるなんてことも個性なんでしょうか？　脳が障害されているために、交通ルールや集団ルールが苦手というのも個性と言うんでしょうか？　どなたか教えてくださいな。

　障害者に面と向かって言ってみたらどう反応するでしょうか？　「お前の耳が聞こえないのは個性だぜ」、「あなたの目が見えないのは個性よ」、「脳性マヒって、あなたの素敵な個性よ」、「統合失調症って、誰にでもあるわけじゃない個性だよ」……。自身の機能特性と社会との相互作用（＝障害）（国連障害者権利条約の定義）のために辛い思いをしている障害者は、こういう言い方を喜んで受け入れるのでしょうか？　ひど過ぎませんか？　もちろん私は、「お前のうつとアスペは素晴らしい個性だ！」なんて言われるととても不快です。ワシ、困ってんのよ！

「障害は個性だ」という言葉を聞くと、ついこんな反論をしてしまいます。そうではなくて、「（ひと括りに障害者とするのではなく）誰にもそれぞれの個性がある（＝障害者に個性を見る）」という捉え方だと、全くもってその通りだと納得ができるんですけど……。

　ダウン症の書家、金沢翔子さんの個性はダウン症ではなく、書道の表現です。寝たきりで芸をする「あそどっぐ」さんの個性は脊髄性筋萎縮症ではなく、芸をするということです。ダウン症や脊髄性筋萎縮症などの"障害"は個性でも何でもありません。名が知られている人だけでなく、全て（医学モデル）の障害者には誰にも個性があります。とっても優しい人、ちょっぴり臆病な人、素敵な声の持ち主、正確に作業をこなす人、ジョークが得意でいつも笑わせてくれる人、コワモテだけれど心穏やかな人、などなど数え上げればきりがありませんが、本当にいろんな個性を感じます。

　障害を個性だとする「障害者でない人」は、"そもそも"なぜそう思うのでしょうか？　自分自身が真剣に考え抜いた結果、その考えにたどり着いたのでしょうか？　推測ですが、「そう教えられたから」、「皆が言ってるから」、「テキストに書いてあったから」という理由が大半なのでは？　と勘繰っています。先に紹介したように、誤訳のせいで日本では個性と誤解されているだけのことです。自分で考えるって大切ですね。

　一方で、「個性」だとする主張はある意味、障害者運動の一つの到達点なのかもしれない、とも思います。区別され制限され、排除され、拒否され、否定されてばかりの人生であった障害者が、「オレたちだって人間だ！」という魂の叫びを「個性」という言葉に込めたのでしょうか？　「障害は自分の個性だ」と主張する障害者は少なくありません。詳しい人、教えてくださいな。

　「個性」という言い方に関連してもう一つ、とても気になることがあります。障害者の側からの、「障害者にも能力のある人はいるんだ！」という物言いです。よく挙げられるのはエジソン（米：発明家）、ホーキング博士（英：理論物理学者）、ビル・ゲイツ（米：マイクロソフト

創業者)、スティーブ・ジョブス（米：アップル創業者）、そして先の金沢翔子さんもです。この言い方をする障害者や障害者団体は、「能力」が自分たちを差別する大きな物差しとして幅を利かせ続けていることをどう考えているのでしょうか？　自分たちを苦しめ続けている価値観の土俵に上がるのでしょうか？　とても不思議です。私は能力を誰とも比較するつもりはなく、比較することに意味はないと思っていますが、自分らしく生きている……と思います。それで充分だし。

　attribute を「個性」と意訳した人に、悪意など微塵もなかったのだと思います。推測ですが、マイナス評価されがちな障害者をポジティブに表現したいという善意に基づいていたのではないのかとすら思います。でも……、とても情緒的ですよね。論理的で科学的な把握・思考は、日本人は苦手なのでしょうか？　「障害は属性だ」という考えに立つと、全く新しい世界が見えてきますヲ。

　余計なことかもしれませんが、ついつい言いたくなることがあります。「障害は個性だ」と唱える「障害者でない」人たち、とりわけ専門家や支援者を自称する、日常的に障害者と接点を持っている人たち。皆さんは障害者の「個性」を尊重していますか？　個性だと言いつつ、一方でワガママなんて言っていませんか？　集団に「同化しろ」と言ったことはありませんか？　「ルールだから」と押さえつけようとしていませんか？　ありのままを受け入れ、認めていますか？　自分たちの「価値観」に従わせようなんて露ほども思っていないでしょうねぇ？　頭ごなしに押さえつけたことも？　私を差別したのは「専門家」だけです。シロートさんは避けて通りますが、専門性を基に差別する人は山ほどいます。「うつとアスペはお前の個性だ」なんて言わないでくださいな。"わかったつもりの言い方"に反吐が出ます。

　先日通院したときに、世界一のドクターと私が尊敬する主治医にこの件を訪ねてみました。ドクターの説明はとてもシンプルで納得のいくものでした。「障害が個性という素晴らしいものであるならば、それを何とかしようと思っている私たちの努力って何なんだということになる。

障害が個性だと思う精神科医は一人もいないでしょう」と。

　ドクターの意見がヒントになりました。個性は「生かそう、伸ばそう、育てよう」と言われますよね。障害は個性だという見方からは、これはどうなるんでしょう？　障害を生かす？　伸ばす？　育てる？

　「暮らしを創る会」の例会で、この問題について議論したことがあります。6名の参加者のうち、個性論に賛同する人は一人もいませんでした。

　地域活動支援センターでピアスタッフとして働くAさん。「実習に来る学生は、個性論を唱える人が多い。仲間に入れて欲しいからそう言っているように思える。自分の個性は別にあるので障害を個性だと言われるのは納得できない」。就労支援事業所で働きながら当事者活動に取り組むBさん。「個性論に障害者はノーと言い、非障害者は賛成する人が多いように思える。そう言うことで気持ちが落ち着くというか、一段落できているようだ。私って意識高い系なのよ、と言っているように見える」。Cさん、精神の当事者。「attributeが輸入されたときに個性と誤訳された。attributeは属性という意味であり、障害があってもお前の本質じゃないんだから気にすんな、というスタンスのように思える。障害を見るな、人を見よ、というスタンスは好ましい」。

　さてもう一つ、とても肝心なことがあります。「障害個性論」は世界中が確認した権利条約のレベルに遙かに及びません。国連障害者権利条約は障害について「機能特性を有する者とこれらの者に対する態度及び環境による障壁との間の相互作用」だと明記しています。明確な社会モデル論です。

　これに対し「障害個性論」は「障害は個人に宿る」とする「医学モデル論」の申し子です。「障害個性論」に言う「障害」とは紛れもなく、「視覚や聴覚や言語機能が損なわれた状態」、また、「脳が障害されIQ70以下の状態」、さらに、「脳が障害されたために、妄想や依存症、てんかんや躁鬱症状」を呈する人という、個別・具体的な医学モデルを指しています。新しい地平を示した権利条約が2006年に国連総会で採択され、

「障害個性論」が遙かそれ以前から唱えられていたことを考えると、権利条約のレベルに及ばないのは致し方ないことなのかもしれません。しかし、理論や認識は発展するものであり、新たな地平が切り拓かれたときには、その地平・知見からの再検討が必要だと思います。「障害個性論」はそろそろ姿を消していいのではないでしょうか？

　まあ私は、個性だという言い方は、障害者でない人が障害者におもねる —— 自分は障害者ではないという優越感を根拠とする —— もしくは「俺はわかってるんだよ」とアピールしたい態度から出る言葉だと思っています。ま、障害者の共感なんて得られるはずもないですけど……。あの〜、まずは基本的な認識から始めませんか？　「障害は属性」なんですけど……。

❷「合理的配慮」について考える

▶「配慮」は差別をなくすのか？

　訳語に関わる問題を考えてきましたので、もう一つ見てみましょう。この言葉、ご存じですよね？　国連の障害者権利条約を契機とする、国内法の整備や各地での差別禁止条例づくりにあたってのキーワードです。差別をなくすための「新しい価値観」として盛んに喧伝されました。でも、よくよく見ると、権利条約にはこの言葉は全くありません。Reasonable accommodation を日本外務省が「意訳」したようです。Reasonable には「合理的」と並んで「正当な」という意味があります。そして accommodation は「便宜」という意味であり、「配慮」という意味は全くありません。同じ漢字圏のお隣韓国では「正当な便宜（提供）」と訳されています。

　「配慮」と「便宜」、ものすごい違いですよね。この言葉に出会ったのは、政府が「障害者差別禁止法」を作ろうとしていた時期で、私が介護事業を始めて数年経っていました。このときも、「配慮が差別をなくす？　違うだろ？」という直感が働きました。そしてこのときは、すぐ

124

に疑問の解明に取り掛かりました。

　権利条約の英文と日本政府訳を引っ張り出して、入念に比較・検討します。そうすると、原文の Reasonable accommodation に当たる部分が「合理的配慮」と訳されていることがわかりました。正しく「配慮」を意味するconsideration（こんしだれーしょん）は使われていないにもかかわらず……。

　「便宜」をなぜ「配慮」としたのか？　当時は世界中で ── もちろん日本でも ──「障害者は権利の主体」という考えが広まりつつありました。「保護・庇護の対象から権利の主体へ」という流れです。推測ですが、この「障害者は権利の主体」という考えを日本政府は認めたくなかったのではないでしょうか？

　Reasonable accommodation の誤訳に限らず、権利条約の原文と日本政府訳を比べると、「障害者に権利なんぞあるものか！」という、日本政府の強い意志を感じ取れます。この国の政治家や官僚たちには、「社会保障はお恵みだ。国の裁量次第なのだ！」という考えが頑固にあるように思います。彼らにとっては「民主主義」や「平等」という概念よりも、「下の者は上の者に尽くせ」という儒教の考え方が身についているのだと思います。民主主義の考えが理解できないのでしょう。国連権利条約と日本政府訳の数々の違いについては、別項で考えることとしましょう。

　「合理的配慮」という言葉は、ギョーカイの人たちを中心に根づいているように思われます。障害当事者や家族もまた、その言葉に絡め取られている ── 鵜呑みにしてしまっている ── ようです。福岡市でも2013年から差別禁止条例づくりが民間団体を中心に取り組まれてきました。私たち「福岡・障害者と暮らしを創る会」もこの取り組みに参加し、「福岡市に障害者差別禁止条例をつくる会」の一員として活動してきました。各団体から選ばれた世話人で構成する世話人会が最高決定機関とされ、いろいろと議論を交わしました。この中で当然のように「合理的配慮」という言葉が使われ、「福岡・障害者と暮らしを創る会」は異議を唱えました。「国連権利条約では『合理的配慮』などひと言も使われ

ていない。誤訳を採用するのはおかしいし、『配慮』で差別をなくせる
わけではない。お隣韓国は『正当な便宜（提供）』と訳している。保護
・庇護の対象から権利の主体へという歴史の流れからすれば、『正当な
権利保障』と訳すのがふさわしく、この訳を私たちは提案する」と主張
しました。

　反論は二通りでした。一つ目は「すでに多数を形成している」という
形式論でした。想定の範囲内です。こちらは内容に触れながら反証して
いきましたが、有効な反論は何一つなかったと記憶しています。ところ
が二つ目の反論は……キョーレツでした、まあお聞きくださいな。

　「『権利』や、まして『保障』という言葉は役人がとても嫌うので使う
べきではない」というものでした。ナントまあ……、唖然とするしかあ
りませんでした。このとき私は、言葉の正確な意味で口をポカンと開け
たままでした。「何この人？　何しにここに来てるの？　どっち向いて
しゃべってんの？」。数秒間、頭が真っ白になりました。

　「合理的配慮」を採用する意見が多数でしたが、内容についてしっか
り説明されたと思えるものが少なく、また納得できるものではなかった
ために、かなりしつこく食い下がりました。そしてその次の世話人会に、
下記の意見書を提出しました。

世話人各位　　　　　　　　　　　　　　　　　　　　2015.9.7
　　　　　　　　　　　　　　　福岡・障害者と暮らしを創る会
　　　　　　　　　　　　　　　　　　　　　世話人：大平実男

　9/2の素案検討委員会で、「合理的配慮」の決定について次のとお
り確認されました。
　1. いつ、どこの世話人会で決定されたのか明示できない。議事
　　　録もない。

2. 決定方法が民主的手続きによらなかった（裁決はしなかった）。

以上により、改めて当会の意見をまとめました。ご検討の参考になれば幸いです。

なお、当会は「正当な権利保障」とすべきと訴えております。

結論：「合理的配慮」という考えを採用してはいけない。

理由：「合理的配慮」は差別を温存・固定するもので、「障害者は権利の主体」、「障害のない市民との公平と平等」という考えに有害である。

　　　従って、「市つくる会」の目的にも反している。

説明：以下、できるだけ簡潔に説明します。

確認事項

私たちは「すべての障害者差別」をなくすために、福岡市に障害者差別禁止条例を制定するべく集っています。まず初めに、基本的な事項を確認していきましょう。

1. 目的（「市つくる会」会則より）

「福岡市において障がい者への差別をなくし、障がい者の権利を守るとともに、……」

2. 基本的考え

〈障害者は権利の主体〉

〈障害のない市民との公平と平等〉

「合理的配慮」という考え方について、「福岡・障害者と暮らしを創る会」の考えを以降に述べていますので、議論の参考になれば幸いです。

3. 権利から見る社会

①100階建ての人権ビルがあります（図表1）

②**基本的人権**でしっかり基礎が固められています

③各階にはさまざまな**市民的権利**が詰まっています

④障害のない市民は**すべての権利を享受**して屋上で暮らしています

⑤障害者はどこにいるのでしょう？

⑥少なくとも、「屋上にはいない」

⑦それこそが「**差別**」です

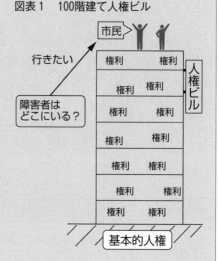

図表1　100階建て人権ビル

市民

行きたい

障害者はどこにいる？

人権ビル

権利

基本的人権

⑧「**差別をなくす**」とは、障害者も**すべての権利を享受**して暮らすということです

⑨そしてそれは憲法に明記されています

・第11条　基本的人権の享有

・第13条　個人として尊重される権利

・第14条　差別されない権利

⑩以上により当会は、「**正当な権利保障**」という訳語を使用することを提案します。当会に参加する障害者全員の合意に基づきます。

4. 権利条約の表現 "Reasonable accommodation"

reasonable →合理的な、正当な

accommodation →便宜、助け、融通（「配慮」という意味は全く

ありません）

A 「国連が採択した」権利条約＝**正当な便宜**

B 「日本が批准した」権利条約＝**合理的配慮**

C 「韓国障害者差別禁止法」　＝**正当な便宜供与**

　「正当な権利保障」は、「障害者は権利の主体」という世界の流れを踏まえたうえで、より積極的・能動的に、かつ明確に表現するものです。

5. 障害者が仮に60階で暮らしているとしましょう。「屋上で暮らす」権利を求めた時に、「合理的配慮」はそれを実現するのでしょうか？

　　それとも、「配慮したけどいろいろあって無理なんだよ。でも70階で暮らしていいことにしてあげるよ。大前進だろ？」という「合理的配慮」を障害者は受け容れなければならないのでしょうか？　それだと30階分の差別が温存・固定されます。99階でも同じことです。障害者は2級市民に甘んじることを拒否して差別禁止を求めているのだというのが当会の理解です。

　　※障害者は「求める権利」など求めていません。「実現」をこそ求めています。

6. 政策委員が福岡に来た時に意見を交換しました。委員からは、「上乗せ・横出しは地方の権利だ。福岡から新しい風を吹かせて欲しい」との言葉がありました。条例を制定した自治体は未だ14県、6市であり、圧倒的多数の自治体が未制定（後に続く方が多い）である現状では、「先例」に引きずられる理由はどこにもないと思います。新しい価値観（世界では当たり前ですが）を発信しましょう。

障害を　テーマに紡ぎ　編みあげた
権利の衣　世界をくるむ　（藤井克徳氏）

Nothing about us, without us !
私たち抜きに私たちのことを決めるな！

　日本の障害者が、世界の理解に遅れることは許されません。
以上により、
「自治体の憲法である条例」に「正当な権利保障」を採用するこ
とを、改めて提案します。

　この提案に対しても内容ある ― つまり検討に値する反論は何もない
と感じました。「合理的配慮」を信じる人たちが、形式論ではなくもう
少し論理的に内容を語ってくれれば議論も嚙み合うんだが、という気持
ちを強くしました。
　法律の専門家の反論が強く印象に残っています。曰く、「障害者は屋
上で暮らすことを求める権利があると理解すればよいではないか」。お
かしいと思いませんか？　差別をなくすとは ― つまり「障害のない市
民との公平と平等」を実現するとは ― 障害者も非障害者と同じ権利を
享受して屋上で暮らせるようにする ― 制度を、システムを作り上げる
― ということなのだと思います。障害者差別禁止条例はそのことを
「制度的に」保障するものでなければいけません。自分たち非障害者が
― 生まれながらにして ― すべての権利を享受して生活しているにも
かかわらず、障害者は別個に、改めてそれを求める行動が必要 ― しか
もそのこと自体を「権利」だと説明する！ ― そういう意見が差別禁止
条例づくりの場で出されることに、ものすごい違和感を覚えました。
　憲法や法というものは、この国に生まれた瞬間から ― おぎゃあと生

130

まれた赤ん坊からジジババまで ―― 誰に対しても分け隔てなく適用されるものでしょう。人権や平等、そしてそれらが大切にする尊厳というものは、非障害者の専有物ではありません。それを理解していない言葉が、法律家から発せられたことはとても残念でした。

「合理的配慮」と「正当な権利保障」をめぐる論争は、「福岡市に障害者差別禁止条例をつくる会」の最終報告書では次のようにまとめられました。「合理的配慮」を支持する立場からのものです。

問題だと思う部分にアンダーラインを引き、引用後にコメントしています。

「合理的配慮」という表現について

　原文の reasonable accomodations の「accomodation」は「便宜」であって、合理的便宜提供が正しい翻訳であるのに、政府が「合理的配慮」と訳しているのは明らかに意図的な誤訳というべきだから、原文の趣旨を踏まえて「正当な権利保障」と記載すべきであるという問題提起がありました。「配慮」という表現には、<u>配慮する側が配慮される側の上位に立つようなニュアンスが含まれており①</u>、過去に行われてきたパターナリズムに基づく取り扱いを<u>彷彿②</u>とさせるものであるから、権利性をより強調する「正当な権利保障」という用語に代えるべきだというものです。既に指摘した福祉窓口担当者のあってはならない暴言などは、まさに障がい者に「恩恵」を与えてやっているという誤った意識が温床となっているとも考えられますから、この指摘は重要で、傾聴に値すると考えます。しかし、「正当な権利保障」という表現では、原文の<u>直訳から離れてしまう③</u>だけではなく、<u>この権利④</u>が自治体や企業等に対し、社会的障壁を排除する作為を求めるものであるというニュアンス自体が<u>失われてしまいます⑤</u>。そして、条約の公定訳のみならず、障害者基本法、

障害者差別解消法をはじめ、既に「合理的配慮」の不提供という用語が定着⑥している現状を踏まえると、このとりまとめにおいて独自の表現を用いることは却って混乱を招くことになりかねないとの判断から、この表現を採用することとしました。「配慮」という表現になっているものの、これは障がいのある人が普遍的に持つ正当な権利であることについては、あらゆる機会を通じて常に注意喚起していきたいと思います。⑦

①ニュアンスなどとは一度も言っていません。「障害者は非障害者の配慮（＝決定）に従え！　という意味だ」とストレートに訴えました。

②「彷彿とさせる」などとも、一度も言ったことはありません。「パターナリズムを一歩も出ていない」と繰り返し明確に主張しました。意見をしっかり咀嚼しないと、①②のように反論もピント外れなものになります。これでは議論が嚙み合いません。

③何度も説明したように、「保護・庇護の対象から権利の主体へ」という近年の流れを踏まえ、障害者の権利主体性をわかりやすく、かつ明確に、高らかに謳い上げるものだという主張をきちんと聴いていれば、「直訳からは離れている」なんて批判が出てくるはずはないんですけど……。また、「直訳」を問題にするならば、完全な誤訳である「配慮」を採用するのはまるで筋が通りませんね。自己矛盾です。

④ここで言う「この権利」とはいったい何を指しているのでしょう？　ここに出てきた言葉のどれにも該当するものは見当たらず、論旨から推測すると、「『合理的配慮』を求める権利」と言いたいのではないかと思えます。でも勘違いしないでください。「合理的配慮」とは、事業者や行政に求められる「義務」です。それは厚労省自身が

繰り返し説明しています。「合理的配慮」はあくまで「義務」です。誰かの「権利」ではありません。基本的なことを正しく押さえておかないと、こういう誤った使い方をしてしまいます。

⑤どうして失われるのでしょう？「合理的配慮」を求めることと「正当な権利保障」を求めること。「合理的配慮」の方が「作為を求める程度が強い」というのは「強弁」の類で、どう見ても無理があるんじゃないでしょうか？　「正当な権利保障」の方が遙かに強く「作為を求め」ていますよねぇ？　だからこそ、「主張が強いのはマズい」と思った人たちが、「合理的配慮」を主張したんでしょ？
　業界の多くの友人に尋ねましたが、皆さん私に同意してくれました。何かを勘違いしたとしか思えない、あるいは意図的で強引な理屈ではないかと思います。

⑥「定着」しているのはギョーカイ人の間だけ。一般市民には全然定着していません。詳細は138ページ以下をご覧ください。

⑦ここでも「配慮」を「権利」だとする過ちを犯していますね。しかも、「これは障がいのある人が普遍的に持つ正当な権利であることについては、あらゆる機会を通じて常に注意喚起していきたいと思います」だなんて紛らわしい。「正当な権利保障」の文言を採用すれば済むことじゃないの。そうすれば誰だって神髄を理解するし、「あらゆる機会を通じて常に注意喚起して」いく必要なんてなくなるよ。ネッ、そう思うでしょ？　自分たち以外の人は、理解力が劣るんだって思っていませんか？

最後に一つだけ ——「合理的配慮」は、世界中が到達した「障害者は権利の主体」という考えを否定し、障害者にとって有害だということを、しっかり頭に入れておきましょう。

障害者権利条約政府公定訳を始め、障害者差別解消推進法、そして各地の障害者差別解消条例において、「合理的配慮」の文言が採用されています。「合理的配慮」という考え方では決して差別をなくすことはで

きず、例外を法的に容認して「差別を温存・固定」してしまいます。日本中から「合理的配慮」という言葉と考え方を追放し、「正当な権利保障」という考えに立って、すべての差別をなくしましょう。私は、それは可能だと思っています。障害者は「権利の主体」なのです。

▶「レディーファースト」を考える

さてこの国には、障害者に対してだけでなく、実に様々な差別がありますね。

ざっと見回しただけでも、女性、被差別部落出身者、アイヌ民族、沖縄出身者、朝鮮半島出身者、LGBT の人たち、そしてアジアやアフリカの出身者などです。そのほかにもまだまだあると思います。学歴や病気、出身階層でも差別されますね。

差別は一般的には、多数派から少数派に対して行われます。でもこの捉え方だと、女性が該当しません。女性は唯一、日本では多数派でありながら、少数派である男性から差別を受けます（もちろん他の属性と同じように、女性内部でも差別があるようですが）。そうすると、「差別は、力の弱い者が力の強い者から受ける」という捉え方が普遍的であると思います。もちろん「力」というのは、「社会的な力」のことですね。社会では少数派の男性が、「社会的な力（＝権力）」を背景に性差別を行っているわけです。

それはさておき、上に示した属性を持つ人たちは、「あなたたちに対する差別をなくすためには『合理的配慮』が必要だ」と言われて納得できるのでしょうか？　私の考えでは、ほとんどの人は納得できないのではないかと思えますが……？

「合理的配慮」と言われると、つい、「レディーファースト」という言葉に類似性を見てしまいます。「ジェンダー論」には全く詳しくありませんが、ない知恵を振り絞って考えてみました。

「レディーファースト」── 最近では使われることが少なくなっているようですが、もちろんこの言葉は「女性差別をなくす態度」を表すもの

ではありませんね。「女性を丁重に扱う」というマナーやエチケットに属する態度の表れでしかなく、「男女の不平等」を解決するものではありません。

　私は「合理的配慮」という考え方に、「レディーファースト」と同じ根っこを見てしまいます。女性が、社会的に差別を受けているという本質に触れることは決してなく、その場その場で、「女性を大切に扱っている」という装いでしかないと思うのです。そのことは「合理的配慮」が、「障害者を大切に扱っている」という装いであることと見事にダブります。「合理的配慮」という考え方に賛同する女性たちは、「レディーファースト」という考え方が、自分たちを悩ませる性差別を解決すると思っているのでしょうか？　パターナリズムという言葉が、女性差別を表す言葉として適切かどうかわかりませんが、紛れもなく両者は「差別を残す」態度として共通していると思います。

　「差別を残す」考え方を、「差別をなくす新しい考え」だとするゴマカシに乗せられてはいけません。

▶番外編 ―― 福岡県弁護士会「あいゆう研修」

　差別禁止条例づくりの途中で、県弁護士会の「障害者差別禁止」についての研修会がありました。友人から連絡があり、誰でも参加できると聞いたので、当事者の意見を言う機会があれば、と参加しました。裁判所の近くの会場に100名くらいの人が参加していました。研修会のタイトルはよく覚えていませんが、海外事情の視察報告と「合理的配慮」という新しい価値観に関する講演がありました。

　講演は、日ごろ「福岡市に障害者差別禁止条例をつくる会」に参加している弁護士によるものでした。131ページにあるような、「合理的配慮」を正当化する理屈が1時間にわたって繰り広げられました。専門外の弁護士さんたちはひと言も聞き逃すまいと真剣に耳を傾けています。やがて1時間が過ぎ、予定時間になったのでしょう、講師は講演を終えるとさっさと会場を後にしました。あれれ、質疑応答を楽しみにしてい

たのにい、と拍子抜けしましたが仕方がありません。司会者が、「質問でも意見でも受け付けます。どなたか？」と会場を見渡したので、真っ先に挙手して指名を受けました。

うつとアスペの当事者であること、「市つくる会」で条例づくりに参加していることを最初に話し、「合理的配慮」のおかしさについて前記のような意見を述べました。

「配慮」にはいかなる民主主義的意味もないこと、「配慮」の内容は「する側」が決定し、「される側」は従わざるを得ないこと、従って「配慮」で守られる権利などなく、差別を温存・固定するものであること、従って、世界中が理解した「障害者は権利の主体」とする考えに遙かに及ばないこと、138ページ以下の市民アンケートの概要、権利条約の文言の誤訳であること、などについて10分ほど意見を述べました。嬉しかったのはそのあと。マイクを握った司会者が、「私も『合理的配慮』と聞いたとき、どうも腑に落ちなかった。今の話を聞いてとてもよく理解できた。当事者としての条例づくり、頑張ってください」。と言ってくれたんです。もう、めちゃくちゃ嬉しかったですねえ。「何だ、弁護士にだって『合理的配慮』が『定着』しているわけじゃないんだ。ちゃんと説明すればわかってもらえるんだ」と、少々の自信がつきました。この体験は大きかったですねえ。

これ以後、私はますます「正当な権利保障」という考え方に自信を持ち、主張を続けていくことになります。

それにしても、講師と直接議論を交わすことができなかったのは、返す返すも残念！

❸ Nothing about us, without us！を考える

この言葉もアメリカから輸入されたものですね。ガラの悪い私流だと、「俺たち抜きに俺たちのことを決めるな！」となりますが、まあフツーに訳せば、「我々抜きに我々のことを決めるな！」という意味ですね。

内容やニュアンスからして、当事者が行政に対して物申すときに使われることが多いようですが、そもそもの始まりは、アメリカの病院か施設でのこと。女性障害者がスタッフルームのそばを通りかかったとき、スタッフだけで支援について検討している姿に出くわしました。そこで女性がこの言葉を発したわけです。「当事者を排除して何を決めようってんだい！」というわけですね。そこから始まって、行政が障害者政策を決めるときも当事者側の要求として使われるようになったというわけです。最初は、障害者に直接関わる支援者に向けて、「主権を踏みにじるな‼」という抗議の意味だったということは、すごく重要です。

　Nothingは全否定の言葉、特に冒頭に使われるときは「決して～するな！」という強い意味を持ちます。Withoutは「～なしに、～せずに」という、これまた強い口調の言葉です。ご丁寧に、「！」という強調するマークがくっついていますから、「我々抜きに我々のことを<u>決めるな！</u>」と、モノ凄く強い調子で要求を表現する言葉と言えるでしょう。

　最近は、「我々抜きに我々のことを<u>決めないで</u>」と、「直訳から離れて」訳されることが多いようです。「決めるな！」という強い調子で要求を表現する言葉に対して、「決めないで」は単なる<u>お願い</u>。「決めるな！」には主張する側の<u>主権性</u>を感じますが、「決めないで」というお願いには主権性がありませんね。「どうぞお情けを」、また、「お願いだから配慮してくださいな」と哀願・懇願しているようでもあります。また、「決めないで」という訳を使う人たちは、原文を引用するときに、"Nothing about us, without us."と、ご丁寧に末尾の「！」を削除するようです。意味をちゃんとわかっているがゆえに削除しているのだと思えます。

　民主主義の定着していない日本人には、「主権者は主張していいのだ」ということが受け入れ難いようで、相手との間に「緊張感をもたらさない」物言いが好まれるようです。長らく「寄らば大樹の陰」、「長い物には巻かれよ、太いものには呑まれよ」という価値観に従ってきた日本人は、正面から渡り合うこと、衝突することを極力避けるような行動規範

が身についているのでしょう。でも「！」を削除するって、はやりの言葉で言えば「改竄」ですよね？　本来の意味と全く違ったものになってしまいます。

　外国語に弱い日本人は、言葉が輸入されるときには正しく意味が伝えられているかどうか、慎重な判断が必要だと思います。

4 「定着」について考える

　さて英訳に関することではありませんが、132ページの、「合理的配慮」という用語はすでに「定着」している、という言い分のウソを暴いていきましょう。権利条約の政府公定訳や差別解消推進法、各地の差別解消条例で、右へ倣え！　とばかりにこの言葉が使われていますから、専門家や研究者、ギョーカイ人の間で「定着」していることは ── 少なくとも多数派であることは ── 間違いなさそうです。

　私は福祉という世界に、シロート感覚を持ち込んでいると考えていましたので、「福岡市に障害者差別禁止条例をつくる会」で議論になったとき、「ギョーカイ以外のシロートさん ── 一般市民 ── はどう考えているんだろう」という疑問が湧いてきました。こうなるともうブレーキは利きません。私の中の「易刺激性」が痛く刺激され、市民アンケートに向かって突っ走りました。以下に報告します。

差別をなくすために必要なこと
　──「合理的配慮」か「正当な権利保証」か？
・どちらかの言葉を選んでもらう二者択一
・事前に言葉の意味を説明しない ── 自分の知識の範囲で選んでもらう
・求められたときは、回答をもらったあとに下記について簡単な説

明をした→回答後の変更には応じない

・100階建て人権ビル（128ページ図表1）

・移動支援の実態：当時の福岡市は移動支援で公園利用が認められていなかった（報酬が出ない→業者が引き受けない→障害者が公園から排除される）

・先入観を避けるため、事前に回答の集計を見せない

その結果は図表2の通りです。

「福岡市に障害者差別禁止条例をつくる会」が実施したアンケート数を何としても追い越したいと必死に取り組み、その数1148を何とか超えることができました。

※「警固公園」とは、福岡市の中心部天神の中心にある公園で、西鉄大牟田線の始発駅やバスターミナルに隣接しています。福岡市民はもとより、市外や県外の人もたくさん立ち寄ります。

図表2　「合理的配慮」「正当な権利保証」のアンケート結果

日時	場所	合理的配慮	正当な権利保障	累計	備考
10月7日	下関市 PF 抗議行動	12	17	29	知的障害者・支援者
8日	JR 香椎駅前	13	37	50	市民
9日	九大箱崎キャンパス	20	30	50	学生・留学生
10日	警固公園	44	56	100	市民
11日	天神中央公園	39	61	100	市民
12日	警固公園	91	109	200	市民
18日	警固公園	80	120	200	市民
23日	警固公園	50	50	100	市民
24日	警固公園	91	109	200	市民
26日	警固公園	108	92	200	市民
合計		548	681	1229	

①結果　「合理的配慮」の占める割合が45％

　　　　　「正当な権利保障」の占める割合が55％

②分析　圧倒的ではないが有意な差がある。

　　　　　市民の間に「合理的配慮」が定着しているとは言えない。

③印象　「合理的配慮」の説明を求める人が多数いた（6～7割）。

　　　　　若年層は真剣に考えたうえで回答する人が多かった。

　　　　　40代以上は回答を拒否する人が多く、サンプル数が少ない

　　　　　（30人程度）。

　　　　　「一人で外出できない福岡市内の障害者は、ヘルパーを利用

　　　　　して公園に来ることが禁止されている」という実態を知って

　　　　　いる人は一人もいず、一様に驚いていた。

　　　　　意見を述べる人は60代以上？　に限られていた（6～7人）。

　　　　　→一人だけ、「差別はいけない。みんな平等だ」と語った。

　　　　　　この人は現役警察官。

　　　　　→他の人は、「権利を要求するだけではいけない」というも

　　　　　　のだった。外出の実態を説明すると、「まあそれはいろい

　　　　　　ろあるから……」と反応した。

　　　　　若い女性は「正当な権利保障」を支持する人が多かった。

　　　　　発達障害のある2人は、「正当な権利保障」を支持した。

　　　　　手話を使う6人のグループは、全員が「正当な権利保障」を

　　　　　支持した。

　結果的にはおおむね予想した通りで、これを「福岡市に障害者差別禁止条例をつくる会」の世話人会に提出しました。ところが何ということでしょう、このデータについて話し合う時間は設けられなかったんですよ！　なしてえ？「不都合な真実」だから???

　「事前に言葉の意味を説明せずに」この結果ですから、事前に説明していれば、圧倒的な差がついたと予想されます。少なくとも私は、9割の人に「正当な権利保障」に賛成してもらう自信があります。……と今

さら吠えても遅いけど。

5 「障がい」について考える

さて続いて、「障がい」を考えていきましょう。2017年6月の論考を、出版に当たり加筆・修正しました。

随想アラカルト   2017.6.1
                                              大平実男
                                     （出版に当たり、加筆修正）
「『障がい』を考える」
　あらかじめお断りしておきますが、この論考は、「障がい」の形態や症状、適切な対応などについて考えたものではありません。今回は、「障害」「障がい」という表記の違いが意味するものについて考えてみました。
　福岡市では「障害」「障害者」ではなく、「障がい」「障がい者」と、「害」の字を平仮名表記します。10年以上前からのようです。「漢字には意味があるのに、ひらがなにしたら意味がなくなるじゃん。どーして？」と不思議でした。伝え聞くところによると、「『害』は『害する』意味だ。俺たちは誰も害しない。不当だ！」という障害者の意見を採り入れたそうです。ウソかホントかは確かめていないので知りませんが。
　調べた訳ではありませんが、どうも九州を中心として西日本の自治体に多いような気がします。関東以北では、こんな議論ってあるんでしょうか？　精神障害者の作業所に勤務していた時、この話題をメンバーさんに振りました ―「どう思いますか？」と。メンバーさんたちは一様に、「それで何か変わるんかい？　下らんこと言

ってないでもっと福祉を充実しろ！」という反応でした。言葉が変わったところで、自分たちの境遇に好転の兆しが見えないメンバーさんたちは、一様に怒っていました。「本質は別のところにある」と言いたいのだと理解しました。

「害」には確かに「害する」意味があります。誰もが認めるところだと思います。「だからといって障害者が誰かに害を与えるわけではないのだから、『害』は不当だ、ひらがなにしろ！」という主張は一見まっとうなように思えます。でもその考えから行くと、「障」はどうなるのでしょう？　「差し障り」という意味のあるこの言葉も平仮名表記にしろ！　という主張であればとても一貫性があり、筋道として、まあ分かります。でもそうではなく、「障」はそのままで、「害」だけの平仮名表記で済まされています。考え込んでしまいました。

福岡県では永らく「障害」と漢字表記でしたが、「障がい者差別解消推進条例」の制定を機に「障がい」表記に変わりました。理由は福岡市と同じく、「害」の字は「害する意味がある」、というものでした。では「障」を平仮名にしない理由は？　驚くことに、「しょうがい」とすると意味が沢山あるから混乱する、というものでした。障害、生涯、渉外、傷害、障碍 ── 確かにいろいろな漢字があり、意味があります。でもこの理由づけって、最初の理由づけとは視点がまるで違いますよね？　漢字の持つ意味合いが不当だと言うなら、「障」の字も平仮名にすべきでしょう。それでこそ一貫性があるというものです。「障がい」を主張する当事者からも、それを受け入れた行政からも、「障」を漢字のまま残す合理性や正当性について納得できる説明を聞いたことは一度もありません。

「障」も「害」も平仮名 ──「しょうがい（しゃ）」、こう表記する当事者団体もあります。「俺たちは『障』も『害』もしない」とい

う主張としては一貫性があり、説得力もあります。でも、「障がい」だと ── なんか中途半端ですねえ。とてもうわっ面というか、根性なしというか……。

この主張について、思いつくままに問題点を挙げていきましょう。

① 先に示した「しょうがい」の漢字表記。「者」が付いた場合には、「障害者」以外の意味はありません。「生涯者」や「渉外者」なんて言葉はありませんから、「混乱」するはずもないのです。「者」が付かない「しょうがい」の場合は、はてどれだろう？ と悩みそうですが、これもカンタンですね。漢字には意味がありますから、前後の文脈から「障害」と読み取るのはたやすいことです。「知的しょうがい」「精神しょうがい」と言われれば、誰もが同じ理解をし、これまた「混乱」することなどありません。ひらがな表記を主張するなら、こちらの方がはるかに分かり易いかもしれませんね ── 筋が通ってるし。「これからのしょうがいふくし」と言われても、「渉外福祉」なんて思う人は誰もいません。誰もが「障害福祉」と思いますよね？ ん、「生涯福祉？」── こ、これはありそう？ あるかも？

いえいえ、この国は福祉を削減すると宣言しています（グランドデザイン）から、こんな矛盾する言葉などそもそも存在しない……。

② 視覚障害者にとっては、何の意味もない変更です。彼らは点字又は音声によって言葉を理解しますから、漢字であろうがひらがなであろうが変わりはありません。

点字には漢字もひらがなもありませんし……。「障害」も「障がい」も、点字では全く同じです。

③ 手話を使う人たち ── 聴覚障害者にとってはどうなのでしょう？ 文字（書き言葉）であれば読めるので違いは分かると思

います。彼らは、この問題提起をどう捉えているのでしょうか？

　こうして考えると、「害する意味だから不当だ」という人たちは、目が見え、耳も聞こえる人たちなのでしょうか？

④　英語では、障害をdisability、そして障害者をdisabled（個人だとa person with disability）と言います。disabledとは、「障害された人」という意味です。

　お分かりですか？　「障害者」には、「害する人」などという意味は全くありません。日本語でも同じです。障害者とは「障害された人」なのです。「障」と「害」を切り離し、「害」の字だけをひらがな表記することには何の根拠も意味もありません。ムチャというか、単なる「ひらめき」、「思いつき」の部類です。日常的に差別を受けているがために、言葉にも敏感になっているだろうことは充分に推測できますが、友人たちが言うように、「それで何が変わるの？」ということです。問題意識をもっと本質的な所に向けてはどうでしょう？　あなたの人生を左右する政策の「中身」にこそ目を向けてみてはどうですか？　障害者政策を執り行うこの国は、あなたの尊厳を認めていますか？　そして大切にしていますか？　踏みにじっていることはありませんか？　言葉を変えることに汲々とし、変えたことをありがたがるよりも、障害者自身の声がまるで無視されている現在の障害者政策に自分たちの意見を反映させる方が、遙かに大切で、意味のあることだと思います。

⑤　「障害者の言い分を聞き入れますよ」という行政の"フリ"にダマされてはいけません。政策を実行するにあたって無害である言い分であれば、行政はいくらでも採り入れてくれ、反映させてくれます。痛くもかゆくもなく、政策に何の影響も及ぼ

さないからです。それどころか、「物わかりがいい」という有り難い評価すら障害者からいただけるのですから。もう一歩踏み込んで言えば、「障害者の意見を採り入れた」っていう説明、鵜呑みにしていいんですかねえ〜？

　障害者権利条約の国連語と日本語に天地の差があることに目を向け、なぜそれほどの差があるのかを考える方が、障害者にとってはるかに有意義だと思います。

　この国は、障害者を権利の主体だなんて決して思ってないのですから。

⑥　もう一つ。漢字かひらがなかという議論は、「文字（書き言葉）」を前提としています。「会話（話し言葉）」の場合は、当然ながら聞き手が適切な漢字を推測しながら理解しています。会話の中で「しょうがい」と表現された場合は、「障がい」ではなく、「障害」としか理解しようがないわけです ─ 意味のある言葉として。

　「話し言葉」の場合であっても通用する議論 ─ つまり、全く新しい言葉（と文字）を創り出す試みが必要とされる時代なのかもしれません。「精神分裂病」が「統合失調症」とネーミングされ、スティグマ（マイナスイメージ）が少しは緩和されたように。「障害」に代わって「○○○○」。さて、どんな言葉がふさわしいんでしょうか？

⑦　さて、ここからがいちばん大事なことです。①〜⑥の内容は、最初の頃にチラチラッと考えたことで、つい最近までずっとその考えのままで来ていました。でも条例づくりなどで多くの人と意見を交わす中で、もっと本質的なことがあるのではないかと考えるようになりました。

　障害者が、「害する存在であるのか？」という問題の立て方

は ― 社会を見ず ― 個人に焦点を当てている点で、紛れもな
く「医学モデル」だと思います。国連の障害者権利条約では
― つまり世界中の理解として ―「医学モデル」の考えが放
棄・否定され、「障害とは、個人の機能特性と社会的障壁との
相互作用である」という地平に至りました。つまり、「医学モ
デル」を旧い概念 ―「当事者主権に有害な考え」として放棄
したのです。「障害者は他の者と平等に権利の主体」であり、
「障害は社会の側に存在する」として、「障害を、そして差別を
なくす責任は社会の側にある」と明らかにしたのです。「医学
モデル」の前時代性と、「主権」を意識しないみすぼらしさが
浮き彫りになったわけです。「障害は個人に宿る」という考え
に根っこで囚われていると、「保護・庇護の対象から権利の主
体へ」は決して理解できず、従って実現もできません。「害す
る存在か?」という問題意識から抜け出さないと、権利条約
(世界の理解)に遙かに遅れを取ってしまい、日本の障害者だ
けが「二級市民」に甘んじることになるのではないでしょう
か?

　最後に ― 実は真に根源的な問題は、もっと別な所にあると思っ
ています。
　「差別」という切り口で見てみましょう。「障がい」と表記すれば、
障害者を取り巻く最大の問題 ― 差別はなくなるのでしょうか?
ひらがな表記を主張する人たちの中で、「そのとおりだ!」と言い
切れる人は果たしてどれだけいるのでしょう?　誰もが、「なくな
らないよなあ……」と思っているのではないのでしょうか?
　私もですが、障害者は差別をなくすことが最大の願いだと思いま
す。差別を受けずに人生を送りたいと誰もが願っています。でも、

「障がい」とひらがな表記したところで ── そう、差別がなくなるはずもないですよね。

さらに、国の側からすれば、ひらがな表記の主張は「医学モデルを一歩も出ない」という意味で、大歓迎だと思います。つまり、「障がいを克服すべきは個人。社会が取り除く努力をする必要など ない（＝国が責任を持たなくて済む）」という考えが正当化されるからです。当たり前のことですが、「障害」── 漢字表記が差別をもたらすのではありません。現実の社会の中で、「能力」という物差し、あるいは「自分たちとは違う奴ら」という価値観が頑固に根を張り、あらゆる生活場面でそれが顔を出す、そのことこそが差別を日々再生産しているのだと思います。

絶対王政を打倒して封建時代を脱し、近代をもたらしたものは、フランス革命を始めとする民主主義革命です。そこでの最高価値は、「個人」「自由」「人権」「平等」などです。「能力」「自分たちとは違う」などという価値観はありません。つまり差別をなくすためには、民主主義の価値観を社会全体が共有することが必要です。お分かりですね？　そのような社会 ── 差別のない平等な社会の実現のためには、障害者自身が先頭となり中心となって、いろいろな理由で差別されている他の人たちと手をつなぎ、取り組むしかないのだと思います。

以上、私の考えをまとめてみましたが、視覚障害や聴覚障害の方からのご意見をぜひお伺いしたいですね。

殻を破りましょう、世界に追い付きましょう、頑張りましょう、日本の障害者。私たちは主権者なのです。

「能力」という物差しを用意し、究極には「自分たちとは違う奴ら」として障害者を扱うこの「社会」は、「障がい」表記を受け入れることにあまり抵抗がありません。「自分たちの物差しは微動だ

にしない」からです。それどころか、ひらがなの「障がい」表記を
受け入れることによって、「障がい者の気持ちがわかる自分、障が
い者に配慮できる自分」を発見し、自分を称賛する ── 優越感に浸
る ── ことさえ可能だからです。

⑥「健常者」を考える

　この言葉を聞いたことのない人はおそらくいないでしょう。「障害者」
の対義語として使われています。ここでは、健常者そのものではなく、
「健常者」という表現について考えていきます。

　正しく知りたいと思い、お手軽にネットで調べてみました。

　「心身に病気や障害のない者。障害者に対していう」

（「goo 国語辞書」、「デジタル大辞泉」）

　「健康で病気などを患っていない人のこと」（「Weblio 辞書」）

　おおむね私の理解している通りの説明がありました。言い換えれば、
「障害のない人」とも言えるんでしょうか?

　この「健常者」という言い方、あんまり好きじゃありません。何かし
っくりこないというか、腑に落ちないんですよねえ。最初のころは、何
となく、つい、使っていましたが、どうも座り心地が良くありません。
「健常」という言葉が、「まとも」という意味で襲い掛かってきますから、
「じゃあ障害者はまともではないのか」という反発が湧き出てきます。

　上記のような意味を持って「障害者」の対義語として使われるという
ことは、「障害者」は「健常ではない」ということを前提にしているよ
うに思います。

　「ウィキペディア」では、「健常者」の英語表記に able-bodied person
という語を使っています。これってホントにネイティブ表現なんでしょ
うか?　実際に英語圏で使われているんですかねえ?　言葉の組み合わ

せや発想からして日本人の造語（和製英語）のような気がしますが……。
直訳すれば、「できる体を与えられたヒト」また、「可能な身体を持つヒト」でいいんでしょうか……？

1948年のWHO憲章では「健康」について、前文で次のように定義しています。

「健康とは、病気でないとか、弱っていないということではなく、肉体的にも、精神的にも、そして社会的にも、すべてが満たされた状態にあることをいいます」（日本WHO協会訳）

この定義に当てはめると「ウィキペディア」の紹介する英語はそれに該当していない — どころか、反しているようにすら思えます。身体障害だけを念頭に置いているようにも思えますし……。

「肉体的にも」というのはまあわかりやすいんですが、**「精神的にも、そして社会的にも、すべてが満たされた状態にある」**なんて、いったい誰がどうやって判断するんでしょう？　物差しが無限にありそう。

「健常者」という言葉を初めて聞いたときから、「何ていうノボセた言い方なんだ！」と反発を感じていました。「障害者よりも優れた存在」ということをストレートに表現する言葉だなあと感じていました。確かに「障害者」ではないかもしれないけど、そこまでストレートに自分のことをほめそやすか！　という感覚がありました。日本人の伝統的美徳の一つである「謙譲の美徳」に反すると考えていたんだと思います。

考えた挙句に「非障害者」という造語を自分で作りました。身体障害に焦点を当てているわけでもない、「能力」という物差しを持ち出すわけでもない、ただ単純に「障害者でないヒト」を表す言葉として、この言葉をずっと使っています。

かつて、脳性麻痺者の当事者団体「青い芝の会」によって主として使用された「健全者」という表現は、自身の障害（医学モデル）に対置して「身体障害のないヒト」という意味で使われていたのだと思います（これは私の理解ですので、間違っていたらご指摘ください）。

この言葉に対しても、「『健全者』って誰のことだい？　障害のない奴

がそんなにまっとうなのか？」という考えがありました。「青い芝の会」は「健全者幻想」という言葉も使って、「我々障害者のモデルは『健全者』ではない。社会は我々のすべてをありのままに受け入れなければならない」と主張していました（……と思います）。それまでの当事者運動のレベルを一段引き上げたという印象を持っています。

　「健全者」という言葉は、脳性麻痺者が自分たちの対極にある人々を表現するために発明した言葉ですから、「そういう価値観で見ているんだ」と思えば、割とすんなりと頭に入ります。でも「健常者」という言葉はどうでしょう？

　この言葉は、「健全者」という言葉以上に、自称健常者が日常的に堂々と使っています。私は、自称健常者が「健常者」という言葉を使うのを見たり聞いたりすると、とっても気分が悪くなります。「お前は何様なんだよっ！」という反発が自然と出てくるわけです。実際、自称健常者に対して、**「精神的にも、そして社会的にも、すべてが満たされた状態にある」**などと思うことは非常に少ないですね。それどころか、偏って、支配的で、管理的で、指示的・強制的であるとすら感じています。もう一つの理由は、「障害者に対する差別は、主として自称健常者からなされる」ということがあります。「健常者」という言い方そのものが、いわば「差別用語」とすら思います。私を差別したのは、自称健常者だけです。こうして私は今、単に「障害者でないヒト」という意味で、「非障害者」という言葉を使うように心がけています。

第 **3** 節　**支援費制度** (2003年4月)

　それまでの、行政がサービスの利用先や内容などを決める「措置制度」を大きく転換するものでした。「自己決定」の名のもと、障害者と事業者の「民民契約」に基づき、サービスを利用するシステムへとなったわけです。障害者や家族の意思が反映されると期待されましたが、その陰で重大な事態（＝価値観の転換）が進行していたと思います。

　措置の時代は、公（＝国や自治体）がその責任を負っていました。つまり、措置先で何かトラブル（虐待や食中毒、医療過誤など）があると、行政がその責任を問われたわけです。憲法25条に規定する「社会保障は国が責任を負う」ということが実体的に保障されていた時代でした。ところが支援費制度になると、その様相はがらりと変わります。

　トラブルを訴えても、行政は、「あなたが自己決定で契約したんでしょ」となり、「双方で話し合って解決してください」と言うことが可能になりました。「公的責任」の「責任主体」であることを放棄し、つまりは中立な（？）第三者として振る舞えるようになったわけです。

　障害者運動が求めてきた「自己決定」を採り入れるかたちを取りながら、実は憲法に明記された基本的な理念がものの見事にひっくり返されてしまいました。支援費制度の開始は、日本の社会保障が質的に大きく転換したことを示す大事件だったと思います。これ以後国は、「自己責任論」を根拠に公的責任を果たすことなく、障害福祉政策を実行していく（＝後退させていく）ことになります。

第 **4** 節　**グランドデザイン** (2004年10月)

　「今後の障害保健福祉施策について」と題して厚労省から提起されたものをグランドデザインと言っています。障害福祉に関わる改革の総仕上げといった位置づけになるんでしょうか。

さてグランドデザインでは、80年代から国によって叫ばれてきた「自己責任論」が全面開花しています。自己責任論については、別項でじっくり考えてみたいと思いますが、ここでは、「公的責任」を縮小（＝国庫負担を削減）するためにヒネリ出された理屈だという指摘にとどめておきましょう。

　自己責任論からは、まず「応益負担論」が導かれます。「利益を受ける者がコストを負担せよ」という「受益者負担論」に基づく考え方ですが、支払能力に応じて負担する「応能負担」と違い、「受けた益に応じて」負担せよ、ということです。同じサービスを受ければ同じ「益」を受けたことになりますので、お金持ちもビンボー人も同額の負担となります。一般的に、「応能負担」に比べて、「応益負担」の方が負担額は高くなります。さて、負担が高いか低いかは脇に置いといて、そもそも「社会保障」って「益」なんでしょうか？　障害者として生まれた、あるいは中途障害者となって、非障害者と同じような生活が送れない。そこで社会保障を利用して、障害者でない人と同じような生活を送る ── 128ページの図で言えば、人権ビルの屋上ですべての権利を享受して生活する ── これって「益」なんでしょうか？　この図の場合、すべての権利を享受して、屋上で暮らしている市民はそれを「益」だと思っているのでしょうか？

　炭鉱でまじめに働いていたのに、エネルギー革命によって石油に駆逐され、会社が倒産してしまった。当面は失業保険の世話にならざるを得ない。産業構造の変化によるこんな事例は、いつの時代にも、どの産業分野でもあることです。失業保険って、労働者にとって「益」ですか？私の理解では、社会保障とはなぜその境遇に陥ったかの理由を問うことなく、国家の責任においてその境遇にある人を救済する、ということだと思います。失業保険が仕事を失った労働者のために準備されているのは「公的責任」だと思います。むしろ、失業保険があるために大した争議も起こらず、スムースに不採算部門を整理できる企業こそ「益」を受けてると思いますけど？？　ヘンですかねえ？

社会保障って、「保障」と表現されるように、公（＝国家）が国民に対して約束すべきシステムなのではないでしょうか？「国の責務」なんじゃないんですか？　繰り返しますが、社会保障は、国が当たり前に行う公的責任であり、断じて「益」ではありません。どうぞ騙されないように。

　国民の生存保障を第一義とする（ハズの）国家にとって、社会保障を税で賄うのは当然（＝法的義務）のことであって、国民の「益」なんかではないでしょう？　国は、「社会保障はお恵みだ」という考えを決して手放したくないようです。

　私たちが毎日利用する「道路」を例に考えてみましょう。町道であれ市道であれ国道であれ、およそ日本中の道路という道路は公道であり、税金で造られ維持されていますよね？　もちろん私たちは、天下の公道を利用するときに利用料なんか払いません。「すでに税金を払っている」のですから当たり前でしょう。徒歩であれ、自転車であれ、マイカーであれ、バスなどの公共交通機関であれ、一般道、生活道路を利用するのに、利用料を払う必要などありませんよね？　逆に、「道路を利用するときには利用料を払いなさい」なんて言われたら国民は怒りますよね？　暴動が起きる？　「公」は税金を使って生活インフラ・社会インフラを整える責任があります。その一つが道路です。道路は誰でも ── 障害者であろうが非障害者であろうが ── 平等に使うものです。「障害者は税金のおかげで生きていける」と主張する人は、ご自身が日々道路を利用するにあたって利用料を払うのでしょうか？　128ページの図で言えば、屋上で暮らすということ ── この屋上で暮らすにあたって、障害者だけが「利用料」を求められる ── これが私の考える「税の二重払い」です。どう考えてもおかしいでしょ？

　少々脱線した感もありますが、私は社会保障の受益者負担とは、税の二重払いだと考えています。この辺の理屈、もう少し緻密に進めてくれる学者さんがいないかしら？　国民が汗水たらして納めた税を、いったいどこに使ってるのでしょう？

さてグランドデザインでは、「自己責任論」の第2弾として、「就労支援の強化」が謳われています。単純なことですが、「障害者を納税者にする」ってことですね。それまでの障害者政策は、保護を基調としていました。その保護政策に限界が来たために、役人がひねり出したのが就労政策＝働け、稼げ、納税しろ！　だったわけです。税金を使うばかりだった障害者を働かせて納税者にしよう！　ホントに役人てアタマいいですねえ。

　障害者は学校を出ても大人になっても、なかなか仕事に就くことができませんでした。自分たちだって働きたいんだ！　という不満というか希望を持っていたわけですが、それを厚労省が一気に解決してくれたわけです ── 公的責任の削減と引き換えに。

　ちなみに障害者差別禁止条例づくりにおいて、行政が主催するシンポジウムの場で、民間企業代表が、「少子高齢化＝労働力人口の減少で、障害者を雇用しなくては企業が生き残れない時代になった。能力をフルに発揮してもらうために職場での差別をなくしたい」と熱弁を振るっていました。この人は障害者就労支援の意義と、障害者差別禁止の意義を、障害者や支援者よりも遙かに正確に把握していると思います。つまりは、①労働力としての活用と、②生産性向上、③そのための差別禁止、ということです。現在の障害者差別禁止（＝解消推進）の動きは、「あらゆる差別をなくして欲しい」という障害当事者や家族の切実な願いとは全く無縁だと思います。「合理的配慮」は、「法的義務」とされる行政ですら、「負担が過重なときは免れる」旨が法律に明記されています。くれぐれもダマされないように。

　さて、2017年9月に厚労省職業安定局が公表した「障害者雇用対策の概要」があります。いくつかの数字を見ていきましょう。1960年の「身体障害者雇用促進法」を皮切りに、順次、知的障害者、精神障害者の雇用が義務化されていきます。また就労を支援する機関は、ハローワーク（全国544カ所）を始め、障害者就業・生活支援センター（同332カ所）、地域障害者職業センター（同47カ所＋5支所）と、その数を増やしてい

図表3　障害者の法定雇用率の引き上げについて

平成30年4月から障害者雇用率が引き上げになります

事業区分	法定雇用率	
	現行	平成30年4月1日以降
民間企業	2.0%	2.2%
国、地方公共団体等	2.3%	2.5%
都道府県等の教育委員会	2.2%	2.4%

留意点①　対象となる事業主の範囲が、従業員45.5人以上に広がります
留意点②　平成33年4月までには、更に0.1%引き上げとなります

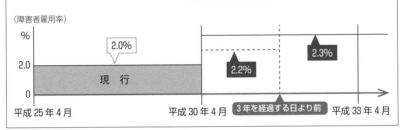

出典：厚生労働省ホームページ「障害者雇用率制度」

きます。障害者雇用率は2018年4月から2.2%となり、3年以内に2.3%
へ引き上げられることが決まっています（図表3）。

　国が就労支援の取り組みを強化した結果、2016年6月1日現在の就労
者数は、身体障害者32.8万人、知的障害者10.5万人、精神障害者4.2万
人となっています。雇用者数は13年連続で過去最高を更新し、法定雇用
率達成企業割合は48.8%となっています。また障害福祉サービスには、
就労継続支援A型・B型という事業がありますが、合計の利用者は、
2008年の5万7653人から2016年には28万9164人と5倍以上になっていま
す。

　2018年9月には、国や地方における障害者雇用水増しが明らかになり、
大問題になっています。データの公表は、水増しが明るみになる以前で
すから、ここにある数字もいささか割り引く必要があると思います。デ
ータというものは、思考や考察の基礎となるもの。これを改竄されたん

じゃあ、まともな政策に取り組めるはずもありません。

第5節　障害者自立支援法 (2005年10月)

　法案提出時から悪評フンプンで、「自立阻害法」と揶揄された「障害者自立支援法」が、「走りながら考える」と言い放った厚労省の手によって成立しました。個別ニーズを無視し、重度者ほど負担が重くなる「障害程度区分」を導入し、施設で働いても「利用料」が発生するという悪法でした。将来を悲観し絶望した親による無理心中、子殺しが相次いで発生した時期です。

　「自立」ということについて、障害者の側は当初、国の意図を見抜けていなかったと思います。永年の当事者運動の中で障害者は、「自立とは自分で人生を決めること。ヘルパーを利用することは、自立と矛盾しない」という考えに到達していました。たとえて言えば、今日は映画を観に行く。スニーカーはオレンジ、ジーンズはグリーン、ブラウンの革ジャンにお気に入りの帽子を被って行こう。さて自分では履くことも着ることもできないからヘルパーさんに介助してもらって ── 。自分では何の準備もできなくても、ヘルパーさんに手伝ってもらってお気に入りの自分の出来上がり。自分が決めたファッションやライフスタイルで人生を送ることができ、心地良い眠りにつければ立派に「自立」と考えていたわけですが、国はそんなものを自立とは認めません。端的に言えば介護保険。「ヘルパーを使わなくなること」── そして身の回りのことを自分ですべてできることを、ようやく「自立」と評価してくれるわけです。つまりは、税金の世話にならないこと ── これが国の言う「自立」です。

　辞書を引いてみました。「自立 ── 他への従属から離れて独り立ちすること。他からの支配や助力を受けずに存在すること」。精神的自立、身体的自立、経済的自立、社会的自立などと使われますね。障害者が大切にする「自立」が、精神的自立であり、社会的自立であることが読み

取れます。

　さて使用例を見ると ──「精神的自立」、どの辞書を見てもこの言葉が最初にあります。「自立」という言葉が、いつの時代に生まれたかを調べようと思いましたが、残念ながらそれは叶いませんでした。でも、慎重に推理していくと ── 経済的自立という言葉が一番新しいのではないか？　と考えるのが合理的なように思えます。精神的自立も身体的自立も、ヒトの歴史と同じだけの、悠久の歴史を持つ言葉のように思えます。経済的自立というのは、意外と近世、近代になってから生まれた言葉なのではないかなあと推測できませんか？

　そう考えると、もともと「自立」という言葉が意味していたものは、「精神的自立」なり「社会的自立」だったのではないかと思います。身体的自立、ですか？　病気や不調の人が、「自分でできるようになる（回復する）」ことはそう難しいことではないかもしれませんが、障害の人が、「機能（≒能力）を新たに獲得する」って、ムチャなことなんじゃないですかねえ？　効果的な治具や機器、援助を受けられる人間関係や社会システムを利用して、自分らしい生活を送ることができればそれでいいんじゃないでしょうか？　本人が「自分自身で」できなくちゃいけないですか？　「できない人」を叱りますか？　嗤いますか？

　世間で言われる「自立」が、「身体的自立」や「経済的自立」であることは言うまでもありません。でも国は、「税金使うな」から一歩進んで、「税金納めろ」と求めています。さすがに高齢者には ── 体を鍛えてヘルパー利用を減らせと言うことはあっても ── 就労を求めることはありませんが、65歳までの障害者には仕事をしろと求めます。“働け”“稼げ”“納税せよ”というわけです。そりゃあ、「税金使う人」を「税金納める人」にすれば、国庫は大助かりだわ。

　「自立」という同じ言葉を使っていても、立場の違いによって、言葉に持たせる意味が全く異なるということを、しっかり頭に入れておきましょう。

第6節 国連障害者権利条約採択（2006年12月）と日本の批准（2014年1月）

❶国連での採択

　知的障害者が、身体障害者が、精神障害者が、そう、世界中の障害者が、そして家族が訴え続け、求め続けてきた障害者権利条約が成立しました。障害当事者が大勢詰めかけた国連の議場で、全参加国の賛同によって、障害者の揺るぎない権利が謳い上げられたのです ── 障害のない市民と公平で平等だ！と。議場は、床を踏み鳴らす地鳴りのようなうねりと大歓声に包まれたと、会場にいた日本障害フォーラム（JDF）幹事会議長の藤井克徳氏は証言し、次の句を認めています。

　　　障害を　テーマに紡ぎ　編みあげた　権利の衣　世界をくるむ

　そうです。障害をテーマに世界中の国が、そして障害者が議論し、障害者は権利の主体であると確認し、その理念は世界中をあまねく包むのだ、一切の例外はないのだと宣言したのです。「障害者は保護、庇護の対象」── このパターナリズムから、障害者が解き放たれた瞬間です。画期的というしかありません。

　この条約の採択のために、障害者自身が大きく貢献しました。ドン・マッケイを先頭とする知的障害者、そして身体障害者、精神障害者が世界中から参加し、自分たちの主権者宣言を勝ち取ったのです。

　画期的なその中身を、ごくシンプルに取り出してみましょう。

①いかなる個人、団体、民間企業によるいかなる差別も撤廃（「解消」ではない！）
②差別撤廃は政府の責任

③差別となる現在の法律、規則、慣習、慣行を<u>修正もしくは廃止</u>

　世界は新しい価値観に到達しました。力強いこの価値観こそ世界基準です。世界のどこであっても、この基準が適用されなければなりません。さあ、「障害のない市民と公平で平等」な人生を、障害者が送ることができる社会づくりに向かって、誰もが手をつなぎましょう。

❷日本の批准

　この国連障害者権利条約を、日本は8年後にようやく批准しました。国内法の整備が遅れていたからです。
　では8年後の日本は、この条約の本質を正しく理解し、レベルにおいて遜色のない内容とすることができたのでしょうか？
　日本政府が批准した条約 ── つまり政府公定訳は、国連権利条約が持つ「平等」、「尊厳」、「障害者の主権性」など ── 総じて「人権の面から見て」遙かに劣ります。理由は、日本政府がそれらについて本質的に理解していないこと以上に、障害者にそんなものは必要ないと考えているからだと思います。いくつかの点について見ていきましょう。

▶「合理的配慮」
　124ページ以降に詳しく見てきたように、「誤訳」が採用されています。外務省のエリートが、accommodation というやさしい単語を「便宜」だと知らないはずがありませんから、どう見ても意図的。「便宜」という「提供<u>責任</u>」を連想させる言葉よりも、「配慮」という、「内容を、する側が自由に決められる」言葉にしたかったのだと思います。
　つまり日本政府には、「障害者を権利の主体と認めたくない」考えがあるのだと思います。世界中の理解に遙かに及ばず、日本の障害者は、「他の者との公平と平等」を保障されません。
　また厚労省の説明によれば、「合理的配慮」を免れる場合として、「過

度の負担が生じる場合」を挙げていますが、これは条約第2条を自ら訳した「均衡を失した又は過度の負担を課さないものをいう」という文言を根拠にしたものと思われます。しかしこの部分は、国連においては発展途上国を念頭に置いたものと理解されています。つまり財政が豊かでない国々が、障害者政策以外にも多くの課題を抱え、予算が回らない状態を想定しており、日本などの先進国を想定したものではないそうです。数年前でしたが、専門家が福岡で講演した際に名刺交換して教えていただきました。

　つまり日本政府はあえて（意図的に）、「過度の負担が生じる場合」という但し書きを付け加えて「合理的配慮」を説明することで、「何だ、費用負担の責任は事業者にあるんだ」と国民を洗脳することに成功したわけです。何度も触れてきましたし、その専門家もハッキリ言っていましたが、条約実現の取り組みは、批准した国（＝政府）に責任があります。責任とは費用負担を含みます。国は、自分が責任（費用負担＝公的責任）を果たさないで済むように、いろいろ知恵を絞ったってわけですね。

　さて「合理的配慮」を謳っても従わない民間企業は出てきます。JRなんぞは、「民間企業としてできることはやった。差別をなくす責任は国にあるはずだ」と主張し、新たに費用負担を伴う取り組みを行おうとしません。条約の意味や内容をよく理解しているが故の態度？

　ところで、企業は何とかして負担を逃れようとするのでしょうが、その意味で障害者は企業と共闘できると思いませんか？　つまり、企業に「合理的配慮」を求めるのではなく、企業と一緒になって、「国は責任を果たせ！」と求めるって……。無理ですかねえ、いいアイデアだと思ったんですが？

▶「均等」

　これまた実にわかりやすい「誤訳」ですね。equal、また equality は「平等」です。「平等」という言葉を知らない人以外は、誰でも「平等」

と訳すでしょう。辞書を引くと、「均等」と「平等」の違いがはっきりわかります。(『新明解国語辞典』三省堂書店)

・「均等」：2つ（以上）のモノの間に、量や程度の差がないこと。

・「平等」：「平」も「等」も等しい意。その社会を構成する、すべての人を差別なく待遇すること。

モノ凄い違いですねえ。人権や差別を論じるときには、「平等」としか訳しようがないですよねえ。政府は、「不均等待遇」という言葉が好きなようですが、「不平等待遇」と訳すのが適切なようです。中学でだったか習った、「教育の機会均等」も実は、「機会平等」が正しいんですねえ。権利条約の政府公定訳「機会均等」を、川島＝長瀬訳では「機会平等」としています。どうもこの国の政府は「平等」が嫌いなようです。

権利条約の条文を具体的に見てみましょう。

第3条（一般原則）にある項目の英文です。ここには、

(e) equality of opportunity（機会の平等）とあり、1項目開けて、

(g) equality between men and women（男女平等）とあります。

また第1条（目的）の項を始めとして、

……on an equal basis with others.（他の者との平等を基礎として）という言葉が何度も出てきます。

日本政府公定訳では（e）を「機会の均等」とし、（g）を「男女の平等」としています。また、3つ目の言葉を、「他の者との平等を基礎として」と訳しています。

「均等」に執着し、「平等」を嫌う政府も、さすがに「男女の均等」や「他の者との均等」と訳すことははばかられたようです。「平等」の意味をしっかり理解しているがゆえに嫌悪し、あえて「均等」にこだわって使用しているということがよくわかります。

政府のこの考えは国民の中にもある程度浸透し、「どっちも同じ意味だ。均等でいいじゃないか」と考える人は少なからずいるようです。同じ意味なら「平等でいいじゃないか」という意見があってもおかしくないんですが、なぜかそういう意見は聞いたことがありません。民主主義

が理解されず、定着もしていない日本ならではの現象だと思います。

▶"disability" と "impairments" ── 生き続ける「医学モデル」

　国連権利条約は、"disability"（障害）という概念は発展したとし、"disability"（障害）とは "impairments"（機能不全）と "environmental barriers"（社会に存在する差別的障壁）との相互作用であると規定し、人が体や脳に機能不全があること自体は "disability" と言わずに "impairments" に変えました。ところがこの部分の日本政府公定訳は、「障害が、機能障害を有するものとこれらのものに対する態度及び環境による障壁との間の相互作用であって、……」となっています。私はアスペのせいでしょうか、「障害」を説明するのに「（機能）障害」という同じ言葉を含む文言を使われると、「反復・重複」を感じて、まるでわけがわからなくなります。

　何よりも、世界中が「障害概念は変わった」と理解しているのであれば、"impairments" を「機能障害」と訳すのは不適切で、「機能不全」あるいは「機能特性」と訳すのが適切だと思います。私は機能「不十分」を連想させる「機能不全」よりも、自身の実感として、「特徴、特質」を連想させる「機能特性」を支持します。

　他の部分の不適切な訳や誤訳を含めて、この国は、人権や尊厳、平等を重んじるという考えが薄いようですね。国がこの態度を取り続ける限り、日本では国連権利条約の水準を理解するのは難しく、国民は、障害を相も変わらず「医学モデル」の考え方で理解し続けるような気がします。「他の者との公平と平等」を掲げ、人権や尊厳、平等を獲得しようとする障害者とその家族にとって有害です。

　さて、見てきたように、国連で採択された「権利条約」と、日本が批准した「権利条約」には天と地の開きがあります。位相が違う、論ずるレベルが全く違うとしか言いようがありません。その背景には、「平等」── つまりは民主主義 ── の理解のレベルに違いがあるのだと思います。「福岡市に障害者差別禁止条例をつくる会」の議論の中で、「国連が採択

したものも日本が批准したものも、内容は全く同じだ」という意見がありましたが、果たして双方を丁寧に比較検討したうえでの発言なのでしょうか？　一読しただけでも、全く似て非なるものだということがわかるんですけどねえ……。

第 7 節　障害者自立支援法違憲訴訟提訴 (2008年10月)　→和解 (2010年1月)

　端的には、「応益負担は憲法違反だ！」として、全国 8 地裁に原告29名が一斉提訴しました。

　厚労省の調査によっても、応益負担に苦しみ、作業所や授産施設の退所に追い込まれた障害者は1000人を超え、また、利用回数を減らした人は4000人を超えます。実際の影響は、この数倍にも及ぶのではないのかと推測する関係者もいます。応益負担が荒々しく牙を剥き、障害者の生活を直撃しました。

　提訴して 1 年 3 カ月後、2010年 1 月に原告団は被告の国と和解に至りました。次のように合意文書を交わしています。

障害者自立支援法違憲訴訟原告団・弁護団と
国（厚生労働省）との基本合意文書

一　障害者自立支援法の廃止と新法の制定
　国（厚生労働省）は、速やかに応益負担（定率負担）制度を廃止し、遅くとも平成25年 8 月までに、障害者自立支援法を廃止し新たな総合的な福祉法制を実施する。
二　障害者自立支援法制定の総括と反省
　1　国（厚生労働省）は、憲法第13条、第14条、第25条、ノーマ

ライゼーションの理念等に基づき、違憲訴訟を提訴した原告らの思いに共感し、これを真摯に受け止める。

2　国（厚生労働省）は、障害者自立支援法を、（中略）拙速に制度を施行するとともに、応益負担（定率負担）の導入等を行ったことにより、（中略）障害者の人間としての尊厳を深く傷つけたことに対し、（中略）心から反省の意を表明するとともに、この反省を踏まえ、今後の施策の立案・実施に当たる。

3　今後の新たな障害者制度全般の改革のため、障害者を中心とした「障がい者制度改革推進本部」を速やかに設置し（中略）新たな総合的福祉制度を制定するに当たって、国（厚生労働省）は、今後推進本部において、上記の反省に立ち、原告団・弁護団提出の本日付要望書を考慮の上、障害者の参画の下に十分な議論を行う。

三　新法制定にあたっての論点

原告団・弁護団からは、利用者負担のあり方等に関して、以下の指摘がされた。

① 支援費制度の時点及び現在の障害者自立支援法の軽減措置が講じられた時点の負担額を上回らないこと。

② 少なくとも市町村民税非課税世帯には利用者負担をさせないこと。

③ 収入認定は、配偶者を含む家族の収入を除外し、障害児者本人だけで認定すること。

④ 介護保険優先原則（障害者自立支援法第7条）を廃止し、障害の特性を配慮した選択制等の導入をはかること。

⑤ 実費負担については、厚生労働省実施の「障害者自立支援法の施行前後における利用者の負担等に係る実態調査結果について」（平成21年11月26日公表）の結果を踏まえ、早急に見直す

> こと。
> ⑥ どんなに重い障害を持っていても障害者が安心して暮らせる
> 　支給量を保障し、個々の支援の必要性に即した決定がなされる
> 　ように、支給決定の過程に障害者が参画する協議の場を設置す
> 　るなど、その意向が十分に反映される制度とすること。そのた
> 　めに国庫負担基準制度、障害程度区分制度の廃止を含めた抜本
> 　的な検討を行うこと。
> （以下略）

　簡単にまとめてみましょう。具体的に何をやるかというと……

①速やかに「応益負担」を廃止する

②自立支援法を廃止する

③障害者の参加のもと新たな法律をつくる

④「障がい者制度改革推進本部」を設置する

　これらの内容には、国の大いなる「反省」の言葉が添えられています。曰く、「原告らの思いに共感し……」、「真摯に受け止め……」、「障害者の人間としての尊厳を深く傷つけた……」、「心から反省……」、「反省に立ち……」などなど。どれも日本人が大喜びするウェットな言葉ですね。原告団は、完全勝利だ！　と大喜びしたことでしょう。

　三の、「原告団・弁護団からの指摘」に、あれっ？　と思いました。いえ、内容ではなく、「取り上げ方」です。「以下の指摘がされた」という言い方は、「合意はしてないけど、向こうが頑固に言い張るんだよなあ」というニュアンスじゃないんでしょうか？　「俺たちゃ納得してないんだよねえ」という政府の本音が透けて見えます。え？　過剰反応ですか？　新法が、どういうふうに改善されて提案されるのか、大いに関心を寄せました。

第 **8** 節　障害者基本法改正 （2011年6月）

　障害者権利条約の批准に向けた国内法整備の一環として改正されたため、障害者の定義の拡大と、合理的配慮概念の導入が大きな特徴です。

　前者については、それまでの「医学モデル」を脱し、「社会モデル」を採用したために、性同一性障害のように、従来であれば「障害者」に含まれない者についても、広く同法の対象とされることとなりました。

　また、「合理的配慮」の概念が国内法で初めて採用されました。この考え方は、これまで詳細に見てきたように、障害者に非障害者と同じ権利を保障する（＝差別を撤廃する）ものではありません。意図的な誤訳により政府が「障害者の権利を尊重しているように見せかける」言葉であり、「障害者は権利の主体」という歴史的な流れ、世界的な流れを「日本では絶対に容認しない！」という強い国家意思を示したものだと思います。障害者や周辺の人たちの中にはこの言葉を鵜呑みにしている人が少なくありませんが、「障害者は権利の主体」という考えを否定する、障害者と家族にとってはとても有害な考えであるということを理解する必要があると思います。

　障害者基本法は、３年後の見直しが謳われていますが、政府（＝厚労省）は何の動きも見せませんでした。この事態を受けて、DPI（障害者インターナショナル）日本会議が、改正を求める次のようなアピールを行いました。

障害者基本法の改正を求める DPI 全国集会アピール

　障害者基本法が2011年に改正されてから早７年が経過している。2011年改正法の附則第２条において３年後の見直し規定が盛り込ま

れているが、いまだ法律改正の動きは見られない。前回の改正は、障害者権利条約の批准に向けた国内法整備の一環として行われたもので、障害の社会モデルの考え方を盛り込むなど、一定の質的転換が図られ、その後の障害者総合支援法や障害者差別解消法の制定を経て、障害者権利条約批准へとつながっていくものであった。

DPI日本会議はこの間、障害者基本法の改正に向けて法律の改正内容を検討し、DPI試案を作成した。全国集会や政策討論集会など様々な機会を通じて加盟団体や関係団体からの声を集めるとともに、ＨＰ上に公開し、広く意見を集めてDPI試案のバージョンアップを図ってきた。

2018年6月2日DPI日本会議全国集会おいてシンポジウム「障害者権利条約の完全履行に向けて障害者基本法改正待ったなし！」を開催し、障害者権利条約の完全履行に向けた障害者基本法改正の必要性を確認し、その改正内容について議論した。

1. 障害者基本法の早急な改正を

障害者基本法は施行後3年目の見直しがされないまま4年が経過しており、2019年の通常国会での改正を強く求める。

日本は、2020年に国連障害者権利委員会による建設的対話を控えている。ここに向けて障害者権利条約の国内実施をさらに促進させるために、障害者基本法の改正が不可欠である。

2. 前回の法改正からの積み残し課題の解消

2011年の改正では、障害女性に関する独立した条項が盛り込まれなかったこと、地域生活や教育において「可能な限り」という文言が入っていること、障害者権利条約の国内監視機関の強化等、多くの課題が残されている。これらの積み残しの課題を解消し、障害者権利条約の完全履行をすすめるために、障害者基本法改正

を強く求めるものである。

　集会の参加者一同により、上記２点を踏まえた障害者基本法の改正を強く求めるものである。

　　　2018年６月２日
　　　　　第34回 DPI 日本会議全国集会 in 神奈川　参加者一同

　基本法改正の必要性と意義、解決すべき課題がシンプルに述べられています。
　この基本的な姿勢に基づいて、DPI は改正試案を作成し、2018年10月現在、ｖｅｒ.3.0を公表しています（巻末の資料編参照）。
　また2011年の改正では、「共生社会」の概念が採用されています。条文には次のようにあります。

　　（目的）
　　第一条　この法律は、（中略）全ての国民が、障害の有無によつて
　　　　　　分け隔てられることなく、相互に人格と個性を尊重し合い
　　　　　　ながら共生する社会を実現するため、障害者の自立及び社
　　　　　　会参加の支援等のための（以下略）

　この規定は障害者差別解消推進法でも引き継がれています。第12節で詳しく検討していきましょう。

第 **9** 節　障害者虐待防止法 (2011年6月)

　1996年、滋賀県にある肩パッド製造工場での障害者虐待が明るみに出ました。この事件は裁判に訴えられ、2003年の原告勝利で幕を閉じました。判決の中で裁判所は、「障害者が被害から自力で逃れたり、他に状況を申告することは困難で、公的機関による積極的支援が必要だ」と指摘しました。この判決後、茨城県、福島県、福岡県などで障害者施設での虐待事件が次々と明らかになり、これらの事実の積み重ねが「障害者虐待防止法」の制定へつながりました。

　法の目的はシンプルに３つが規定されています。
　・障害者虐待の禁止、予防、早期発見など国の責務
　・虐待を受けた障害者への支援
　・養護者による障害者虐待の防止に資する支援

　また虐待は、身体的虐待、心理的虐待、ネグレクト（放置・放棄）、性的虐待、経済的虐待の５つに分類されました。

　また加害者を、養護者（家族）、施設職員、使用者の３種類に限定しています。

　医療機関、学校、保育所が加害者に含まれず、この３者に通報義務がないとされたことは、虐待防止の観点から、極めて不十分なものとなりました。医療機関や学校で、暴力 ── 虐待がまかり通っているのは公然の秘密なのにねえ。

　以下に近年の虐待事件を列挙します。漏れているものもあるかもしれませんが……。

①リブロ　2010年夏〜　福岡県小郡市
　理事長の長男が支援部長に就任したのち、面白半分（笑いながら）で利用者に暴行を繰り返していた。
　この長男は、福岡県や佐賀県の系列施設でも殴るけるの暴行を７人に

対して繰り返した。理事長から暴行の濡れ衣を着せられて不当解雇された職員の精力的な取り組みにより、長男は逮捕されたが、実刑は免れ執行猶予付きの判決。リブロは不正請求が発覚し、事業者指定取り消し→倒産。利用者は他の施設へ。

②養育園　2013年11月　千葉県袖ヶ浦市

　県立袖ヶ浦福祉センター養育園の男性利用者（19）が、職員から腹部を数回蹴られ、2日後に腹膜炎により死亡。少年は5人の職員から日常的に暴行を受けていた。この5人は別の9人の利用者に対しても暴行を繰り返していた。

③大藤園　2015年6月　山口県下関市

　告発した職員が隠し撮りしたＤＶＤで、「ぶち殺すぞ！」などの暴言、平手打ちなどの暴力の衝撃の実態が全国に流れる。施設長降格、交代。職員2名が書類送検されるも処分保留、起訴猶予。

④太平　2017年7月　大阪府和泉市

　障害者の男性（53）の腕をつかんで振り回し、壁に叩きつける暴行を加え、右眉を縫うけがをさせた職員を逮捕した。また別の入所者男性（54）が膵臓に損傷を負って入院し、10月に死亡する事件が発生。

⑤ビ・ブライト　2017年9月　埼玉県宇都宮市

　職員（男女各1名）が、入所者の男性（28）の腰を代わる代わる蹴るなどの暴行を加え、被害者が腰の骨を折るなどの重傷を負った。男性は腹腔内に1リットル以上の血液がたまり、一時、意識不明となった。その後、回復し療養中。

⑥クリード青梅　2017年11月　東京都青梅市

　15日午前5時50分ごろ、東京都青梅市今井の障害者支援施設「クリー

ド青梅」で、職員から「入居者が布団の上で動かなくなっている」と
110番通報があり、入居者の男性（28）が手足を拘束された状態で死亡
しているのが発見された。男性は14日夜に施設内を徘徊するなどしたた
め、職員２人がひもなどで手足を拘束。個室の布団であおむけに寝かせ
ていたという。

⑦ハピネスさつま　2017年12月　兵庫県加古川市
　知的障害のある男性（45）の頭部を電気カミソリで殴打するなどして、
全治１週間の怪我を負わせた。
　2013年以降、障害者を閉じ込める虐待が複数発生していたこ。県によ
る改善勧告や文書・口頭指導は計７件に上る。法人は全理事６人のうち
理事長を含む４人を交代した。厚生労働省によると、障害者虐待で理事
の大幅入れ替えまで求めるのは異例。

⑧寝屋川事件　2018年１月　大阪府寝屋川市
　柿元愛里さん（33）が自宅の監禁部屋で凍死し、両親が死体遺棄容疑
と監禁容疑などで逮捕。部屋には暖房器具がなく、低栄養状態で145cm
の身長に対し体重は19kgしかなかった。監禁は16〜17年に及ぶ。

　どうにも気が滅入りますねえ。こういう事件を目の当たりにすると、
加害者には、「障害者は、人間として価値が劣る！」という絶対的な確
信があるようにしか思えません。人権や尊厳、平等など全く考えてもい
ないのでしょう。また施設関係者の場合は、「障害者のおかげで自分た
ちもオマンマにありつける、生活ができる」など思いつきもしないんで
しょうねえ。もちろん皆さんお見通しのように、個人の問題ではなく、
たくさんの事情が複雑に絡み合っています。
　虐待防止法の下で新たに浮かび上がった問題があります。虐待を内部
告発した職員が不当に扱われているということです。法人によって不当
に解雇され、職場復帰が叶わなかった例は、解決金による和解なども含

めて枚挙にいとまがありません。極めつきは施設側から損害賠償を求められる事案が頻発したということです。このような境遇に陥った職員を保護する規定・制度はいまだありません。職員の「正義感」や「義憤」に頼るだけでなく、内部告発しても不利益を受けることのない環境づくりが、早急に求められていると思います。そのことが「安心して」内部告発できることにつながり、ひいては虐待の根絶につながるのではないでしょうか。

第10節　障害者総合支援法 (2012年6月)

さて163ページ以降に挙げた「障害者自立支援法違憲訴訟原告団・弁護団と国との基本合意文書」に基づいて、自立支援法に代わる新法が制定されました。

取り組んだのは、2009年12月に内閣府の「障がい者制度改革推進本部」に設置された「推進会議」。これは24人の委員中14人を障害当事者・家族が占めていました。このことは、「私たち抜きに私たちのことを決めるな！」（Nothing about us, without us !）を踏まえた政策立案作業を意味した……ハズです。つまり障害者の意見が反映されると期待されました。翌2010年4月に推進会議の下に、障害者、障害者の家族、事業者、自治体首長、学識経験者など、55名からなる「障がい者制度改革推進会議総合福祉部会」が設けられました。総合福祉部会は18回の議論を重ね、60の「骨格提言」をまとめました。

ところがこの骨格提言を受けて、厚労省が法案をまとめるときには、佐藤久夫部会長が、「60のうち3項目を除いては触れられてもいない！」と怒りのコメントを出すという内容に変更されていました。さらに法案の閣議決定に当たっては、「残りの3つも完全に無視された」ものとなってしまいました。

いくら形を整えるフリをしても、どれだけきれいごとを並べても、最後までそれが実行されなければ全く何の意味もありませんね。障害者が、

「他の者との公平と平等」を獲得することはまたしても叶わず、先延ばしされることになりました。

　2012年6月に、自立支援法と新法について考えた文章がありますので、ご紹介します。

「自立支援法廃止せず」について真剣に！考えた。

2012年6月10日

はじめに

　「障害者自立支援法」が「障害者総合支援法」に名前を変えただけで、中身は何の変更も修正もなく延長されました。国の言い分は、「名前を変えたから、自立支援法は約束通り廃止になった」というものです。フン！

　政府は2010月1月7日、障害当事者や家族、支援者の長年にわたる闘いに屈して（当時は本気でそう思ってた）、「障害者自立支援法を廃止する」と閣議決定しました。「自立支援法が、障害者の人間としての尊厳を深く傷つけた」ことを認めたからです（当時は本気でそう思ってた）。そして、「障害者制度改革推進会議を設置し、障害当事者の意見を聞いて、新法に反映させる」と約束しました（当時は本気でそうすると思ってた）。

　「尊厳を深く傷つけた」と思っているのであれば、それをもたらした制度を具体的に変えないといけないでしょう。障害当事者の言う、「障害のない市民との公平と平等」を、具体的に政策に反映しなければならなかったのだと思います。でも、「障害当事者の意見」どころか、骨格提言自体が全く「新法に反映」されませんでした。

　何故でしょうか？　怒りは怒りとして保ちながら、ここはひとつ冷静になって、世の中で何が起きているのか、現状とこれからについて考えてみましたので、少しだけお付き合いください。

1. まず押さえておきたいこと

日本には1億2千6百万人の国民がいます。そして誰もが幸せになりたいと思っています。でも、みんなが自分の幸せだけを求めて行動すると大混乱するので、政府や議会というものがあって、国民を代表して国民の幸せのために政策を立案し実行しています（まあ、建前ですけどね）。

さて、何かの政策を実行するにはお金が必要です。私達が食事をするときもお金が要りますね。料亭だと万の桁（エライさんが行くんだろうなあ）、近くで弁当を買ってくると二桁ほど少なくて済みますが。

国はこの、「おカネ」がないんだとしきりに宣伝しています。財政赤字というヤツですね。そして、国のカネ（＝税金）を当てにするのをやめさせようという政策を採用することにしました。もちろんこの方針は、障害福祉や社会保障など、国の政策の一部にだけ採用されたわけではありません。この方針は、「国の運営全ての部面」で強力に適用されています。ですから、「おカネ（＝税金）を欲しがる弱い者」すべてを切り捨てるものとして作用します。つまり、「おカネを欲しがらなくて済むように、強い、大きいものを作ろう。補助金を欲しがるような強くなれない奴は、さっさと消えてもらおう」と考えたわけです。

護送船団方式というものをご存じですか？　経営体力・競争力に欠ける企業が落後することなく存続できるよう、行政官庁が許認可権限などを駆使して、業界全体をコントロールするやり方です。戦後の金融政策に最も顕著にみられた政策で、当然のことながら金融機関全体の存続と利益は、手厚く保護されていました。今はこんなことやっていませんよね。グローバリズムが世界を席巻し始めてから、生き残るのは個々の企業の責任（自己責任！）というわけで、

競争の荒波にさらされた企業は、消えていくものと勝ち残るものにはっきり分かれました。前者は山一證券など、後者は合併を繰り返して巨大化した三菱UFJフィナンシャルグループなどのメガバンクです。

　金融業界の例を見てきましたが、同じようなことはあらゆる業界で起こっています。競争力強化のために、大規模化、集約化がすべてに優先されるわけです（もちろん労働者の切り捨てなど全く省みられません）。

2.「自己責任」について考える

　先ほど出てきた「自己責任」って言葉、よく耳にしますよね。30代以下の人たちは、物事の判断がつく頃からなじんでいたと思います。ひょっとして学校でも教えられたかな？　でもすでに中年の域に差し掛かっていたおじさん（？）にとっては、最初は耳慣れない言葉でした。「自分のやったことには責任を持て」とは、親や教師からよく言われていましたが、「自己責任」という単語としては聞いたことがありませんでしたから。

　自己責任という言葉は、封建制度・絶対王政の時代を経て、「個人」を核とする近代市民社会が成立した時に登場した法律用語です。つまり200年以上の歴史を持つ言葉で、それまでの「権力者の気の向くまま、思うままに罪を着せ、裁く」システムから、「法という共通の尺度」によって個人を守ったり、社会を維持しようとする近代法（つまり民主主義）の大原則です。言い換えれば、「30年以上前に日本でのみ（！）言われるようになった自己責任論」は、まったく別の意味と目的を持っているということです。（以下略）

※「自己責任論」については、第5章第3節で、別個に詳しく考えましたので207ページをご覧ください。

第**11**節　障害者優先調達推進法 (2013年4月)

　国、地方公共団体、独立行政法人が障害者の関わる製品やサービスを優先的に購入するように義務づけた法律です。

　当然のことながら、「就労支援政策」と密接に結びついています。「公的機関が買ってやる（＝お客になる）から、しっかり働いてくれ」ということですね。省庁や地方公共団体の長は、毎年度、障害者就労施設等からの物品等の調達方針を作成し、各年度の終了後には、その実績を公表することが義務づけられました。

　買ってくれるのはありがたいんですが、価格競争に巻き込まれる —— 挙句に従業員や障害者の処遇が低下する心配はないのでしょうか？

　また、競合する民間企業の反発も予想されますね？　「俺たちの製品だって負けていないのに、障害者が作ったというだけで他社製品が購入される」という不満が募り、障害者に対して、妬み、ひがみ、恨み、敵視など、つまりは差別の基となる風潮が生まれることはないのでしょうか？

第**12**節　障害者差別解消推進法 (2013年6月)

❶「解消」を考える

　「障害者差別禁止法」あるいは「障害者差別解消法」と言われることもあるようですが、そんな法律はこの国にありません。正しくは「障害者差別解消推進法」です。「差別禁止」ではなく、「解消推進」とされたことに、この法律の本質が見て取れると思います。

　聞くところによると、「禁止という言葉はきつく感じるから解消にした」そうですが、まるで意味が違いますよね？

　「禁止」と名の付く法律を調べたら、いくつか見つかりました。「独占

禁止法」「不正アクセス禁止法」「児童ポルノ禁止法」「未成年者飲酒禁止法」。どれも頷けるものばかりですね。「禁止」の意味は、辞書によれば「ある行為を行わないように命令すること」とあります。また、なぜ禁止するのかを考えてみると、「その行為・状態が続くことは社会にとって好ましくないから、公序良俗に反するから」ではないでしょうか? 上の４つの法律で禁止されていることも、「障害者差別」もこの範疇に入りますよね? もしも４つの法律が、「〇〇解消推進法」だとしたら……、違反する人が続出しそうじゃありませんか? 法としての権威もなく、社会の秩序なんか維持できませんよねえ? 「あってはならないこと」は、法律などの強制力を使ってでも禁止して社会からなくしていくしかないのだと思います。「差別は(人権)犯罪だ」という認識が必要なときに来ていると思います。

　「禁止」という言葉が、「きつい」という理由だけで使われないのなら、「撤廃」はどうでしょうか? 「禁止」が命令するニュアンスを持つのに対し、「撤廃」は「みんなで取り組もう」というニュアンスを感じます(もちろんその先頭に立ち、中心になる責任があるのは「公」ですが)。性差別をなくす1985年の国連条約は「女子差別撤廃条約」であり、我が国も同じ名称で批准しています。政府には性差別を「撤廃する」責任が生じたわけです。

　30年以上前には、差別は「撤廃」するものと国会でも認識されていたわけですが、この30年間に社会の何かが変わったのでしょうか? 「撤廃」とは、政府にその責任があり、法や制度の整備を通じて政府・行政が先頭に立って取り組むということです。批准した主体(=政府)に強い責任を課す意味があります。

　対して「解消」はどうなるでしょう? 辞書を引くと、「今までの状態や関係、約束などが消えてなくなること。また、それらをなくすこと」とあります。「なくすこと」ともありますが、「撤廃」ほど強いニュアンスはなさそうですね。婚約やお肌のタルミは「解消」でいいでしょうが、差別となるとやっぱり「撤廃」なんじゃないでしょうか?

法はご丁寧に「推進」という言葉をくっつけています。「解消」としただけでもやる気に??? ですが、これに「推進」がつくと、「推進してるけどなかなかうまくいきませんねえ」という「事前の言い訳」を感じてしまいます。この国って、ほんとに差別をなくす気があるのかしら？

②「法的義務」について

法についてもう一つ、重大な指摘をしなくてはなりません。「合理的配慮」について国や公的機関は「法的義務」、民間は「努力義務」と説明されることがあり、それを信じ込んでいる障害者や家族、支援者も多くいますが、間違いです。法７条において「行政機関等は（中略）合理的な配慮をしなければならない」、同８条において「事業者は（中略）合理的な配慮をするよう努めなければならない」、とあることがその根拠になっているようです。でもよく見ると７条においても８条同様に、「その実施に伴う負担が過重でないときは」という文言が明記されており、例外が容認されて「義務」が免責されています。こういうものを「法的義務」というのは誤りです。公的機関であっても「差別をなくす義務」が免責されるとは、本当に驚きの法律です。各地の条例づくりに悪影響を与えることが懸念されます。間違った説明を鵜呑みにしないようにしましょう。

③動機というか、背景について考える

さて「障害者差別をなくす」ことは、全国の障害者や家族の長年の悲願でした。もちろん差別は、「少しでも減ってくれればいい」とか「ある程度残ってもしょうがない」というものではありません。障害者差別はその"すべて"がなくされなければならないものです。少なくとも障害者と家族はそう考え、人権法として位置づけていたのだと思うのですが……。私は、実は国の動機はまるで違っていたのだと思っています。

グランドデザインで国は就労支援を大きなテーマとして打ち出しました。就労支援は国の言う"自立"（＝労働力化・納税者化）のために必須の政策ですから本腰を入れて取り組むでしょう。就労支援はしかし、「障害者を<u>ただ就職させればいい</u>」というものではありません。「職場で障害者に<u>能力をフルに発揮</u>してほしい」わけで、「差別のために能力を発揮できないのは困る」わけです。厚労省はその名の通り"厚生"行政と"労働"行政を一体的に引き受けていますから、両面からのアプローチは当然のこと。

　厚労省には「成功体験」がありました。

　「男性は外で働き、女性は家庭を守る」とされた戦前から、戦後は一転して女性の社会進出が進みました。1985年に成立した「男女雇用機会均等法」は、その流れのピークにあるものでした。「国際競争に勝つためには、男性だけでは労働力が足りない。女性にも働いてもらおう」と考えた国は、法制度で後押しすることによって女性労働力を確保しようとしたわけです。しかし社会の変化は遅く、働く女性には、働くことに伴うリスクを女性だけで背負うことが求められたままでした。その結果が次の数字に見て取れます。

・第1子出産後の女性の離職率は6割
・出産、育児後に再就職する場合に、パートやアルバイトになる人が6割弱

　このように女性の活用が不十分である状況を見て、国は2016年、新たに「女性活躍推進法」を制定し、女性の労働力化を一層推し進めていくことになります。

　こうして25〜44歳の女性の就業率を1985年の56.5％から2015年の71.6％へと引き上げることに成功した厚労省は、新たに「障害者」を労働力とする政策を打ち出していくことになります。障害者は長い間、社会保障政策の対象でしたから、労働力化（＝納税者化）によってダイレクトに財政の改善が見込めます。おまけに税収が増えるわけですから、メデタシメデタシ、一石二鳥、アタマいいですねえ。

厚労省が「障害者差別解消推進法」づくりに取り組んだのは、就労支援政策と密接な関係があると思います。就労支援政策が100％の効果を上げるために、「それを妨げる差別」を排すこと —— つまりは障害者が働く場面において差別されない環境を整備することが厚労省の動機だったのだと睨んでいます。

　「働く場面での差別をなくす」という取り組みが、「すべての差別をなくす」ことにつながらないのはあまりにもトーゼン。こうして差別禁止法制づくりの取り組みは、当事者・家族の側と厚労省の思惑がズレたまま進められていくことになります。

　安倍総理大臣の言葉でこの項を締めくくりましょう。彼は女性問題について次のように言い切っています。

　「女性の活躍は、社会政策でなく、成長戦略として捉えています。日本は人口減少の中で労働力が不足していく、もうダメじゃないか、と言われていますが、女性は日本に眠る最大の潜在力です。女性がその能力を開花させていくうえで様々な障害がありますので、それを取り除いていくための政策を進めていきます」

　実に赤裸々にホンネを語っています。「女性」を「障害者」に置き換えてみてくださいな。

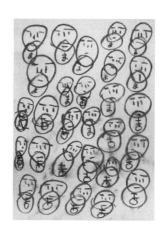

第**13**節 「共生社会」について

1 「定義」

さて障害者差別解消推進法は「共生社会」を目指すものだとされています。このテーマはとても重要な意味を持っていますので、一節を設けてじっくり検討していきましょう。論旨の繰り返しがあったらごめんなさい。

まずは法の条文を見ていきましょう。

　　（目的）

　　第一条　この法律は、障害者基本法（昭和四十五年法律第八十四号）の基本的な理念にのっとり、全ての障害者が、障害者でない者と等しく、基本的人権を享有する個人としてその尊厳が重んぜられ、その尊厳にふさわしい生活を保障される権利を有することを踏まえ、障害を理由とする差別の解消の推進に関する基本的な事項、行政機関等及び事業者における障害を理由とする差別を解消するための措置等を定めることにより、障害を理由とする差別の解消を推進し、もって全ての国民が、障害の有無によって分け隔てられることなく、相互に人格と個性を尊重し合いながら共生する社会の実現に資することを目的とする。

ここで「共生社会」とは、「全ての国民が、①障害の有無によって分け隔てられることなく、②相互に人格と個性を尊重し合」う社会であると定義されています。

「①障害者がいかなる差別も受けずに、②他の市民と平等・公平にすべての権利を享受して、③人間らしく尊厳をもって人生を送ることので

きる社会」と、もっと具体的に表現してくれると、「ああ、障害者権利条約の原則に則っているんだなあ」と、私なんかにもとてもわかりやすいんですが、国は何か違う意味も込めているのでしょうか？　ま、言われていることだけをなぞると、同意してしまいそうなんですが……。

さて「共生社会」という言葉は、辞書を引いても出てきません。どうやら政府が捻り出した造語のようです。

「共」という言葉は最近、巷にあふれています。「共生」に始まり、「共同」、「共助」、「共育」……いろんな「共」があります。なぜこれほどまでに「共」がもてはやされるのでしょう？

「共」という概念は、「公」と「私」の中間に位置します。「公」は権力、強制力を持ち、「私」は市場性を持ちます。これに対し、「共」は非営利性をその特徴とします（図表4）。かつて「公（＝国）」は国民生活のあらゆる部面（農業、漁業、工業、金融、国土開発、物流、教育、社会保障 etc. ……）に、法と財源を根拠に介入していました。

ところがご承知の通り、国の借金（財政赤字）は膨らむ一方です。そこで国は、「治安と国防」以外は民間にやらせよう（税金投入をやめよう）という政策に転換することにしました。そしてそのほかの分野には、「民間活力の導入」を謳い文句に競争原理の導入を図っていくことになります。この考えを新自由主義といいます。新自由主義は日本では1980年代に芽を吹き、21世紀に入って、かの小泉首相が全面開花させました。

「公」の役割（＝費用負担）を削減しようとする新自由主義は、必然的に「共」と「私」に役割を委ねていくことになります。郵政改革に代表される「規制緩和＝競争の自由」が「私」ですね。それに並行して先

図表4　公・共・私の概念

公	共	私
権力・強制力	非営利性	市場性
行政	ボランティア・町内会・NPO	民間企業
（公の負担あり）	（公の負担なし）	（公の負担なし）

182

に見たように「共」がもてはやされることになります。「国がやってた
ことを、『共』でやっていきましょうね。でも国はカネを出さんから、
営利は求めないでね」ということです。ボランティアが「生涯現役」の
掛け声のもとに大量生産され、NPO（特定非営利活動法人）が全国に広
まったのも、政策の誘導の結果だったわけです。私はNPOの本質を
「行政の下請け、尻ぬぐい」だと捉えています。このように「共生社会」
は、一般的な理解（＝共に生きる、隔たりのない社会）の陰で、「税金
を使わない方策」として国から新たな意味づけをされています。

　おさらいすると、障害者差別解消推進法に言う「共生社会の実現」と
は「税金を使わずに行われることが必須」ということです。断固たる国
の意思を読み取ることができます。憲法25条の規定に反し、「公」は
「責任ある主体」の座を放棄しようとしています。

　例えば障害者の地域移行が叫ばれています。障害当事者の、「地域で
自分らしく暮らしたい」という願いとは全く違った動機（＝医療費の削
減）のもと、国もまたこの動きを後押ししています。地域住民に精神保
健をはじめとする障害福祉の理解を求め、障害者を「地域でメンドー見
てくれ」と迫ります。この動きに町内会やボランティア、NPOなどの、
無償あるいは安価な労働力（＝どちらも国の費用負担を伴わない）が駆
り出されていることはご存じの通りです。

　「誰もがお互いを気遣い、いたわり合い、助け合う平等な社会なんだ」
という “あなたの常識” で理解すると、“国の意思” を読み間違えます。
**国の言う共生社会という言葉を鵜呑みにし、同調していては、障害者
の尊厳と人権は守られないと思います。**

　厚労省のホームページを覗くと、「『地域共生社会』の実現に向けて」
と題する部分があります。ここに詳しく触れているのかなと思って、詳
細に見てみました。

① 「地域共生社会」を提案する背景
　……と題して、最初に背景に触れています。そこでは次のようにシン

プルにまとめられています。

- ・かつてわが国では、地域・家庭・職場といった生活の様々な場面で、支え合いの機能が存在していた。
- ・そして社会保障制度は、様々な変化に対応しながら充実が図られ、人々の暮らしを支えてきた。
- ・しかし高齢化や人口減少が進み、支えあいの基盤が弱まってきている。
- ・人々のつながりを再構築することで、孤立せずにその人らしい生活を送ることができるような社会とすることが求められている。
- ・また人口減少は、社会経済の担い手の減少を招き、様々な課題が顕在化した。
- ・人口減少を乗り越えていくうえで、社会保障や産業などの領域を超えてつながり、地域社会全体を支えていくことが、これまで以上に重要になっている。
- ・さらに、整備されてきた公的支援においても、様々な分野の課題が絡み合って複雑化したり、複合的な支援を必要とする個人や世帯がみられ、対応困難なケースが浮き彫りとなっている。
- ・「地域共生社会」とは、このような社会構造の変化や人々の暮らしの変化を踏まえ、制度・分野ごとの「縦割り」や「支え手」「受け手」という関係を超えて、地域住民や地域の多様な主体が参画し、人と人、人と資源が世代や分野を超えてつながることで、住民一人ひとりの暮らしと生きがい、地域を共に作っていく社会を目指すものです。

　ふう、少子高齢化と、それによる社会の変化（＝課題の増加）に対する政府の危機感がストレートに語られていますね。とりあえず、文書すべてに目を通してみましょうか。続いて文書は、改革の骨格と進捗状況について触れています。

② 「地域共生社会」の実現に向けた改革の骨格

1. 地域課題の解決力の強化

　既存の制度による解決が困難な課題の解決を図るため、地域住民による支え合いと公的支援が連動した包括的な支援体制の構築を目指し、地域包括ケアシステムの強化のための介護保険法等の一部を改正する法律により、社会福祉法が改正された（2018年4年1日施行）。

2. 地域丸ごとのつながりの強化

　平成29（2017）年度から新たに「保健福祉分野における民間活力を活用した社会的事業の開発・普及のための環境整備事業」を実施し、その中で、地域経済活動の活性化と参加者の健康増進、自立支援等の同時実現を目指す事業の支援に取り組んでいる。

3. 地域を基盤とする包括的支援の強化

　地域包括ケアシステムの強化のための介護保険法等の一部を改正する法律により、介護保険と障害福祉両方の制度に新たに共生型サービスを設けた。これにより、介護保険または障害福祉のいずれかの指定を受けている事業所が、もう一方の制度における指定も受けやすくなるようにした（2018年4月1日施行）。

4. 専門人材の機能強化・最大活用

　厚生労働科学特別研究において、保健医療福祉の共通基礎課程の在り方について検討を進めている。

5. 今後の検討課題

　・地域課題の解決力強化のための体制の全国的な整備のための支援方策の検討（制度のあり方を含む）

　・保健福祉行政横断的な包括的支援のあり方の検討

　・保健医療福祉の共通基礎課程の検討

　さてここで明らかなように、国は、「増加した課題」を「地域力の強化」によって解決しようとしているようです。「地域住民による支えあ

い」と「民間活力を活用」することが謳われています。税金が持ち出されては何もなりませんから、「公的支援の強化」は謳われていません。「地域の問題は地域で解決しろ」とばかりに、「公」は「主体」の座から降りることを目論んでいます。「地域住民による支えあい」とは、ボランティアやNPO法人等の非営利団体に活躍して欲しい —— そして税金の持ち出しを減らしたい —— ということですね。国の危機感が赤裸々に語られています。

　財政赤字は増える一方だから、とにかく税金が出ていくことを抑える —— 国はなりふり構わずこのことに取り組んでいます。

　ところで、突然ですが「隣組」ってご存じでしょうか？　この問題を考えているときに、ふと頭に浮かびました。

　第2次大戦中、1940年の内務省訓令に基づいて町内会などの下に設けられた、10世帯内外の小規模で小回りの利く大政翼賛会の最末端地域組織です。物資が乏しい中での配給業務や軍人遺家族援護，防空，消火の訓練と実施などの相互扶助的な日常活動を通じて、戦争遂行と相互監視の役割を担っていました。1947年のマッカーサー指令により廃止されましたが、現在の回覧板は当時の名残です。

　直観ですが、国は「共生社会」の実現のために、「隣組」復活（＝相互監視社会の形成）を目論んでいるのではないかと思えて仕方ありません。

　国＝公の役割を肩代わりしてくれる組織の存在は、確かに国にとってはありがたいものでしょう。昔のままの「隣組」が復活することはないでしょうが、「戦争に勝つため」に代わって、「共生社会実現のため」という大義名分に納得してしまう国民は少なくないような気がします。

２ 我が事・丸ごと

　政府は新たに、「我が事・丸ごと」を掲げ、「地域包括ケアシステム強化法案」を2017年国会に提出し、衆院4日、参院3日という超短期間で

成立させました。介護保険法を始めとして、老人福祉法、医療法、児童福祉法、高齢者虐待防止法など31本の法改正を束ねる法案を、衆院22時間、参院16時間という超短時間審議で成立させたというのは、本当に驚きです。

国（＝厚労省）は、163ページ以降で見たように、「自立支援法を実態調査や障害者自身の意見を十分に踏まえることなく拙速に施行した」ことを反省して見せましたが、またしても同じことが繰り返されました。約束を破っても平気なんですね。

この法案を支える、「我が事・丸ごと」という考え方は、政府の言う「共生社会づくり」の延長線上にあるものです。

法案には、「政・省令で定める」とした部分が778カ所もあります。具体的なことを、国民が選んだ議員が議論するのではなく、役人が決めてしまうのは「議会制民主主義」に反しますよね。え、そんなのどうでもいい？　なりふり構ってられないってことかな？

・「3割の自己負担導入」が、2015年の「2割負担導入」の総括もされずに提案されています。

・一つの事業所で、介護保険、障害者福祉、児童福祉の事業を行うことが可能になる「共生型サービス」を導入しました。安上がりな人員体制でマルチなニーズに対応するということですね。

・この「共生型サービス」は、一向に進まない「地域包括ケアシステム」を促進する役割を持っています。

・人材確保が急務という問題意識がありながら、根本原因の一つである従事者の劣悪な処遇の改善に全く触れていません。

・ボランティアや町内会・NPOなどの無償・安価な労働力に期待を寄せています。

共生社会の推進に当たって政府は、「地域でメンドー見てくれ！」という姿勢を見せていましたが、「我が事・丸ごと」という考えに集約するにあたって、その姿勢を一層露骨に示しました。憲法25条に定める「社会保障は国の責任（＝公的責任）」など完全に無視しており、このよ

うな政策の下では、高齢者も、障害者も、そして女性も児童も尊厳や人権が大切にされることはありません。

　以上、共生社会について考えてきましたが、私たちと国ではその意味するところが違うようです。批判は批判として保ちながら、では国のおかしさにどう対抗すればいいのでしょうか？　やはり、原則を踏まえるってことになるんだと思いますが、それは最後に考えていくことにしましょう。

第14節　「福岡市障がい者差別をなくす会」の差別事案を考える

　タイトルに驚く方は多いでしょうねえ。そうです、「差別をなくす会」が差別をやっちゃったわけです。それも、典型的で誰にでもわかりやすいあからさまな差別を。しかも、差別だと指摘する当事者からの訴えに対して、「差別ではなかった」と言い張る（＝居直る）という二重の意味での差別をやっちゃったわけです。

　ことの顛末は次の通りです。

　各地において差別禁止条例制定の取り組みがなされているときと時期を同じくして、福岡市でも同様の取り組みがなされました。主体は当事者団体を中心とした40を超える民間団体が集まって、2013年8月に結成した「福岡市に障がい者差別禁止条例をつくる会」でした。

　6年近くに及ぶ取り組みの後、2019年1月1日に条例は施行されました。その成果を受けて「つくる会」は「福岡市障がい者差別をなくす会」へと衣替えしました。当然の成り行きだったと思います。ところが、この「なくす会」発足時の人事提案の中に重大な差別があったわけです。

　シンプルに事実を追っていきましょう。

　役員・事務局の合同会議より次の点が世話人会に諮られました。
　①代表を1人から3人へ増やすとの提案があった（満場一致で可決）。

②後継者育成に取り組むことが含まれていた（満場一致で可決）。

③具体的には代表を身体障害者2名、知的障害者の親1名とするとあり、精神障害者が含まれていなかった。

④「精神障害者が（結果として）排除されている＝そのニーズを反映する体制となっていない差別だ」と感じた「福岡・障害者と暮らしを創る会」（以下、「当会」）代表世話人の大平が、「精神障害者をどう扱うのか」と質した。

⑤「I氏を検討部会責任者に考えている。適切な処遇である」との回答があった。

⑥I氏は当事者ではなく支援者であり、「精神障害者支援者の代表」とすることは構わないが、「精神障害者」の代表ではないはず、と疑問に思った大平は、世話人会終了後から発足式にかけて、M代表と個別に意見交換した。

⑦発足式で、新人事案提案があった（M氏を1人代表とし、4人の副代表に精神障害当事者を含むとする）。

→全会一致で承認された。

初期の段階は以上の通りです。

続いてその後の展開を、これまた事実に即して追っていきます。

第1回世話人会

・当会が、初回提案は精神障害者を身体障害、知的障害と異なる扱いをする差別（法でも条例でも差別だとされている「不均等待遇」）だと指摘した（「差別する意図があった」などとは全く認識していないし、問題にもしていない。「気がつかなかっただけなんだろう」と理解していた）。

・同時に、再発防止策が示されないままではいけないと2つの提案をした。

①具体的な再発防止策を策定すること

②経緯を明らかにし、反省を含めた会の声明をまとめること
・提案の２点について合同会議で検討し、結果を世話人会に報告すると回答があった。

第２回世話人会
・合同会議では、初回人事案を差別と理解する委員は一人もいなかったと報告があった。
　→したがって、当会提案の２点は議題にもならなかった。
　※この世話人会で意見の表明はいくつかあったが、世話人会としては何もまとめなかった。

世話人会で出された意見はおよそ次のようなものでした。
曰く、「（初回人事案は）差別ではないと思っている」。
この方は、その理由や根拠を示しませんでした。
曰く、「視覚障害や聴覚障害など、他のすべての障害者を横並びにしろという主張だ、そんなことができるわけがない」。
いえいえ、だからこそ３障害という分け方があるんですよね。
身体障害の代表者がその人たちの利害も代表すれば済むこと。少なくとも、視覚障害者や聴覚障害者の意見は身体障害の代表が述べることができるが、精神障害者にはその機会が保障されていない。
当会「条例で定めた『不均等待遇』に該当するのではないか？」。
これに対しても「該当しない」という結論だけが示され、その根拠は何ら示されませんでした。まるで理解できませんでした。

世話人会ではどこまで行っても議論は平行線でした。私は自身の障害のために理解力に限界があるということは理解できていたつもりですが、その意味では相手側も何度も同じ説明を繰り返していたのかもしれません。私は言葉でよりも文章化してもらった方が少しは理解できるので、公開質問状を提出することにしました。公開質問状の詳細は、巻末の資

料編に掲載しておりますので、ご覧いただければ幸いです。もちろん公開質問状の内容は、世話人会では示されなかった — 積み残しされていたことばかりです。これに回答してもらえれば、議論より遥かに理解しやすいと期待していました。

　それにしても、「身体・知的障害者と異なる扱いを精神障害者にしても差別ではない」という主張は、本当にめまいがするほど衝撃的でした。そしてその考えが、「障がい者差別をなくす会」の役員全員に浸透していることが大いなる驚愕でした。精神障害者の感覚というのは、それ以外の人には理解されないのでしょうか？　「理解はできないけど、アンタの考えは尊重するよ」という態度は取れないものでしょうか？

　「差別と理解する委員は一人もいなかった」という回答は、個々人を問題にしていると理解されるので、公開質問状は合同会議の構成員に個別に送りました。「これが合同会議の結論だ」と言われれば、間違いなく合同会議という機関あてに提出していたと思います。こういう把握・理解の仕方も私のアスペの特性なのでしょうか？

　現在（2020年4月1日）は、公開質問状に対する回答を心待ちにしている状態です。万が一、2作目を発行することができたら、その場でご報告したいと思います。どうぞその日までお待ちくださいませ。

　この件について、同業者や門外漢の友人たち30名ほどに聞いてみました。皆さん一様に、「とってもわかりやすい差別だ。典型的だ。何で差別じゃないの？」と答えてくださいました。エピソードですが、「お前、それって作り話だろ？　『差別をなくす会』がそんなあからさまな差別をするはずがない」という門外漢の友人もいました。まさしく「名は体を表す」ということを信じ切って疑わないんですね。嘘つきにされちゃいましたが、私も少し自信がつきました。私の方が世間の常識には近いようですね。「差別をなくす会」では圧倒的少数派ですが、「世間」では私は、多数派のようです。

　この件については、精神障害者を始めとする障害当事者、そしてご家族、親御さん、専門家、研究者、支援者の方々から広くご意見を賜りた

いと思います。

　賛同の声はもとより、ご意見、ご批判、反論など、内容にかかわらず、下記宛てにどしどしお寄せくださいませ。心よりお待ち申し上げております。

　　メール：kurashi_tsukuru@jcom.zaq.ne.jp

　　ファックス：092‐519‐6110

　　※すぐにとはいかないと思いますが、できるだけ返信したいと思っています。

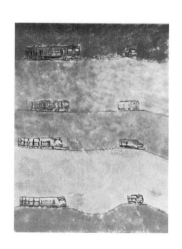

第5章

社会を俯瞰する

　さてこれまで、障害福祉とそれを取り巻く問題を中心に取り上げてきました。一つひとつの問題はもちろん大切な意味がありますが、そのすべてが時代的背景を持ち、社会と密接に関わり合っています。ここからはちょっと大きく構えて、今の社会の在りようがどうなっているのかについて思いを巡らしていきたいと思います。プチではなく、"大風呂敷"を広げすぎたかなという懸念もあり、「能力」のせいで、失望させてしまうかもしれません。予めご了解いただいておくと、少し気が楽になります。

第 1 節　「民主主義」を考える

　第4章までを読まれて、「民主主義」という言葉を感じた人がいるかもしれませんね。

　私は1949年生まれです。ですから小学生〜高校生は、戦後10年〜21年ということになります。そしてこの間に教えていただいた先生たちは、20代や30代の若い方が多かったように思います。つまり先生方は、「戦後民主主義」の洗礼を受けた世代でした。私たちの世代は、先生方からこの「民主主義」に基づく薫陶を全身に浴びて思春期、青年期を過ごしていったのだと思います。「あらゆる社会関係や人間関係の中で、民主主義が一番大切だ」という感覚が抜き難くあります。ですから、「民主主義なんて、フン、青臭い」なんて思わないでくださいな。また、「民主主義に反してるんとちゃう？」、「民主的じゃないよね」と感じることには、それなりに反発します。

さて民主主義とは？　「名は体を表す」と言いますが、その名の通り「『民』が主役・主人公・主権者」であるということですね。では、民主主義以前は誰が主役であったのか？　歴史の授業で習いましたね。フランス革命（1789〜99年）を始めとする近代民主主義革命は、それまでの封建制の時代に絶対的な権力を欲しいままにしていた国王や領主・役人を、その座から引きずり降ろしました。法という客観的な物差しによらず、「生殺与奪の権（＝生かすも殺すも俺次第！）」の名の下、自由気ままに権力を行使していた支配者たちを、民衆の力で一掃・追放したのです。代わって登場したのが「民主主義」という価値観でした。民主主義は、権力者の「生かすも殺すも俺次第！」という価値観を打倒し、「法の支配」を確立しました。それは、「何人も法によらなければ、その権利を侵害されることはない」ということです。「お前の息子がコメを盗んだからお前をしょっ引く」という行為は、法に定められていないからやっちゃだめだよ、ということですね。あるいは、「お前の知り合いが人殺しをしたから、お前をしょっ引く」という、近代以前にまかり通っていた行為を、違法として禁止しました。近代法は、それまで自由気ままに行われていた権力者の行為を、「法に規定されていない違法行為だ」と断罪したわけです。「法によって個人を護る」とほぼ同じ意味ですが、正確には、「法によって権力者を縛る、制限する」という役割を担っていたわけです。

　民主主義の価値観で一番大切なのは、「平等」だと思っています。もちろん自由、人権、個人、権利、尊厳など、負けず劣らず大切な価値観がたくさんあることもよく知っていますが、やっぱりナンバーワンは「平等」だと思います。すべての権利を、おぎゃあと生まれた赤ん坊からジジババまで、すべての国民が「平等」に持っているわけです。

　私の介護事業所では、新たに採用したヘルパーさんに「初任者研修」を行っています。行政から初めて実地指導を受けたことをきっかけに作

成した、「ヘルパー携帯ブック」をテキストにしています。勤務態度や非常時の処理、バイスティックの7つの原則などとともに、憲法から社会保障に関する4つの条文を転載しています。

第11条【基本的人権の享有】

　　国民は、すべての基本的人権の享有を妨げられない。この憲法が国民に保障する基本的人権は、侵すことのできない永久の権利として、現在及び将来の国民に与へられる。

第12条【自由・権利の保持の責任とその濫用の禁止】

　　この憲法が国民に保障する自由及び権利は、国民の不断の努力によって、これを保持しなければならない。又、国民は、これを濫用してはならないのであつて、常に公共の福祉のためにこれを利用する責任を負ふ。

第13条【個人の尊重・幸福追求権・公共の福祉】

　　すべて国民は、個人として尊重される。生命、自由及び幸福追求に対する国民の権利については、公共の福祉に反しない限り、立法その他の国政の上で、最大の尊重を必要とする。

第14条【法の下の平等、貴族の禁止、栄典】

　（1）すべて国民は、法の下に平等であって、人種、信条、性別、社会的身分又は門地により、政治的、経済的又は社会的関係において、差別されない。

　（2）（3）（略）

そして第25条【生存権、国の社会的使命】です。

　（1）すべて国民は、健康で文化的な最低限度の生活を営む権利を有する。

　（2）国は、すべての生活部面について、社会福祉、社会保障及び公衆衛生の向上及び増進に努めなければならない。

これらの条文について、各人の理解を促すわけですが、みんな共通してうまく説明できない —— 理解しにくいのが、第13条「国民は個人として尊重される」という箇所です。「個人として」ってどういうこと？ という質問に、皆さん「説明しにくいんだけどなあ」という表情をしながら、「個人は個人ですよ。家族や集団ではなく……」とわかったようなわからないような答え。「じゃヒント。当たり前のことなのに何でわざわざ憲法に書いてるの？」。半分の人がここで挫折 —— わかりません。

日本国憲法の前身は、「大日本帝国憲法」。「明治憲法」ともいわれますが、この憲法は身分制を容認しています。天皇を頂点として、侯爵や伯爵、国会議員などが上位にあり、そして家庭では、「家父長制」が幅を利かせています。男性が家族を代表する立場だったわけですね。「夫婦は平等」という価値観など、微塵もありません。

「麗華さん（という名の新人ヘルパー）は、友達が、『麗華ちゃんのお父さんは校長先生だから仲良くしなさい』と言われるのと、『麗華ちゃんはおはじきやお手玉が上手だから一緒に遊びなさい』と言われるのとでは、どちらがいいですか？」と聞いてみると、皆さん一様に後者だと言います。自分自身を見てくれている、自分自身を大切にしてくれている、と感じるようです。

おわかりですね？　明治憲法では身分制があり、どの「家父長」の家族であり、子供であるのか、「家父長」はどんな社会的地位にあるのか、という価値観が大事にされたわけです。自分自身がどういう人間であるのかを見られることは少なく、当然ながら女性や子供は一人前とは見られていませんでした。

日本の「敗戦」は新憲法というかたちで民主主義をもたらしました。そしてその神髄は、「平等」だったわけです。これで、「国民は個人として尊重される」ということの意味と意義がわかりますよね。

ヘルパーさんたちは、女性であることのみを理由として被差別の体験が数多くあります。研修を通じて、自身の体験と照らし合わせ、平等や

人権について真剣に考える人が増えてくれることは、何よりも嬉しい限りです。

第 **2** 節　差別を考える

　ここ10年余り、障害者差別について、いろんな角度から考えてきました。2013年の論考を2つご紹介しましょう。

❶辞書を調べる

　まずは、わからない言葉を中心に図書館で調べました。

| 「差別を無くす」について考える | 2013. 8. 11 |

　日本政府は、「差別を無くす」為に必要なものは、「不均等待遇の禁止」と「合理的配慮」だとし、障害者権利条約の政府公定訳でも、「障害者差別解消推進法」でも使用しています。そして大方の障害当事者や家族、支援者もその考えを受け入れているようです。「福岡・障害者と暮らしを創る会」ではこれを誤訳だと指摘し、「正当な権利保障」が正しい訳だと提案しています。「配慮」と「保障」について考えてみました。

図書館で辞書を引き、いくつかの言葉について調べてきました。次の表に示します。なお、「便宜」を忘れていたのでネットで調べました。

言葉	三省堂『新明解国語辞典』	岩波書店『広辞苑』
配慮	想定されるいろいろな場合に対する対処の方法を考えて何かをすること（狭義では、相手への心配りを指す）	心を配ること。心配り
保障	それが守られるように手段を講じること	侵されたり損なわれたりしないように守ること
心配り	相手の心情を十分に考慮したり、予想されるいろいろな事態に対し、万全の対処をしたりすること	あちこちへ気を配ること 心遣い 配慮
均等	二つ（以上）のものの間に、量や程度の差がないこと	平等で差のないこと 平均していること
公平	（問題になっているものを）自分の好みや情実などで特別扱いをすることが無く、すべて同じように扱うこと	かたよらず、えこひいきのないこと
平等	[「平」も「等」も同じく、ひとしい意] その社会を構成する、すべての人を差別無く待遇すること	かたよりや差別が無く、すべてのものが一様で等しいこと
便宜	ある目的や必要なものにとって好都合なこと。便利が良いこと。特別なはからい。そのときに適したやり方	

※「均等」と「平等」、『新明解国語辞典』だと、違いがものすごくよく理解できますね。

※余談ですが、『広辞苑』以上に丁寧で詳しい解説の辞書の存在に驚きました。

❷差別禁止部会意見書

続いて、同年中に発表した論考です。

障害者差別禁止法制を考える

　「障害者差別解消推進法」が制定されたのは2013年6月のこと。この世界に飛び込んで6年が経過していたが、当初からのいきさつには詳しくない。国連で「障害者権利条約」が採択されたことを受けて、各国で差別禁止法の制定に取り組んだ一貫だ、ぐらいの認識しかない。

　それまでの人生の中で、この国の民主主義に疑問を持っていた私だが、「へえ〜、差別が禁止されるんだ、無くなるんだ」という信じがたい驚きとともに、いくばくかの高揚感を持って受け入れたことを思い出す。「差別をなくす」ことを鵜呑みにし、期待する気持ちが芽生えたのだろうと思う。同時に、疑問は消えていなかった。「国が差別をなくす？　そんなことあるわけないだろーに？」様々な差別を温存し、利用しながら国を運営してきた人たちに対する不信感をまだ失っていなかった私は、「何故だ？」ということを考えてみたが、全く答えが見つからなかった。仕方がない、調べるしかないだろう。

　内閣府に設置された障害者政策委員会の差別禁止部会が、2012年9月14日に意見書をまとめている。「『障害を理由とする差別の禁止に関する法制』についての差別禁止部会の意見」というタイトルである。差別禁止法制の方向性などについて、日本で初めてまとめられたものと言って良いと思う。

　まずはこの文書を理解することから始めた。微細にわたるかもしれないが、少しばかりおつきあい頂きたい。結論から言えば、「そ

んな無茶苦茶な！」のオンパレードだった。

　「多くの国民が『差別は良くないし、してはならない』『障害者には理解を持って接したい』と考えているのも事実であり、好んで差別をしているわけではないという点である」

　根拠は示されていなかった。アンケート結果でもあれば認めざるを得ないかもしれないが、障害者に対する差別や虐待が日々報道されている中で、こんな結論だけが示されたのではとても承服する訳にはいかない。まあ、アンケートを取ったところで、「差別をしても良い」と答える人などごく少数であることは分かり切っているだろう。タテマエでしかない。私の実感からすれば、「嗤い飛ばすしかない」シロモノである。人生のすべてのページを差別で塗りたくられてきた障害当事者も家族も、決して受け入れることのできない解釈だろう。

　「決して差別した人をつかまえて罰を与えることを目的とするものではないのである」

　罰則のある法律だって、「罰すること」が目的じゃないでしょ？「やったら罰があるからやるなよ」という威嚇効果で犯罪を事前に防止しようとすることが目的なわけでしょ？　わざわざこういう言い方をすることに、なんだかすごい違和感を覚えました。

　そうだ、「罰を与える」ことの目的は、「行為を戒め、再発防止に役立てる」ってことなんだ。「罰を与えることを目的とする」って捉えるからおかしいんだ。何とかして「同意」を得たいとする苦心、ここにあり。

　本筋の批判ではありませんが、「均等な機会」ではなく、「平等な機会」ですよね？　辞書を見れば歴然。なんかヘン。「平等」がキライなのかしら？

「共生社会の実現」ということが、国民のあらゆる生活分野において「均等な機会により参加すること」を保障することとして語られています。

　「相手方を一方的に非難し制裁を加えようとするものではないこと

　この差別をなくそうとする試みは、人類普遍の原理を希求するものであり、障害の有無にかかわらず個人の尊厳を認め合う社会の実現に資するものである。

　ゆえに、本法は、差別者・被差別者という形で国民を切り分けてこれを固定化し、相手方を一方的に非難し制裁を加えようとするものであってはならず、今後、差別者・被差別者を作り出さないためにも、国民誰しもが理解し得る共生社会の実現に向けた共通のルールとして機能することが重要であること」

　何ですかこれは？　差別「する側」（差別がある方が好都合と思う側）にとって無茶苦茶都合のいいことだけを書き連ねていますね。「尊厳を踏みにじられた」と感じる人が、相手に怒りをぶつけるって当たり前でしょーに。故意ではなくたとえ「知らなかった」からであっても、「差別してしまった」ら、少なくとも「詫び」くらい必要でしょ？　それが日本の「伝統文化」じゃないの？　「相手方を一方的に非難し制裁を加えようとする」制度なんて、日本にはごくフツーにあるでしょーに？　殺人なんて、加害者側にどんな止むに止まれぬ理由があったとしても「一方的に非難」され「制裁を加え」られるよ？　つまり、今の社会では、殺人というのは「あってはならない」ものなの！　障害者差別は、あってい一の？　人類普遍の原理の一つに、「平等」があるのは誰もが認めるでしょう。また、「悪いこと」をしたらいろいろな罰・制裁があります。それは、わが法治国家日本でも同様です。差別は「平等」に反し、「悪いこと」です。差別に対して「制裁」を設けても一向に構わないと思い

ませんか？　差別したら、「制裁を受ける」ということが、当たり前の世の中になってほしいと思います。

　障害者だけでなく、いろんな理由をつけて差別されているすべての人の願い……だと思います。

　「差別の解消がこれからの社会により活力を与えるものであること　属性や能力において多様性に富む個人により構成される社会において、それぞれがその力を発揮し、お互いに支え合っていくには、その間に存する差異は尊重されるべきであり、障害者の完全参加と平等の実現は、特に少子高齢化が進行する我が国にとって社会全体に活力を与えるものであること」

　これはもう嗤うしかないわ。一読しただけで、「何だ、働かせるんだ」って分かりますね。グランドデザインで提起された就労強化政策ときっちり符合しています。「少子高齢化が進行」し、労働力人口が減少することによって国際競争力が低下（＝国力が衰退）することに対する危機感が赤裸々に示されています。国が障害者差別をなくそうとする動機が、「障害者を労働力化し、能力をきっちり発揮するために、職場での差別をなくす」ためであるということがよ〜く読み取れます。

❸目で見る差別

　さて続いて、わかりやすく視覚に訴えてみましょう。差別というものは「そのすべて」が無くされる必要があり、「いくらか残ってもしょうがない」というものではないですね。

　「すべての差別をなくす」ということを考えているときに、図表1のような図が浮かんできました。

　Aさん〜Lさんが「差別された」と図のように訴えています。

図表1　差別の訴えのレベル

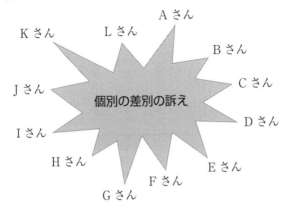

　Lさんが一番訴えの水準が低いようで、ある程度容易に、早く解決できそうです。対して、AさんやDさん、Gさん、Kさんの訴えは深刻そうで解決は困難かもしれません。このとき、もしもLさんが「オレに対する差別がなくなればいいんだ。ほかの人たちの差別をなくすことにはオレは取り組まないよ」と考えたとしたらどうなるでしょう？　Aさんを始めとして、悩みの多い人たちに対する差別がなくなることはありませんね？　そして他の人への差別がなくなっていないときに、「Lさんは恵まれている、平等にすべきだ」という「低位平準化」の考えが社会に広まったとしたら？　そうです、Lさん自身に対する差別が復活しますよね？　こういうことを許さないために、自身に対する差別をなくそうとする人は、自身に対する差別だけでなく、他者に対する差別も取り除く取り組みをしなければならないわけです。このパターンの逆バージョンを授業料値上げの理屈に見ることができます。

　「国立大学は私立よりも授業料が低すぎるから、格差是正のために授業料を引き上げるべきだ」というものです。格差是正ということだけを考えれば、論理的には高い授業料を下げるという方法もあるわけですが、なぜかそれに向けた取り組みが提案も実行もされることはありません。「負担を減らす」方向に取り組まれるわけではなく、「負担を増やす」方

向になってしまいます。ね
たみ、ひがみ、そして不公
平感が巧妙に格差是正の理
屈に利用されるわけです。

いずれにしても差別され
ている人は、自身以外に差
別されている人たちの差別
も取り除く必要があると思
います。

図表1は、障害者だけに
当てはまるものでないこと
は言うまでもありません。
女性、被差別部落の人たち、
アイヌの人たち、難病の人

〈解説〉LGBTQ
L（レズビアン）…性自認が女性の同性愛者
G（ゲイ）…性自認が男性の同性愛者
B（バイセクシュアル）…男性・女性の両方
　を愛することができる人
T（トランスジェンダー）…主に身体的な性
　別と性自認が一致しない人
Q（クエスチョニング）…自身の性自認（自
　分の性を何と考えるか）や性的指向（ど
　んな性を好きになるか）が定まっていな
　い、もしくは意図的に定めていない人

　LGBT就活生やLGBT転職活動者のため
の企業口コミサイトをオープンした株式会
社JobRainbowは、便宜上LGBTを「（個
別の意味ではなく）レズビアン・ゲイ・バ
イセクシュアル・トランスジェンダーをは
じめとするセクシュアルマイノリティの総
称」と定義しています）

たち、ハンセン病患者、在日コリアンやLGBTQの人たちも差別を受け
ています。自らに対する差別をなくしたいとする障害者は、この人たち
と手を結んで社会から差別をなくすことに取り組んでいかなければなら
ないと思います。

４ 教育・研修について

　さてこの節の、「差別を考える」というテーマは、もちろん「差別を
なくす」ことにつながるわけですね。「差別をなくすために必要なこと
は何か？」について、国は法で、①「不均等待遇の禁止」および②「合
理的配慮」の不提供の禁止、と整理しています。ただし、いずれの場合
にも、「合理的配慮」の名のもと、「例外」が明記され、「差別を残すこ
と」が合法化されているということは決して見逃せません。

　さらに、これらを一般国民に周知するために、教育や研修の機会を設
けることも謳われています。当事者や家族、支援者からも、「障害や障

害者について知らないから差別がある。教育や研修の機会を増やすべき
だ」という声が、お題目のように聞こえてきます。

　私はこの「無知＝差別する」という理解からする「教育」、「研修」が、
果たしてどれほどの効果があるのかについて、大いに疑問です。例えば
800以上もあると言われている難病。そのすべてを理解すれば、難病患
者を差別しなくなるのでしょうか？　あまり関係ないと思いますが？
そもそも難病すべてを理解することって、果たして可能なんでしょう
か？　私にはとても800も理解する自信はありません。でも、「差別しな
い」ための方法論は自分なりに持っているつもりです。

　そしてもう一つ、「知ること＝差別しなくなる」という楽観論がどう
にも私には受け入れ難いのです。知れば知ったで、「ウチには障害者が
いなくてよかった」、「ホント、障害者って大変よねえ」というパターナ
リズムに陥る人がいても不思議ではないと思います。研修の目的とは違
った結果を生んでしまいます。

　私が考える「差別をなくす研修の在り方」。それは、誰にでも共通す
ることの理解・周知・徹底だと思っています。差別は障害者にとっては、
「お前は俺と平等ではない！」と宣言されたに等しいことです。そして
また、今の社会の主流の価値観である「能力」という物差しを当てられ
ることから発生すると思います。そうであれば差別をなくすために必要
なことは、「①『平等』という価値観を唯一の物差しとして広めること、
②『能力』という一人ひとり差があって当たり前の物差しを、『ヒトとし
ての価値』に横滑りさせないこと」だと思っています。これは、障害者
にも非障害者（女性・LGBTQ・被差別部落民・沖縄出身者・アイヌ民
族など）にも共通して使える物差しです。そのことをしっかり理解しさ
えすれば、難病患者だけでなく、そのほかの障害者や非障害者にも、差
別することはグンと減っていくのではないかと思っています。

　また研修の場合に一番肝心なことは、被差別当事者の話を聴く、とい
うことだと思っています。何てったって障害者は、人生の中で数限りな
い差別を受け、「平等の大切さ」と、「能力という物差しのおかしさ」を、

身をもって知っているので、「差別の多様な実態や差別された者の心情」を訴えることができます。これは、差別を体験したことのない学者や研究者、専門家、あるいは自称支援者には決してできないことです。下手をすると、本書冒頭に示した講師のように、（障害・障害者についてすら）無知な人だったり、従って自身が差別をまき散らす発言をしないとも限りません。気をつけましょうね。

　というわけで研修をやるときには障害当事者の話を聞くようにすると良いと思いますが、残念ながら、それだけで安心できるわけではないということを、この十数年で体験しました。当事者の中には、「俺たち能力のある障害者が、能力のない障害者を代弁するのだ！」という、前世紀の古〜い価値観（差別丸出し！）から抜け出せない人も少なからずいるんですよね〜。「平等」ということの意味を、全く理解していない態度だと思います。自分が差別される物差しを、他の人に当てて平然としているわけです。こんな人が語る「平等」なんぞたかが知れています。

　もう一つ当事者で気をつけないといけないのは、「自分を差別するな！」と声高に言いながら、他の障害（者）については無頓着の人。自分が他の障害者を差別する言動をしても、テンとして恥じない当事者が、少なからずいるんですよね〜。この類の人たちには、ホント、難儀しました。

　私の介護事業所は、「尊厳」「自己肯定」「当事者中心」を理念としています。そして当初の5年ぐらいは、毎月行う研修のうち3分の2くらいで様々な当事者を講師に迎え、お話を伺っていました。きっと今に生きていると思っています。

第 3 節　「自己責任論」を考える

■「自己責任」とは

　この言葉、と言うか考え方、ご存じですよね？　近代法の原則の一つで、「**他人の為した行為に自己の責任はない**」ということです。つまり、「自己責任は……**ない！**」わけですが……。

　この「自己責任」という言葉が1980年代の後半に、新しい意味を伴って言われるようになりました。確か政府の諮問機関で、「自己責任原則に基づいて、国民が役割を果たす」という文脈で使われていたと思います。政府はこの言葉に、「これからどう生きるかは自己責任」、「今の境遇を抜け出すのは自己責任」という新たな意味を持たせたわけです。近代法の原則とは全く逆に、「自己責任は……**ある！**」という意味で使われるようになってしまいました。社会保障の勉強をしてきた人は、「？」と引っかかるところがありますよね？

　「なに？　社会保障から国が手を引くってこと？」とピンときます。私の考えでは社会保障とは、「その境遇に陥った理由を問うことなく、その境遇に陥ったすべての人を国の責任で（＝国民が納めた税金で）救済すること（＝公的責任）」だと思っています。80年代後半は、国の借金が300兆円を超え、400兆円に向かって一本調子に増加を続けた時期です。これに危機感を覚えた国は、「せめて増加のペースを落としたい」と考えたのでしょうか、憲法25条に規定する、「社会保障は国が責任を負う」という**公的責任**の放棄を狙ったのでしょう。政府の言う自己責任論を推し進めていくと、必然的に、「公的責任」を縮小・削減・放棄する力として働きます。もちろん、社会保障費の削減だけではとても追いつきませんから、これ以後国は、あらゆる分野において国の関与（＝税金の持ち出し）を減らすような政策をとることになります。

　さて自己責任論については、いろんなところで触れてきましたので、

ここでは違う角度から考えてみましょう。

　それにしてもこの「自己責任論」と、それに支えられる新自由主義が、社会にもたらしたマイナスの影響は計り知れないと思っています。その最たるものは、ヘイトスピーチや、生活保護受給者、ホームレス、セクハラ被害者、障害者などを標的にした弱者敵視・排除の空気です。

　これらはすべて、社会で弱い立場の人への攻撃です。つまりは次ページ以降に見るような、「他者の存在を無条件の前提とする社会＝誰もが助け合って生きる社会」を破壊します。テレビで貧困などの社会問題を取り上げる際も、以前とは明らかに姿勢が違います。十年以上前は、社会問題を扱うのは「報道」の役割で、データに基づき、専門家や研究者が、あるときは政治家を交えて問題の原因や解決方法について語っていました。ところが最近は、「バラエティー」がこれを扱うようになりました。その結果、近年ではシロートタレントが、具体的な根拠に基づかず、ただ非難するだけの立場から発言するようになりました。社会の「分断」を促進しています。政府が唱える「共生社会」に真っ向から対立するわけですが、「自己責任論」が社会で力を獲得する（＝むしばむ）につれて、窮屈で、非寛容で、生きづらい社会になってきているように思います。

　「自己責任論」について、どっかの学者さんあたりが、詳細に点検・分析してもらえないですかねえ。3000円までなら絶対買う！　適切な書物をご存じでしたら、どなたか教えてくださいな。

　友人のお姉さんが、オーストラリアの人と結婚し、メルボルンに住んでいます。２年に一度帰国するようで、２回ほどお会いしました。あちらの親戚に知的障害の人がいるそうで、話が噛み合います。最後にお会いしたのは５年位前ですが、「自己責任論」の話をすると、「え～っ、そんな無茶な！」と言います。「英語圏にそんな言葉はない」とも言っていましたが、米英にもない言葉なのかと驚きました。辞書を引いてみると、take full responsibility（自分の全責任で、自己責任で）という言い回しはありましたが、日本語の「自己責任」に該当する単語はないよう

です。self- responsibilityって言わないのかしら？

❷ 政府の言う自己責任論は、人間の自然（ノーマル）な 生き方と矛盾し、対立する

　さて、「自己責任論」が広まって以降、世の中がとてもぎすぎすして きたように感じませんか？　「他者を頼るな、アテにするな！」という 考えは、ヒトが社会を構成して存在するために必須な、「お互いさま」 という考えを捨て去れ！　ということだと思います。

　ちょっとだけ、ヒトの営みというか、生活について考えてみましょう。 さて、ヒトが生きていく上で必要なものは、衣食住と言われますね。で はすべての国民が、この「衣食住」を自給自足で確保しているでしょう か？　そんなことはありませんよね？

　衣類を自前で作れる人はそう多くはないでしょう。たいていの人が専 門店やデパートなどで買いそろえます。靴も手袋もマフラーもすべてお 店で買いますよね？　食料も同じです。コメや麦、野菜を作れる人なん て、一般市民には少ないでしょう。ここはやっぱり、農家の人に頼らざ るを得ません。大地と語り合いながら、１年間丹精込めて作った食料を 私たちはありがたくいただくわけです。醬油やみりん、砂糖、塩などの 調味料もお店で手に入れます。もちろん、海のものも同じです。「板子 一枚下は地獄」と言われる厳しい海で、漁師さんが獲ってきたものが食 卓に上がります。お箸やお茶碗、お皿などの食器類もお店で買い求めま すよね？　「住」なんてもっとはっきりしています。暑さ寒さを防ぎ、 人が快適に過ごすことができる住宅の建築は、大工さんや左官さんなど にお任せするしかありません。

　こうして見てみると、ヒトは生活に必要なものをすべて自前で作るの ではなく、どこかの誰かが作ったものを、おカネを出して買っているわ けですね。分業って奴です。つまりヒトは、「自分以外の誰か」がいな いと生活できないわけです。他者を頼らないとヒトは生きていけないし、

それは極めて当たり前の営みってことですね。

　もっと視野を広げてみると、衣食住の専門家も、自らが直接消費者に生産品を届けられるわけではありません。届けるためには物流業者、小売業者などが必要です。一つの生産品が製造されて消費者に渡るまでには、実に多くの業種、職種、ヒトが関わっているということです。

　さてこの視点から見ると、社会とは「ヒトが助け合って生きている状態・空間」と言えると思います。

　おわかりでしょうか？　「**ヒトは他者がいないと存在できない**」わけで、「他者を頼るな、アテにするな！」という考えは、この原理に反します。「自己責任」が強調されればされるほど、社会は窮屈になり、ぎすぎすし、亀裂が生まれ、対立や分断が進むわけです。そして差別や格差を産み出します。日々体験していることですね。

　一方で「共生社会」を謳い、「誰もが住みよい社会を」と言いながら、他方で「自己責任」を強制する政府の態度は、全く矛盾しているとしか言いようがありません。この２つが、いったいどう両立するのでしょうか？　官製「共生社会」の正当性などどこにも見られないってことです。

　おさらいしましょう。

　「自己責任論」は、

　・ヒトが生きる原理に反し、従って閉塞感を生む→「共生社会」論に
　　反する
　・人々の間に、「助け合い」、「お互い様」ではなく、対立と分断を持
　　ち込む→「共生社会」論に反する
　・国の「公的責任」を削減・放棄しようとする立場から唱えられる。
　わけです。

　「自己責任論」のおかしさ、いびつさ、間違いをもっともっと理解しましょう。

　少なくとも、社会保障に携わる人が使う言葉ではありません。

第 **4** 節　「教育」を考える

■1教科書を読む

　教科書なるものを手にするのは、短大時代を除けば五十数年ぶりです。近ごろの子供たちは学校でどんなことを教わっているんだろう？　という素朴な興味がありましたので、「高校現代社会」の教科書を手に入れました。特段、社会保障と関連づけるわけではなく、単に興味の赴くままに選びました。

　この科目は、私たちの高校時代には「日本史」に含まれていたものだと思います。「日本史」は時代を順に記述していましたから、「現代社会」は教科書の最後の最後に記載されていました。当時すでに受験戦争は過熱しており、「入試ではせいぜい明治維新までしか出題されない」というのが共通理解のようでしたから、授業では触れることがなかったように記憶しています。

　私が手にしたのは、実教出版という会社のテキスト。読み終えた後にわかったんですが、学習指導要領が変更され、2019年度から「現代社会」は新しく必修科目となる「公共」に再編されるそうです。「公共」では、自立した主体として社会参画するため政治や経済の諸課題を学ぶとされています。時代の変わり目だったので、旧制度の最後のテキストを読む羽目になったんですが、仕方ありませんね。本屋さんにはこれしかなかったし……。

　「第1編　現代社会の諸課題」では、「第1章　地球環境を考える」として地球環境問題や、資源・エネルギー・人口問題を取り上げています。「第2章　科学技術の発達と生命」として、「現代の医学が問う生死のあり方」、「生命科学の発展と倫理」、「高度情報社会の現状と問題点」を取り扱っています。

「第2編　現代社会と人間としてのあり方生き方」では、いよいよ本論なのでしょうか、倫理、政治、経済、国際に分けて、多くのテーマが論じられています。その範囲は、自己形成、哲学、思想、民主主義、憲法と人権保障、市場のしくみ、政府の役割、消費者問題、労働問題、社会保障、国家安全保障、グローバル化などなど、実に多岐にわたっています。私たちの時代には、これほど多分野で詳細にわたる学びはなかったように思います。

　最後の「第3編　共に生きる社会をめざして」では、「持続可能な社会のために」、「排除しない社会へ」、「感染症の治療と予防」の3点に絞ってまとめられています。

　複雑な現代社会を理解するために、最低限必要と思われるものばかりです。目を引いた点について簡単に触れたいと思います。

❷民主主義について

　70ページにわたっていろいろな角度から論じられています。国民主権、代議制民主主義、三権分立、基本的人権などに始まり、生存権、自己決定権、プライバシー権などの新しい人権の広がりについて触れ、最後に新しい地方自治や地域再生の担い手となることが語られます。

　教科書は、「検定制度」を潜(くぐ)り抜けなければ採用されません。つまり、国の価値観に沿った記述がなされている教科書しか使用できないわけですが、全体を通してみると、「民主主義」を理解するには十分な内容だと思いました。

　十数年前だったと思いますが、「今の若者の2割は、民主主義という言葉を知らない」と耳にしたことがあります。私にとっては驚きの情報でしたが、もちろん確かめる術はありません。その情報が本物だとすると、現在ではもっとその割合は増えているのでしょうか？

　教科書では基本的な点を押さえていると思われるのになぜ？　と考えざるを得ません。「民主主義の内容」ではなく、「民主主義」という言葉

そのものを知らないわけですから、事態はとても深刻です。現在の高校進学率は96％を超えていますから、この面から説明することは無理です。強引に原因を推理すると、①教師が民主主義の部分をスッ飛ばした、②２割の生徒が居眠り、内職、早弁などで授業を聴いていなかった、③教師の授業のやり方が下手なので、２割の生徒が授業をボイコットした、などを思いつきましたが、まあどれもハズレですよねえ。ありえない……。

　ひょっとして今の若者の多くが、民主主義やそれに基づいて行われる（はずの）政治に無関心だから？　テキストにどれだけ建前やきれいごとが書かれていても、現実は大きく違います。政治の中枢である国会では、民主主義を履き違えているとしか思えない多数派の横暴、質問をはぐらかす答弁、論理的でない居直り答弁、データの改竄などは伝統のようです。最近では官僚の忖度がブームのようで、閣僚や議員が進みたい方向へ官僚があらかじめ道筋をつけてくれます。そして無責任体質。どれほど不都合な結果が生じたとしても、責任を取る者が誰もいない。こういうことを日々見せつけられれば関心がなくなるのもトーゼンのこと。そして高校生は受験競争の荒波に揉まれているし、大学生は就活で大忙しで、社会や民主主義について考える余裕はありません。

　私が読んだ教科書は、現代社会を理解するには適切な内容であると感じました。でも“何か”が足りないと感じたのも事実です。“何か”とは何か？　それは“リアルさ”だと思います。「俺たちと関係ないところで“タテマエ”ばっかり言うなよ」という考えが若者の気分を覆っているのではないでしょうか？

　30年以上前から、この国は「自己責任」に新しい意味を持たせて広めました。つまり、今の若者は生まれたときから「自己責任」の空気が蔓延する社会の中で生きてきたわけです。国が持たせた新しい意味とは、「今の境遇を抜け出すのは自己責任」、そして「これからどう生きるかは自己責任」ということです。207ページ以降でもこの言葉について考えましたが、「自己責任論」は他者との関係を築き、保ちながら共存する

という社会の原理・原則に反し、とても生きづらい考えです。生きづらさを感じた若者たちが、うわべやきれいごと、建前を自然体で拒否している、というのは考えすぎでしょうか？

❸経済について

　後半の100ページ近くにわたって、経済が論じられています。資本主義経済でとても重要な「市場」についての解説に始まり、日本や世界の経済の動向や課題などに触れています。資本主義初期の、市場の調整に任せるという「自由放任主義」から、現在の「新自由主義」までを概観し、格差拡大を世界的規模でもたらしている現状に触れています。個人的にはかなり関心のあるところで、少し突っ込んで考えたら授業は面白かっただろうなあと思いました。

　財政について触れている部分もあり、いろいろな数値が国際比較されているグラフや表は、日本の国際社会での位置がよくわかって新しい発見がありました。

　私のころには、経済についてはほとんど習った記憶がありません。ひょっとすると、私が選択しなかった「倫理社会」で触れられていたのかもしれません。

　さて、終わりの方にある文章に目が留まりました。「人口減少に伴う問題を解決しながら、豊かな国民生活を実現していくためには、技術革新や生産システムの改善などを通じた生産性の向上が不可欠である。そのため政府は、法人税の減税や国家戦略特区の創設などのいわゆる成長戦略によって、投資の促進や技術革新の誘発を目指している」。

　現代日本の直面する最大の問題が、「少子高齢化」── より絞れば、将来の労働力人口が減るという「少子化」── であることは大方の一致するところだと思いますが、その解決が経済（成長）の面からのみ唱えられています。昔のように、「経済が成長しさえすれば」すべてが解決するという考えは、あまりにも時代を理解していないとしか言いようがな

いと思います。「法人税の減税」が何をもたらしたか忘れたのでしょうか？　税収が減り、財政が厳しくなったので、累進制度に逆行する消費税を導入・増税して格差を拡大しただけですよねえ。「国家戦略特区」の取り組みが、加計学園問題など、疑獄というにふさわしい不正を引き起こしたのは記憶に新しいところです。え？　そんなこと書くと検定に合格しないからあえて触れていないんですか？　なるほど、そりゃそーだ。

　「少子化」とは、「一人の女性が生涯に産む子供の数が減った」という単純な事実です。であるとすれば、少子化対策とは、女性が子供を産みたくなる環境を整備すればいいということになります。そんな環境とは、具体的にはどんなものなんでしょうか？　私は出産経験がありませんが、ここはひとつ真剣に考えてみました。

　まずは出生率を劇的に回復したフランスの事例を見てみましょう。フランス政府がとった政策は次の通りです。

①男の産休
　「男を家庭に返す」という発想からこの制度が創設されたそうです。
　子供が生まれた男性は２週間の産休が取れます。もちろん有給です。うち３日間分を企業が、残り11日間分を国が負担することになっています。フランスではこの時期を「赤ちゃんと知り合う時間」というそうです。
　こういう体験をした男性が、その後も家事・育児の分担に積極的なのは、想像に難くないですよね？
　フランス政府は、「もし子供を持つことで失われるものがあったら、それはすべて政府が補塡します」というスタンスだそうで、「結婚には犠牲が付き物」という考えの日本とはずいぶん違いますよね。「男女を問わず、結婚で『犠牲』が生じてはいけない」という考えが確立しているんですね。

②全額保険でカバーされる無痛分娩

1994年に導入された制度だそうです。「痛みを伴う出産こそ母親になった醍醐味」という考えが残る日本と違って、「痛みは無いに越したことはない」というドライな発想ですね。確かに出生率は上がるでしょうねえ。

③企業内保育所を禁止

え、何で？ 日本人の発想からするとまるで逆ですね。これは、父母どちらかの職場に近い保育園を選ぶとなると……、そう、必然的に母親の近く。これは男女平等の観点からダメなんだそうです。日本人には目から鱗。

④保育園が日本とは大違い‼

日本の母親にとっては、夢のような実態！

連絡帳も運動会もなし。おむつやタオル、シーツ類は園から支給されたものを使い、汚れ物は園で洗濯してくれる。登園時は手ぶらでOK！ 保護者に対して最低限のことしか求めない。これが「フツー」の保育園だそうです。子供の汚れ物を持ち帰らされることもある日本とは大違いですねえ。

⑤世帯課税方式

子供が多ければ多いほど、特に３人以上の子供を育てている世帯に対して、大幅な所得税減税がなされる制度です。子供をたくさん産んだ方が税金が減って生活が楽になるという仕組みですから、そりゃ出生率の向上には貢献しますわねえ。

⑥PACS制度

PACSとは、２人で共同生活を行っていくために結ばれる契約（異性か同姓かは問わない）で、俗に言う事実婚を容認する制度です。事実婚の関係は「同棲以上・結婚未満」というイメージで、法律的に結婚した夫婦とほぼ同等の権利が認められています。「同棲による婚外子」が増えて出生率のアップに貢献しています。

⑦子育て支援策の充実

　フランスでは35時間労働制が義務づけられており、残業や休日出勤などは少ないそうです。子育てするのに適した環境が作られているわけですね。またフランスでは、ベビーシッターなど家庭向けの子育て支援サービスも充実しているそうで、日本のように、待機児童問題で親が働けないという問題など起こらないわけです。

　また、第2子以降には所得制限なしで20歳になるまで家族手当が給付されるそうです。これはありがたい。

　もう一つ、子供を3人養育すると老後にもらえる年金が10％加算されるのだとか。これまたありがたいですねえ。

⑧無料の学費

　大学までの学費がすべて無料です。大学では学籍登録料などの名目で数万円程度必要なようですが……。学費保険などで、子供の学費確保に頑張る必要のある日本に比べて、遙かに子育てしやすいですねえ。

⑨移民の増加

　これは出生率向上政策と言えるものではありませんが……。フランスでもアフリカなどからの移民が増えています。移民は相対的に貧しく、「所得と出生率は逆相関の関係」からこの層の子供たちが増えています。

（以上、内閣府などネット上の資料を参考にしました）

　なるほどと合点がいくものばかりですね。フランスにできて日本にできないはずはない……わけですが、日本で同様のことに取り組むには、文化の違いがカベになりそうです。「子育ては親の責任」という考えが強く、「子供は社会で育てるもの」という考えが支持を拡げられない現状をまず変えないといけませんよね。いくつかの政策については、政治の中枢を占める「男性高年齢層」が絶対に同意しないのではと思われます。結論から言うと、「儒教の教え（＝古き良き日本の伝統！）」に囚われている限りすべての政策には同意できないでしょう。

もう一つ、「財源」の問題がありますが、これはドースル？　なに簡単です。「あるところ」が負担すればいいわけです。次節「国の借金を考える」で詳しく見るように、富裕層は一層豊かになり、企業は史上最高の内部留保をため込んでいます。その傾向は続き、一方で中間層以下はどんどん貧困に追いやられる格差拡大が続いています。ここは是非、「持ってる人たち」に力を発揮してもらいましょう。少子化が進めば、企業も富裕層も将来の自分たちが危うくなるわけですから、そうならないためにしっかり「貢献」してもらいましょう。「女性が活躍する社会」を目指すためには、まず「金持ちが活躍する社会」を先に実現する必要があるってことですね。

　以上、フランスの出生率向上策を見てきましたが、このほかに考えられる対策を考えてみました。

- ・まずは政府や行政が、「人口は国力」という価値観を打ち立てる（ここから「子供は社会で育てる」という価値観が生まれ、対策が進む）
- ・男女平等賃金を実現する
- ・働く女性の所得税を軽減する
- ・最低賃金を上げる（最低賃金を2000円に！　というデモは日本でもあります）
- ・子供が多いほど、消費に対する補助を増やす
- ・「特定不妊治療費助成事業」の見直し・拡充（現状は、所得制限付きで給付基準も自治体間でバラバラ）

　私が考えついたのは以上です。皆さんにもいろいろとアイデアがあるでしょうね。

　最後に、少子化を考えるときに参考になる文献をご紹介しましょう。ネットサーフィンをしているときに見つけたものです。私はまだ読んでいませんが。『フランスはどう少子化を克服したか』（髙崎順子〔フランス在住〕著、新潮社、2016年、799円）。

「少子化」でネットを検索すると、膨大な数の文献が出てきます。どうぞ気に入ったものをお手に取ってくださいませ。

第 5 節　国の借金を考える

■こんだけ借金！

　さて「自己責任論」が支える新自由主義政策を見てきました。では、「自己責任論」を産み出した国の危機意識の根源 ── 財政赤字がどうなっているのか、具体的な数字を見ていきましょう。

　原稿を書いている時点（2020年7月13日12時50分）で、ネット上の借金時計を見ると、1522兆2158億8062万円になっています。1分後には1522兆2159億6387万円に増えています。何と！　たったの1分で8325万円もの増加です。1秒あたり138万円以上！（関心のある方はネットで「国の借金時計」をご覧くださいな。あまりに急激な数字の変化に、あっけにとられること請け合い！）。国の説明だと、国民一人当たり（赤ん坊からジジババまで！）1208万円の借金があることになります。2015年の国勢調査によると日本の世帯数は5333万2000世帯だそうですから、一世帯当たりの借金総額は2854万円超え。何だ、借金がなけりゃ、郊外に立派な一戸建てが買えるじゃん！

　さてここで、社会保障給付費と内訳の推移について見ていきましょう（図表2）。社会保障給付費とは、年金、医療、介護などにかかるお金のうち、自己負担分を除いた金額です。

　総額とともに、対GDP（国内総生産）比が一本調子で増え続けている（B/A）ことがよくわかります。

　2040年には団塊第2世代が高齢者となり、65歳以上がピークの4000万人を迎えるそうです。当然ながら、社会保障給付費もドンと増えていきますね。

　さて、機能分類という考え方があるそうで、それによると多い方から

（単位：兆円）

	1980年	1990年	2000年	2010年	2015年
国民所得額A	203.9	346.9	386.0	361.9	388.5
給付費総額B	24.8	47.4	78.4	105.4	114.9
（内訳）年金	10.5	24.0	41.2	53.0	54.9
医療	10.7	18.6	26.2	33.2	37.7
福祉他	3.6	5.0	11.0	19.2	22.2
B/A（%）	12.15	13.67	20.31	29.11	29.57

出典：国立社会保障・人口問題研究所「平成27年度社会保障費用統計」

図表3　社会保障給付費の推移と将来推計

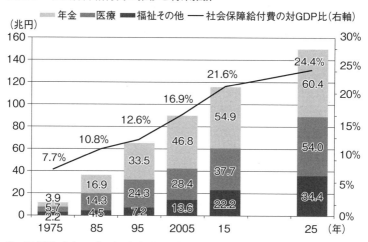

注：平成27年度まで…「平成27年度社会保障費用統計」
　　令和7年度…「社会保障に係る費用の将来推計について《改定後（平成24年3月）》
　　（給付費の見通し）」
出典：国税庁ホームページ

順に、高齢50％、保健・医療30％、遺族6.7％、家族3.3％、障害3.2％、失業2.5％、労働災害0.9％、住宅0.4％ほどだそうです。学者や研究者の間では、何らかの障害のある人は人口の10％というのが常識だそうですから、1200万人以上ということになります（でも国は、800万人ほどの障害者手帳所持者しか障害者と認めていません）。それからすると、障害者に対する社会保障は3.2％と低く、まだまだ不十分ということが

統計的にもよくわかります。まあ少なくとも、「障害」が財政赤字の原因ではなさそうです。障害者や家族が、肩身の狭い思いをしたり責め立てられたりする理由なんぞ全くなし！ ってことがわかりますよね。

さて日本の国家予算は、2020年度が102兆6580億円、2019年度は101兆4564億円。このうち年間32兆円ほどをアメリカ国債購入に充てているそうです。このお金の出どころは、日本銀行が公表しないために詳細は不明だそうですが（予算の4倍くらいある特別会計が怪しいと見られています）、2020年1月現在の米国債の保有残高は世界トップの1兆2117億ドルです。アメリカ国債を全部売っちゃえば、借金の1割以上が返済できるんですねー。

突然ですが、皆さんは脱税したことがありますか？ そんなことしませんよねえ。サラリーマンの所得は丸裸だし、きっちり課税されてますよね。つまり私たちは額に汗して一生懸命働き、きちんと納税するという国民の義務をしっかり果たしています。なのに、なしてこげん借金漬けになると？ 誰が借金を作ったん？ 国の経営（者）がおかしいんとちゃう？ 国民に責任なんてないよね？ 国が借金を作ったんなら、国が「自己責任」を果たせばいいじゃん！

国の借金の現状について見てきましたが、では国の資産はいくらか？ 私は残念ながらこれを知ることができませんでした。数字をどこにも見つけられないのです。声を大にして国の借金を訴えるテレビのコメンテーターあたりが、ぽろっとしゃべってくれてもいいと思うんですけどねえ。まあ会計の原則では、「資産と負債は同額で、相殺される」モンなんですけど……。

実は2012年にも同じような数字を調べたことがあります。でもそのころは、借金！借金！の大合唱で、ネットでも危機感だけが叫ばれていました。

でもここへきて、どうやらその論調に少し変化が出てきたようです。「国の借金に関する財務省やマスコミの説明はごまかしだ！」という論

調も見られるようになりました。「国の借金」でネット検索すると、相変わらずの「タイヘンだ、タイヘンだ」論調に加えて、「『日本の借金1000兆円』はやっぱりウソでした～それどころか……」や、「多額の借金でも日本が『つぶれない』といわれる理由」などのタイトルで、「心配ないよ」という言い分も出てきています。

　私は経済や数字に弱いので、目を通しても詳細を理解できたわけではないのですが、要約すると次のようになるみたいです。

・政府の実質的な借金は150～200兆円に過ぎないこと
・その程度には資産の裏づけがある→返済できる→つぶれない
・国の連結決算では、300兆円の黒字である→つぶれない
・増税したい財務省の理屈を、経済オンチのために批判できない（鵜呑みにした）マスコミが、財務省の言いなりになってデマを垂れ流している
・日本国債は円建てで売り買いされる。通貨発行権を持っている政府は、国債を買い戻す（借金返済）ためには、お札を刷るだけでよい
・国が借金をしているのは国民に対してである。現状の借金は、父親が子供たちから金を借りている状態。一家が破産するはずもない
・つまり、2854万円が「一世帯当たりの借金」というのは大ウソで、「一世帯当たりが国に貸しているお金の額」なんだそうです
・財務省が財政危機を声高に唱えるのは、貸付先（借りてくれるところ＝天下り先）を増やすため

　何とかこれくらいは読み取れました。もっとわかりやすい説明もあるんでしょうが、私の能力ではこの程度です。すみません。関心のある方は、ネットでMMT（Modern Monetary Theory＝現代貨幣理論）を検索してみてください。

②富の偏在

　さて勤勉な国民性の日本人は、毎年500兆円を超える富（国内総生産

＝GDP）を産み出しています。この莫大な富は、いったいどのように分配されているのでしょう？　まずはGDPの推移を見ていきましょう（図表4）。

1986年からのバブル景気により、1980〜90年までの10年間で81％という急激な増加を示しています。「失われた20年」の狭間の2010年には経済指標としては珍しいマイナスを記録しています。そのため2019年までの19年間で5％プラスがやっとこさでした。

さてどんな人がこの富の恩恵を受けているのか？　長者番付を見ると、図表5の通りです。家族と共有する資産を含めた額です。

10位までの総資産合計は、ナント10兆7030億円。2019年の国内総生産（GDP）は557兆7000億円ほどですから、この10人の家族だけで1.92％を占めているわけですね。

図表4　GDPの推移

年	1980年	1990年	2000年	2010年	2019年
額（兆円）	250.6	453.6	526.7	500.3	557.7
伸び（％）		81.0	16.1	-5.1	11.1

（SNA〔国民経済計算マニュアル〕に基づいたデータ）

図表5　日本の長者番付

順位	氏名	資産額	企業名	備考
1	柳井　正	2兆3870億円	ファーストリテイリング	ユニクロ
2	孫　正義	2兆1940億円	ソフトバンク	
3	滝崎武光	2兆1190億円	キーエンス	センサー機器
4	佐治信忠	1兆60億円	サントリーホールディングス	
5	高原豪久	6320億円	ユニ・チャーム	紙おむつ等
6	三木谷浩史	5780億円	楽天	
7	重田康光	5030億円	光通信	
8	毒島秀行	4390億円	SANKYO	パチンコ
9	似鳥昭雄	4280億円	ニトリ	家具チェーン
10	森　章	4170億円	森トラスト	不動産開発

出典：「フォーブス」2020年4月号

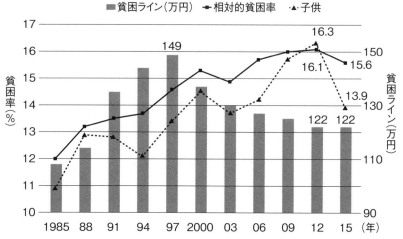

図表 6　貧困率と貧困ラインの年次推移

出典：大西連「貧困率は16.1%から15.6%へ改善　一方、悪化した数字も」
（「Yahoo! ニュース」2017年6月27日）

　一方で相対的貧困率は2015年に15.6%。2012年の16.1%からわずかに改善されましたが、OECD（いわゆる先進国）平均の11.3%よりも高く、依然として7人に1人が貧困状態にあります（図表6）。相対的貧困とは、貧困ライン（＝可処分所得の中央値の半分）以下の所得で暮らす人の割合で、2015年は122万円以下で暮らす人となります。月収10万円程度 ― 厳しいですよねえ。

　子供の貧困率が2012年→15年の3年間でかなり減少しています。法の整備と対策が進んだ結果です。どんどん減っていって早くゼロになって欲しい。

3 生活保護

①被保護者数は2015年の216万3685人をピークに減少へ向かい、被保護世帯数は2017年の164万2907世帯がピークです。

②図表7では保護率が千分率であることにご注意ください（‰＝パーミ

図表7　生活保護受給世帯数の推移

	被保護世帯数		保護率(‰)
	年度累計	1カ月平均	(世帯千対)
1990年	7,485,054	623,755	15.5
1995年	7,223,101	601,925	14.8
2000年	9,015,632	751,303	16.5
2005年	12,498,099	1,041,508	22.1
2010年	16,920,586	1,410,049	29.0
2015年	19,556,914	1,629,743	32.4

出典：国立社会保障・人口問題研究所ホームページ

図表8　被保護世帯数の推移

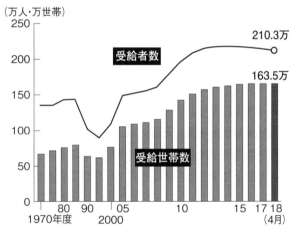

注：月平均値。2016年度までは確定値。17年度と18年4月は概数
出典：「時事ドットコム」2018年7月4日

ル）。1000世帯あたりということです。

③保護率とは別に、捕捉率も重要です。捕捉率とは、「生活保護基準を
　下回る経済状態の世帯のうち、実際に生活保護を受給している世帯の
　割合」を言います。有資格者のうち、実際に受給している世帯の割合
　ですね。

④厚労省の推計でも研究者の推計でも、捕捉率は、所得だけで判定する

と1〜2割、資産を考慮しても2〜3割です。残り7〜8割は受給せずに（受給できずに？）何とか踏ん張っているわけです。有資格者のうち、800万人以上が受給できていないということですね。まるでニュースになることはありませんが。

4 世帯収入の推移

厚生労働省が発表したいくつかのデータを見ていきましょう（図表9）。

すべてのジャンルの世帯で1990年代のピークより減少しています。「失われた20年」が所得に反映されています。全世帯平均は、21年かけて100万円以上も減っています。このタイミングで消費税増税（2019年10月）なんて、これ以上国民を苦しめるのか！ と言いたいところです。

続いて母子・父子世帯の所得状況を見ていきましょう（図表10）。

この世帯は、父母いずれかと少なくとも子供一人が同居している世帯

図表9　一世帯当たり平均所得金額の推移

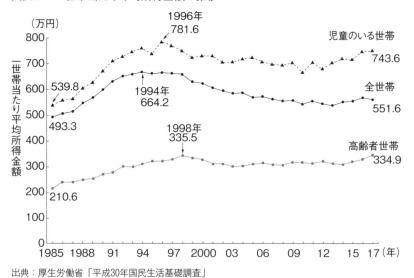

出典：厚生労働省「平成30年国民生活基礎調査」

226

図表10　母子世帯・父子世帯の状況

	母子世帯	父子世帯
世帯数（推計値）	123.2万世帯	18.7万世帯
一人親世帯になった理由	離婚 79.5% 死別 8.0%	離婚 75.6% 死別 19.6%
就業状況	81.80%	85.40%
平均年間収入（母または父のみ）	243万円	420万円
平均年間収入（世帯全員）	348万円	573万円

出典：厚生労働省「平成28年度全国ひとり親世帯等調査」

ですね。ご承知の通り、母子世帯の方が、父子世帯よりも遙かに収入が低いことが歴然としています。

　厚労省発表「国民生活基礎調査の概況」を見ると、2017年の全世帯の平均所得は551万6000円ですが、これは最大値を示した1994年の664万2000円より100万円以上も少なくなっています。13年かけて17%も減っていますね。

　同じ調査では、平均所得金額以下の世帯比率は62.4%に達していること、そして低所得世帯数の多さ、高所得層によって平均所得がかさ上げされている様子が把握できます。

　同様に、年収300万円台の世帯は13.6%、200万円台は13.7%、100万円台も13.7%、そして100万円未満の世帯も6.2%存在していることが明らかになっています。200万円台も生活が苦しいでしょうが、100万円台や100万円未満で生きていけることの方がフシギです。

　十分に生活保護を受給する資格はあるわけですが、政策と生活の両方の貧困さが浮き彫りになっています。

5 ワーキングプア＝働く貧困層

　定義：正社員または非正規社員として働いているにもかかわらず、生活保護の水準以下の収入（概ね200万円以下）しか得られない

低所得者層を言う。

　ワーキングプアは2006年に1000万人を超えた後、10年間増え続けています。そして2013年から16年（速報値）まで4年連続で1100万人以上となっています。これからも増え続けるのだと思います。

⑥世帯の貯蓄

　2016年厚労省発表の「国民生活基礎調査」から、いくつかのデータを見てみましょう。まずは世帯別の貯蓄状況です（図表11）。

　貯蓄なしの世帯は、母子世帯が37.6％と他の世帯の倍以上です。日々の生活が精一杯で、貯蓄に回せるだけの余裕がないことがはっきりと見て取れます。また、母子世帯の4割近くに貯蓄がないのは頷いてしまいますが、その他の世帯でも15％前後が貯蓄ゼロというのは驚きです。

　続いて、図表12をご覧ください。一世帯当たりの貯蓄額を示したもの

図表11　貯蓄の状況（2016年）　　　　■貯蓄なし ■貯蓄あり □ 不詳
（熊本県を除く）

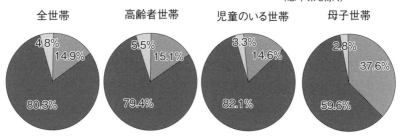

全世帯　　　　　高齢者世帯　　　児童のいる世帯　　　母子世帯
4.8%　　　　　　5.5%　　　　　　3.3%　　　　　　　2.8%
14.9%　　　　　15.1%　　　　　14.6%　　　　　　37.6%
80.3%　　　　　79.4%　　　　　82.1%　　　　　　59.6%

出典：常陽銀行ホームページ

図表12　一世帯当たりの貯蓄額（2016年）

	全世帯	高齢者世帯	児童のいる世帯	母子世帯
中央値	500〜700万円未満	500〜700万円未満	300〜400万円未満	50万円未満
平均値	1033.1万円	1224.7万円	706.7万円	327.2万円

出典：常陽銀行ホームページ

です。

　・「中央値」とは、全体の真ん中の数値。高い数値の影響を受けにくい。

　・「平均値」は、全体の平均の数値。高い数値の影響を受けやすい。

　母子世帯の数字に、中央値と平均値の違いが如実に表れていますね。やはり50万円未満の方が実態に近いでしょう。

　まとめましょう。

　世界第3位の経済大国を自認する日本の貧困率は、

　・2000年代半ば、世界でワースト15位（15.7％）。ワースト1位は南アフリカの26.6％です（各国で調査年が異なります）

　・一人親世帯では、OECD35カ国中ダントツのワースト1位（50.8％、2015年）

　・「生活が苦しい」人は、全体の50.8％、母子世帯では82.7％（2016年）

7 障害者の実態

　さてグランドデザイン以降、就労に駆り出される障害者ですが、「きょうされん」さんが、2016年に全国1万4745人について調査を行っています。引用について了解を得ましたのでご紹介します（図表13、14）。

　生活保護受給者の割合は、障害者が一般国民の6.7倍です。

　このほか親との同居率が高く、40代前半までは、親との同居が50％を超えていることも明らかになりました。所得が低いため、一人暮らしの

図表13　生活保護受給者数

	受給者数	母数	割合
国民全体	216万3394人	1億2692万人	1.70％
障害者	1,677人	14.745人	11.40％

出典：きょうされん「障害のある人の地域生活実態調査報告書」（2016年）

図表14　月額収入の分布

0円	235 (1.7%)
1円〜	699 (5.0%)
1万円〜	499 (3.6%)
2万円〜	461 (3.3%)
4.2万円〜	6839 (48.8%)
8.3万円〜	2987 (21.3%)
10.5万円〜	1568 (11.2%)
12.5万円〜	478 (3.2%)
16.7万円	246 (1.8%)

この結果、障害者の81.6%が貧困線以下で生活していることがわかりました。また、98.1%の人が年収200万円以下のワーキングプアに属します。非障害者との格差が歴然としています（筆者注）。

出典：きょうされん「障害のある人の地域生活実態調査報告書」(2016年)

図表15　企業規模別「退職金制度」の有無

企業規模	退職金制度あり	相場
1000人以上	92.3%	2233万円
500人以上〜1000人未満	91.8%	1825万円
100人以上〜500人未満	84.9%	1605万円
50人以上〜100人未満	77.6%	1407万円

出典：厚生労働省「平成30年就労条件総合調査」

ための住居が確保できない状況が浮かびます。

　さて次に、人生で手にする一番大きなお金 ― 退職金を見てみましょう。

　退職金は、法律で支給することを定められているわけではなく、企業ごとに事情が異なります。

　規模が大きくなるほど退職金が支給される割合が高くなりますが、大企業だからといって必ず支給されるとは限りません（図表15）。50人未満の規模になると、支給されない企業はもっと多くなります。

　少し横道にそれますが、規定がなくてももらえる場合があります。

　・過去に退職した人が退職金をもらっている場合

　・求人票に「退職金あり」と明記している場合

　もらえるものはしっかりもらいましょうね。

8 税率の推移

続いて、所得にかかる税率の推移を見ていきましょう。

まず、累進性と逆進性について押さえておきます。

累進性：所得が高ければ高いほど税負担率が高くなる

逆進性：所得が高くなるにつれて税負担率が下がる、または、所得の
　　　　高低にかかわらず税負担率が変わらない。低所得者の負担感
　　　　が大きく、不公平税制と言われる。消費税は逆進税制の典型。

次に、所得にかかる税には、所得税と住民税があります。税率の変更
は頻繁ですが、できるだけシンプルに見ていきます。

①所得税率（図表16）

・1974年は19分類でしたが、2015年には半分以下の7分類となりました。

・8000万円以上の所得層は、40年間に税率が75％→45％へと4割も下が
　っています。何たるスーパー減税！　富裕層優遇政策！

図表16　所得税率

1974年～		1988年～		1999年～		2015年～	
所得額	税率	所得額	税率	所得額	税率	所得額	税率
～60万	10%	～300万	10%	～330万	10%	～195万	5％
～120	12	～600	20	～900	20	～330	10
～180	14	～1000	30	～1800	30	～695	20
		～2000	40	1800～	37	～900	23
～4000	60	～5000	50			～1800	33
～6000	65	5000～	60			～4000	40
8000～	75					4000～	45
19分類		6分類		4分類		7分類	

出典：国税庁資料

図表17　住民税率

1989年〜		1995年〜		1999年〜		2007年〜	
所得額	税率	所得額	税率	所得額	税率	所得額	税率
〜120万	5％	〜200万	5％	〜200万	5％	一律	10％
〜500	10	〜700	10	〜700	10		
500〜	15	700〜	15	700〜	13		
3分類		3分類		3分類		1分類	

出典：国税庁資料

②住民税率（図表17）

・曲がりなりにも確保されていた住民税率の累進性が、2007年改定で一気に逆進性になりました。200万円以下の人は2倍となり、そーとーな増税感だったでしょう。逆に税率10％超の人には減税となりました。

・図には入っていませんが、1980年の税率改定では14分類もあり、5000万円以上の人は税率18％でした。18％→10％って、44％ダウンのスーパー減税！　富裕層優遇政策！

🖪消費税について

　税に関する話題を取り上げましたので、最後に消費税について考えてみたいと思います。

　消費税は、「同じものを誰が買っても同額の税金を払う」ことから公平・平等な税制だと唱える人がいます。果たしてそうなんでしょうか？

　各人・各世帯の収入には天地の格差があります。でも、生活するために必要な消費は、収入ほど極端な差はありません。年収200万円以下の人はそのほとんどを消費＝生活費に回さざるを得ません。自由に使えるお金など、ほとんど残らないわけです。つまり所得に対する消費税負担率は、ほぼ税率通りの10％です（2020年7月現在）。対して年収1億円の人の生活費は、さて、多くても2000〜3000万円くらいなのでしょうか（ビンボー人の私には正確な数字はわかりませんが）。とすると所得に対

する消費税負担率は、2～
3％となります。生活費以外
の7000～8000万円のおカネは、
貯蓄だったり投資だったりに
自由に使えるわけですね。し
かも、そのおカネを使い切っ
たとしても、家や土地などの
財産を失うわけではありませ
ん。こうして、所得が高けれ
ば高いほど、消費税負担率は
下がります。不公平税制の極
みですね。

　さて税金には、富の再分配
という機能があります。金の
あるところから、無いところ
へ移動させるわけです。ちょ
っと堅いですが、辞書を見る
と次のようにあります。

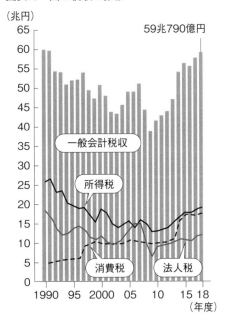

図表18　国の税収の推移

注：2016年度までは決算、17年度、18年度は見
　　積もり
出典：「時事ドットコム」2017年12月22日

　「富の再分配：租税・社会保障・福祉・公共事業などにより、社会の
中で富を移転させること。国などが、大企業や富裕層の所得・資産に累
進的に課税して得た富を、社会保障・福祉などを通して経済的弱者にも
たらす。また、公共事業で雇用を創出し、所得として間接的にもたらす
ことにもいう。所得再分配」（「デジタル大辞泉」）

　この、「富の再分配」という視点から見ると、消費税の不公平さが一
層はっきりしてきます。

　まず、税別収入と総税収の推移を見てください（図表18）。

　消費税は最初、1989年に3％の税率として導入されました。そして、
97年に5％、2014年に8％、19年に10％へと、過去3度にわたって増税
されてきました。消費税収そのものは、目論見通り増加していますが、

税収入の総額となると、思ったようには増えていないどころか、91年に60.1兆円のピークを迎えた後は、一度もそれをオーバーしたことはありません。おかしいと思いませんか?

図表18から読めることをまとめてみましょう。

・1991年に26.7兆円を超えた所得税収は、2018年には19兆円に落ちた (−7.7兆)。

・同じ期間に法人税は、19兆円から12兆円に落ちている (−7兆)。

・つまり所得税と法人税の合計は、30年間で14.7兆円も減っている。

・2017年の消費税収は17.6兆円。

・これは、「所得税と法人税の落ち込みを、消費税が穴埋めしている」ということ。消費税効果は17.6−14.7で、たかだか2.9兆円。

・法人税は企業の税。所得税は富裕層の負担額が多い税。「薄く広くとる消費税」が企業や富裕層の減税のために使われているのが実態。

さて、「日本の富裕層は、先進国で最も税金を払っていない」というデータもあります。

財務省発表の数字を見ていきましょう (図表19)。個人所得税というのは、先進国ではその大半を高額所得者が負担しているとか。税率がとっても低いニッポンの富裕層、幸せですね〜。

税収が30年近く前にも及ばないことについて、「不景気だから、企業

図表19　個人所得税の国際比較

	日本	アメリカ	イギリス	ドイツ	フランス
国税収入に占める個人所得課税収入の割合	29.3%	70.4%	35.8%	39.1%	36.9%
国民所得に占める個人所得課税割合	4.8%	10.6%	12.4%	11.4%	12.2%
最低税率	5%	10%	20%	0%	0%
最高税率	45%	37%	45%	45%	45%

注：日本の最高税率は復興特別所得税により実質的に45.95%となる
出典：財務省「個人所得課税の国際比較」(2020年)

収入が減り、社員に払う給料も下がり、従って誰もが消費を抑えた。また、企業が納めるべき法人税も減った」という声があります。

確かにそれはあるかもしれません。でもマスコミなどによると、「企業は過去最高の内部留保」なんて報道がされていますよね。いったい何がホントなのか、関係する数字を見ていきましょう。

次は、雇用者報酬と可処分所得の対前年比推移です。

企業の内部留保は、ここ数年、過去最高を更新し続けています（図表20）。「企業収入が減り……」という把握は事実に反していることがわかりますね。

2010年から報酬総額はおおむね増加を続けていますが、可処分所得の伸びは一貫して報酬額の伸びを下回っています（図表21）。「給料が上がっても、消費に回すお金を抑える」ということですね。総額が増えているのは、必ずしも個人の所得が増えているとは言えず、65歳以上の就労人口が増えていることも要因だということを押さえておく必要があります。

では実際の賃金の推移はどうなっているのでしょうか？

橋本政権時代の1997年をピークに、一本調子で下がっています。賃金が目減りする中では、消費を減らそうとする心理が働きますよね。景気が悪くなるのもむべなるかな、ですね。

「社員に払う給料が下がり、従って誰もが消費を抑えた」という指摘

図表20　内部留保の推移

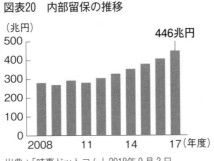

出典：「時事ドットコム」2018年9月3日

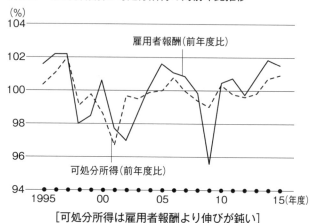

図表21　雇用者報酬と可処分所得の対前年比推移

(%)

雇用者報酬(前年度比)

可処分所得(前年度比)

1995　　00　　　05　　　10　　　15(年度)

[可処分所得は雇用者報酬より伸びが鈍い]

出典：山田徹也「アベノミクスで『労働分配率』が低下する理由」
（「東洋経済オンライン」2017年1月26日）

は当たっているようです。

　2017年の実質賃金は、05年比で見ても、「現金給与総額」で－8.9％となっています。

　安倍政権発足の2006年からすると、11年間でどちらも10％程度落ち込んでいます。貧困化が進んでいることは、数字の上からも証明されているわけですね。

　安倍政権をひと言で言うと、「10年以上も貧困化（＝格差拡大）を進めた政権」？

　安倍政権に限らず、私たち国民は20年もの間、財布を潤沢にする政府をもたなかったということです。自公政権はもとより、一時期を担った民主党政権にも責任はあるでしょう。

　さて、個人と同じように、企業も定められた納税をしなければなりません。

　法人税と言っても一律ではなく、細かく定められています。でも、詳細に検討することが主眼ではありませんので、ここではざっくり見ていくことをご了承ください。

図表22　法人税率の推移（基本税率）

年	昭和56	昭和59	昭和62	平成元	平成2	平成10
税率（%）	42.0	43.3	42.0	40.0	37.5	34.5
年	平成11	平成24	平成27	平成28	平30	
税率（%）	30.0	25.5	23.9	23.4	23.2	

出典：財務省資料

　法人税は頻繁に変更されています（図表22）。

　昭和の時代（1926〜89年）から比べると、現在はずいぶん下がっています。基本税率でほぼ半分ですかあ。「世界で一番企業が活動しやすい国にする」と言った総理大臣がいましたが、歴代の総理みんながそう考えていたんでしょうねえ。政策の恩恵を受けて、企業はさぞかし活動しやすくなったことでしょう。

　さて続いて税収全体を見ていきましょうか（図表18参照）。

　税収が下がっていることの原因を探ってきましたが、「不景気だから」というわけでもなく、「企業収入が減り……」というわけでもないようです。「誰もが消費を抑えた」ことは確かなようですが、「企業が納めるべき法人税が減税のおかげで減った」こともまた事実ですね。もう一つ、「減税の恩恵を受けた」のは、富裕層も同様です。これらが重なって税収が伸び悩んでいるわけですね。

　つまり、消費税は、当初言われた「社会保障に回す」という理由がゴマカシだったということです。企業や富裕層の減税分を肩代わりするために使われていたわけです。「社会保障に回」される分が一部あったとしても、残る分が富裕層や企業の減税分の穴埋めに使われたのであれば、「社会保障に回す」という理由が、ウソだったと言わざるを得ないでしょう。「実際消費税は社会保障に使われているんだから、約束を破っていないじゃないか」という主張は、詭弁のそしりを免れません。

　これまで、生活に関わるデータを見てきましたが、そのすべてが、低

所得層の過酷な実態を示しています。そして、低所得層は増大する一方です。対して富裕層は優遇され、従って格差が広がるばかりです。

2018年10月から生活保護費が切り下げられました。体調が悪くなっても医療が受けられない無保険者が増加する一方で、富裕層はますます富を増やしています。フランスの経済学者トマ・ピケティの言う「資本主義は格差を拡大し続ける」現実がここにあります。

「国の借金」について考えてきましたが、ちょっとあれもこれもと話題を欲張りすぎたようです。まとまりを欠いてすみません。

ひと言でまとめましょう。

国がお金を借りているのは外国ではなく国民から。その額は一世帯当たり2854万円に上る。消費税増税の必要なんぞ全くなしってことですね。

第 **6** 節　「少子高齢化」を考える

■1 日本の人口の推移

これまで以上に数字がモノをいう節になりそうです。

さて少子高齢化が叫ばれて久しいですね。最初に日本の人口の推移を見てみましょう。

第2次大戦前から日本の総人口は増え続けています。2008年に1億2808万人とピークを記録し、それ以後は減少に転じます（図表23）。右軸は65歳以上人口の構成比で、高齢化率として知られています。平成に入って一本調子で伸び続けた高齢化率は2065年あたりで40％の大台に達し、それ以後は横ばいに転じます。

〈少子高齢化とは〉

少子化と高齢化という2つの社会現象が同時に起こること

　少子化：出生率が減少して生まれる子供の数が減少すること

　高齢化：平均寿命が延びて、高齢者の割合が高まること

図表23　人口の推移

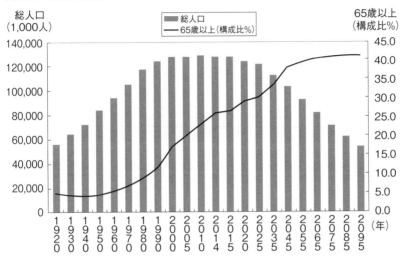

出典：総務省「日本の統計2018」

　さて人口統計では、15～64歳を生産年齢人口とし、それ未満を若年人口、それ以上を老年人口とします。もちろん経済力の源泉は生産年齢人口ですが、将来の労働力である若年人口も負けず劣らず大切です。この3つの層について、推移を見ていきましょう（図表24）。

　総人口のピークだった2008（平成20）年から、若年人口と生産年齢人口が減り続け、逆に老年人口は増え続けていることがわかります。

　表から、2020年には1人の高齢者を2人（7406÷3619）の現役世代が支えていますが、2050年には1.58人（5275÷3341）の現役世代が支えることがわかります。

　少子高齢化（とりわけ少子化）は、国の将来を決する重大な問題です。富の源泉は労働力人口（生産年齢人口）にあり、日本ではそのすべての数字が悪化し、かつ将来も悲観的です。厚生行政と労働行政を一手に引き受ける厚労省が、将来の労働力人口増加政策の一つとして障害者の就労支援に取り組むということは、それだけおしりに火がついているのでしょう。

図表24　3区分別人口と構成比の推移

年	若年人口 （14歳以下） （万人）	構成比 （%）	生産年齢人口 （15～64歳） （万人）	構成比 （%）	老年人口 （65歳以上） （万人）	構成比 （%）
1990	2,254	18.2	8,614	69.7	1,493	12.1
1995	2,003	16.0	8,726	69.5	1,828	14.6
2000	1,851	14.6	8,638	68.1	2,204	17.4
2005	1,759	13.8	8,442	66.1	2,576	20.2
2008	1,717	13.5	8,230	64.5	2,821	22.1
2010	1,684	13.1	8,174	63.8	2,948	23.0
2020	1,508	12.0	7,406	59.1	3,619	28.9
2030	1,321	11.1	6,875	57.7	3,716	31.2
2040	1,194	10.8	5,978	53.9	3,921	35.3
2050	1,077	10.6	5,275	51.8	3,341	37.7

出典：総務省統計局「国勢調査」

　続いて、出生数の推移を見ていきましょう（図表25）。

　2019年は、ピークだった70年前に比べて183万人も減り、史上最低を記録しています。2016年以降、100万人割れが続いています。有効な対策が打たれなければ、この先もずっと出生数は減り続けるのだと思います。

　平均初婚年齢は、60年かけて男女ともに5～6歳ほど上昇しています。少子化の原因の一つである晩婚化が浮き彫りになっています。

　さて内閣府が、2014年11月にまとめた報告書で、少子高齢化に触れています。少子高齢化による社会への影響は、いろいろと指摘されています。

①経済規模の縮小

・人口の減少によって生産性と労働力の低下につながる。

・総人口に占める労働力人口の割合は、2014年の52％から2060年には44％に低下することから、働く人よりも支えられる人が多くなる。

・急速な人口減少が、国内市場の縮小をもたらすと、投資先としての

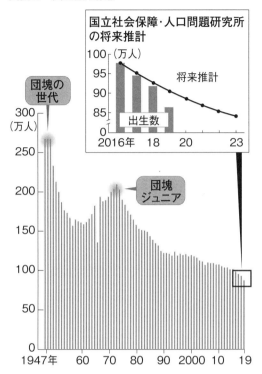

図表25　出生数の推移

国立社会保障・人口問題研究所
の将来推計

将来推計

出生数

2016　18　20　23

団塊の
世代

団塊
ジュニア

300
（万人）

250

200

150

100

50

0
1947年　60　70　80　90　2000　10　19

出典：「日本経済新聞」2019年12月24日

　魅力を低下させ、さらに人々の集積や交流を通じたイノベーション
を生じにくくさせることによって、成長力が低下していく。
・いったん経済規模の縮小が始まると、それがさらなる縮小を招くと
いう「縮小スパイラル」に陥る恐れがある。
②基礎自治体の担い手の減少
・2040年に総人口が１万人未満となる自治体が523市町村（全体の
29.1％）と推計されている。地方圏を中心に４分の１以上の地方自
治体で行政機能をこれまで通りに維持できなくなる恐れがある。
③社会保障制度と財政の持続可能性に悪影響
・高齢者１人を支える現役世代は、1960年には11.2人であったが、

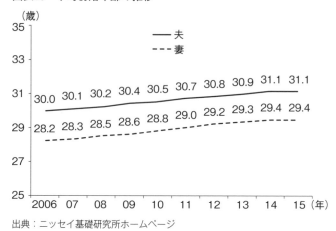

図表26　平均初婚年齢の推移

（歳）

夫
妻

| 30.0 | 30.1 | 30.2 | 30.4 | 30.5 | 30.7 | 30.8 | 30.9 | 31.1 | 31.1 |
| 28.2 | 28.3 | 28.5 | 28.6 | 28.8 | 29.0 | 29.2 | 29.3 | 29.4 | 29.4 |

2006　07　08　09　10　11　12　13　14　15（年）

出典：ニッセイ基礎研究所ホームページ

1980年には7.4人、2014年では2.4人となった。１人が１人を支える「肩車社会」はすぐそこ。

④老後も働かざるを得ない

・「百年安心の年金制度」（小泉純一郎元総理）などどこへやら。年金制度の改悪が続いている。

・生活できるだけの年金がもらえなければ、生きていくためには働くしかない。

⑤介護人材の不足

・2025年には介護人材37万人の不足が見込まれる。

⑥理想の子供数を持てない社会

・「子供を持つのは自然なことだから」という考えが広まっているにもかかわらず、合計特殊出生率の低下は続く。

❷消滅可能性都市

　2014年５月、「全国の自治体のうち、2040年には半分が消滅する可能性がある」とする衝撃のレポートが、日本創成会議より発表されました。

その数、全1800のうち896市区町村。消滅とは、「消えてなくなる」ことではなく、「現在の機能を維持できなくなる」ということですが、それにしても各方面に大ショックを与えたようです。

最近の都市間の人口移動の状況を加味して2040年の20〜30代女性の数を試算。その結果、2010年と比較して若年女性（出産できる年齢）が半分以下に減る896の市区町村を挙げました。このうち523自治体は人口が１万人を割り込みます。

深刻な問題が山積みの少子高齢化社会。特効薬はなく、子供を産みやすく、育てやすい社会を作るしかありません。「国民の幸せを願う」議員さんや政府には、ぜひとも適切な政策をお願いしたいものです。

第 7 節　「ヘルパーの賃金が低い本当の理由」を考える

1 実態を確かめる

さてどこの事業所も同じでしょうが、私の事業所でもなかなかヘルパーさんが増えません。いくら募集しても応募ゼロの状態が何年も続いています。

ヘルパーって、ホントに人気のない職業なんですね。３Ｋ仕事（きつい、汚い、危険）の代表みたいに言われることがありますが、応募がない本当の理由は、「待遇が悪い」からだと思っています。その辺の実態を少し見ていきましょう。

厚生労働省の「平成28年賃金構造基本統計調査」によると、ホームヘルパーの平均年収は46.6歳で305万円となっています。

図表27は、同調査から引っ張り出しました。「介護職員処遇改善加算」を取得している事業所のデータです。私の実感としてはちょっと高そうな気がしますが、皆さんホントにこれだけもらってるのかしら？

次は勤続年数別のデータを見ていきましょう（図表28）。2016〜2017

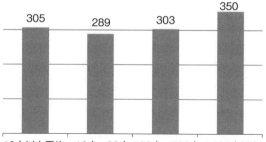

図表27　ホームヘルパーの年収（規模別）

	305	289	303	350
	10人以上平均	10人～99人	100人～999人	1,000人以上

出典：厚生労働省「平成28年賃金構造基本統計調査」

図表28　勤続年数別の賃金

勤続年	2017年9月	2016年9月
1年（勤続1年～1年11カ月）	260,420円	232,560円
2年（勤続2年～2年11カ月）	268,150円	255,140円
3年（勤続3年～3年11カ月）	275,690円	263,330円
4年（勤続4年～4年11カ月）	279,750円	266,390円
5年～9年	292,150円	281,140円
10年以上	326,620円	317,090円

出典：厚生労働省「平成29年度介護従事者処遇状況等調査結果の概要」

年は処遇改善加算制度が効果を発揮しているようです。

　では、他の業種と比べてみるとどのあたりに位置しているのでしょうか？

　ネットで「業種別平均年収」を検索してみると、実にいろんなサイトがあります。一番見やすかったサイトから拾ってみました。

　上位にはなるほどと思われる職業が並んでいます。

　　1位　パイロット　　1531万円

　　2位　医師　　　　　1098万円

　　3位　弁護士　　　　1095万円

　　4位　大学教授　　　1087万円

以上、庶民にはあまり縁がない1000万円以上の職業が並んでいます。

26位に看護師が478万円で顔を出しています。理学療法士・作業療法士は404万円で36位、准看護士が396万円で37位、ケアマネージャーが370万円で42位に顔を出しています。

　福祉施設介護員のデータもあり、316万円で55位、そしてホームヘルパーが304万円で57位となっています。それよりも低い年収で目を引くのは、理・美容師が285万円で62位です。

　間違いなくホームヘルパーは、「賃金の低い業種」であると言えます。

2 介護報酬を考える

　さて、高齢者を対象にした「介護保険サービス事業所」であれ、障害者を対象にした「障害福祉サービス事業所」であれ、収入は、原則1割の利用者負担と残り9割の公的負担です。公定価格ですから、他の民間事業と違って、事業者が自由に価格を設定するわけにはいきません。いくら、「我が社は他社と格段に違うサービスを提供できる！」と誇ってみたところで、それを理由として公定価格以上の報酬を得ることは不可能です。

　ビジネスというものは、「契約」で成り立っていますね。大企業の何十億何百億という仕事はちゃんと契約書を交わします。昼食にラーメンとギョーザを頼むときは、契約書こそ交わしませんが、お店が掲げる料金表を客は承諾して注文するわけです。これも契約の一種ですね。

　介護料金の負担も同様に、国や自治体が決めた公定価格を、利用者は納得したうえで事業者に依頼するわけですね。事業者はこの、「公定価格」の範囲内で運営していくしかありません。ヘルパーさんたちの賃金が低いのは、高い賃金を払えるだけの報酬を事業所が得られないからです。まれに悪徳業者が摘発されますが、ほとんどの事業者は順法精神に満ちた善良な人による経営だと思います。「経営者だけ儲かって！」なんて思わないでくださいな。カネ儲けしたいと思う人は、介護なんて儲からない仕事、ゼ～ッタイにやってませんって（断言！）。

少々脱線しました。国も介護従事者の待遇が劣悪だということは認識しているようで、「介護職員処遇改善加算」を導入し、賃金の改善を図っています。

　私は、もともと劣悪な処遇改善に取り組むのであれば、「いろいろな条件をクリアして初めてもらえる加算」などではなく、介護報酬本体部分をアップするのが本筋だと思いますが、国はそんな考えを採用しないんでしょうね。

　さて、あなたの賃金が低いのは、直接的には事業所が高い賃金を払わないからです。でも事業所を恨まないでくださいね。事業所がカネをため込んでいるかというと、決してそんなことはなく、どこの事業所も運営に必死です。では介護報酬を上げれば？　国や自治体がそうしてくれれば賃金にも回せ、運営も楽になって本当にありがたいんですが、そうはいきません。

　ではここで、本質的な問題を考えてみましょう。「介護従事者の賃金はなぜ低いのか？」、言い換えれば、「介護報酬はなぜ低いままなのか？」。私はここに、経済の原理を見ました。

　介護もおカネで買われる「商品」です。従事者が提供する無形の「サービス商品」なのです。無形という意味では、「旅行」と同じようなものです。食料品や衣服、車やおもちゃのような形こそありませんが、立派な商品だと思います。だからこそ利用者さんたちは、「おカネ」を出してそれを「買う」わけです。では、商品の価格は何によって決まるのか？　それは「価値」だと思います。

　消費者（お金を払う人）は、価値が高い商品であれば、高い価格であっても納得してそれを買います。国内の日帰り温泉ツアーを、１万円以下の料金で利用する人も、ハワイに行くには、その10倍以上の費用が掛かることを知っています。「価値を認めている」からですね。

　さて価値には、この例のように、「それ自体が持つ価値（日帰りツアーとハワイツアー）」と、「新たな価値を産み出す価値」の２つがあると

思います。

　新たな価値を産み出すとはどういうことでしょうか？

　石油を例に考えてみましょう。原料である原油（石油）に石油精製の過程を経て分留した有益な物質全般を「石油製品」と言います。

　石油の最初の商品である原油は、１バレル（約159リットル）当たり2889円程度で取引されています（2020年３月）。つまり１リットル当たり18円ほどです。ガソリンは石油製品の代表的なものですが、福岡県で一番安いところは１リットル当たり109円で販売しています（2020年７月11日）。つまりガソリンは、石油精製の過程を経て、109－18＝91円の「新しい価値」を獲得したと言えるわけです。原油から作られる石油製品はほかにもたくさんあります。合成ゴム、プラスチック、アスファルト、化粧品などが代表的なものです。そしてこれらの製品は、ガソリンと同じように、「新しい価値」を付加されて、原油より遙かに高い価格で取引されます。化粧品の値段にネを上げている女性は多いことでしょうね。

　これが、「新たな価値を産み出す価値」ということです。では、改めて介護を見ていきましょう。介護は、「新たな（経済的）価値」を産み出しているのでしょうか？　最初に介護を「商品」としたのは、ご承知の通り、65歳以上の高齢者を対象とした「介護保険制度」です。「介護」を受けた高齢者は、化粧品のように「新たな経済的価値」をもたらしたでしょうか？　介護を受けた高齢者が、再び現役時代のようにバリバリ元気に働けるようになったのであれば、「新しい価値を獲得した」と言えるでしょう。でもそんなことはありませんよね。高齢者は「働く（＝労働力化・納税者化）」ために介護を受けているわけではなく、人生の終盤を自分らしく、穏やかに、安心して生きるために介護を受けているわけです。そこで得られる役割は、生産現場に復帰し「新たな価値を産み出す」労働者として働くことではないですよね？　残された（経済的）役割は、「消費者としてあること」だけだと言えるのではないでし

ょうか？　生きていくためには、いくら食が細くなったと言っても、食べることが欠かせません。また、若いときのようにおしゃれをしなくなったと言っても、衣服は必要です。かくして高齢者は、「消費者」としての役割を果たしているわけです。「消費」は、別の見方をすれば、「生産を促す」機能がありますから、その意味では生きている限り「社会のお役に立っている」と言えるのだと思います。

　でも残念ながら、高齢者自身が「新たな価値を産み出す」立場を再び獲得することはありません。つまり「介護」はそこだけで完結し、「新たな価値を生まない」商品としてしか評価されていないのだと思います。このことが、介護従事者の賃金（を始めとする各種待遇）が低い大きな理由だと思います。

　では、介護保険に遅れること3年にして始まった「障害者自立支援法」はどうだったでしょうか？　この法は、156ページ以後に見てきたように、悪評フンプンでスタートしましたが、当初から「障害者を働かせて納税者にする」という目的をはっきりと打ち出していました。社会保障として税金を注ぎ込むばかりであった障害者を、「どれだけ障害が重くとも社会に貢献する（＝労働力化・納税者化する）」存在として位置づけました（2004年グランドデザイン）。もちろん障害者に対する介護制度は設けられましたが、一方で「就労支援」と称する障害者の労働力化・納税者化が強力に推進されることとなりました。厚労省は障害者の法定雇用率を徐々に上げていき、強力な行政権限でもって民間事業者に障害者雇用を迫っています。

　介護は、障害者に対する支援策のほんの一部でしかありません。そしてまた、高齢者に対するそれと同じように、介護それ自体で障害者が、「新たな価値を産み出す」立場を獲得することはありませんでした。それゆえ介護保険制度と同じように、障害者介護従事者も低賃金と低待遇を強制されているのだと思います。

　いま就労支援の広がりと深まりによって、障害者は生産現場へ進出し、

労働力化によって、「新たな価値を産み出す」立場を獲得しつつあります。「小人数で、設立間もない」介護事業所が続々と倒産していく中で、「障害者を労働者・納税者とする」ための就労支援事業所だけが生き残る可能性を持たされているのでしょうか？　就労支援に取り組む人たちは、「経済の原則」に基づき、もっともっと評価されてよいと思います。

第 8 節　「日本人」を考える

　さて、大きく構えたものです。日本人論というほど大げさなものではありませんが、関心があるので考えてみました。

　日本人を思い浮かべたときに、私が真っ先に挙げる印象は、まず集団性と同一性。「どの集団に属するのか」あるいは、「その集団の特質は何か」ということがものすごく重視されるような気がして仕方ありません。そして、「集団の和を乱さないこと」が最も重要視されるようです。つまり、「個性」 ― あるいは「多様性」 ― と対極に位置する価値観。

　「個性を伸ばそう」、「個性を大切にしよう」、はたまた「仕事に個性を生かそう」などと ― つまりは「個性」を尊重するようなことを言われますが、そういう端から、「和を乱すな」、「協調的であれ」なんて「個性」を否定するようなことを言われるとズッコケてしまいます。あんたの本音はどっちやねん！　ご都合主義的なダブルスタンダード？

　思うに日本人は、儒教の価値観と共に生きている ― 集団を維持しているのではないでしょうか？　儒教とキリスト教を特段真剣に考えたわけではありませんが、双方を比べるときに、必ず思い起こす言葉があります。ある行為を行うにあたって戒めとされる言葉です。

　儒教「己の欲せざるところを人に施すなかれ」

　キリスト教「己の欲するところを人に施せ」

　意味はおわかりですね？　キリスト教が、肯定言葉で行為を促すのとは対照的に、儒教では、否定言葉を繰り返すことによって行為を促す ― というか制限を掛けます。私なんかも、親からよく言われたもので

す ——「自分がされて嫌なことを人にするなよ」と。子供心に、「〜する
な」はわかるけど、じゃあ何をしたらいいの？ とギモンでした。実際、
否定言葉で指示されると何をすればいいのやらわかりませんよね。とり
わけ、「言葉のウラの意味を読むのが苦手な発達障害の人」には、否定
言葉はとても伝わりにくいものです。発達障害者に限らず、いわゆる定
型発達の人たちでも、肯定言葉で、具体的に「〜をやれ」と言われると
よく理解できると思いませんか？　儒教というのは、まずマイナスに焦
点を当て、指摘し、批判し、自ら答えを決して示さない —— そして相手
が自分の考えと違う行動をすると激しく叱責する、そんな特徴があるよ
うに思います。私はこのスタンスの取り方が、とっても苦手で大キライ
です。もっとオープンに行こうよお。いずれにしても儒教には、「いけ
ないことを禁ずる」考えはあっても、「肯定的な取り組みを促す」とい
う考えはないようです。

　さて、「まるで知らない」では論ずることも無理ですから、儒教につ
いて少しばかり調べてみました。駆け足で見ていきましょう。

　孔子の教えを基にした思想体系であることはご存じですね。紀元前の
ことです。

孔子は、人は五常を守り、五倫との関係を維持していこうと説きました。

　　五常　仁：人を愛し思いやること。

　　　　　義：利欲にとらわれず、世のため人のため（大義やら正義も入
　　　　　　　る）に行動すること。

　　　　　礼：自分を謙遜し、相手に敬意をもって接すること。決まりを
　　　　　　　守ること。

　　　　　智：偏りのない考え方を持ち、知識や知恵を得ること。道理を
　　　　　　　知り、善悪を判断する知恵のこと。

　　　　　信：人を欺かず、言明を違えないこと。人に信頼を持たれるよ
　　　　　　　う行動すること。

　　五倫　父子：父子とは親子の意味。親は子を深く愛し、子は親に敬意
　　　　　　　　を持ちましょう

君臣：君臣の間には礼儀がある。君主と臣下は水と魚のように
　　　親密でありましょう
夫婦：夫と妻にはそれぞれ別の役目がある。それぞれ役目を全
　　　うしましょう
長幼：年少者は年長者を敬いましょう。年長者は年少者を慈し
　　　みましょう。
朋友：朋友の間には信義がある。友達とはお互い信じ合って付
　　　き合いましょう。

　儒教はその誕生から2500年以上にわたって東アジア各国に影響を与え
ているとか。江戸時代には儒学者が多く現れ、特に朱子学（儒教の一
派）は幕府公認の儒学でした。幕府公認ということは、儒教が幕府の支
配にとってメリットがあったということですね。
　儒教の弊害について、ネットに次の記述がありました。ご紹介します。
　「儒教の教えは、為政者が理想の政治を実現するための思想哲学です。
教え自体は納得がいくもので、たしかにこのような徳目に従って国家が
運営されれば、理想的な世になるだろうと考えられます。
　しかし現実はうまくいくことばかりではなく、儒教にも弊害といえる
ものが存在するのです。
　たとえば、儒教では、親を敬うことが奨励されています。しかし亡く
なった際の喪に服す期間が３年にもおよび、ボロボロに痩せ衰えてしま
う人が続出しました。（中略）
　さらに、儒教では上下の秩序を重んじています。すると上の者には媚
び、下の者には傲慢に接するという差別意識が生まれやすくなってしま
うのです。加えて、長幼の序を重んじるため、たとえ長男が無能で次男
が有能だったとしても、後継者になるのは長男。努力をしてもしなくて
も結果は変わらず、競争が起こりづらくなります」（majisaru「５分でわ
かる儒教の教え！　概要や日本の歴史、弊害などをわかりやすく解説！」、
「ホンシェルジュ」）

「上の者には媚び、下の者には傲慢に接する」人って、私たちの周りにもたくさんいますよね？

　いずれにしても、「日本人の思想や習慣には、実は儒教の考え方が深く根づいていて、その歴史や源流を学ぶ際には避けてとおることはできない」（同上）ことは確かなようです。

　さて70年の人生経験で感じた「日本人の特徴」について考えたことをいくつか挙げてみましょう。

①論理的に考えることを苦手とし、「雰囲気」や「気分」が大事

　権威を重んじるとでも言うのでしょうか、「誰が」やってるか、言ってるかを気にするようです。社会的地位のある人が言ったことには、疑いもしないといった傾向を感じます。「あの人が言ってるんだから正しい、間違いない」と思い込んでしまうようですね。「重んじる」というより、「ひれ伏す＝沈黙する」という方が正確かも。会議や話し合いの席でも、他者の意見を気にせず自分の意見を言うことよりも、「周りを見てしまう」ことの方が多いように感じます。「笑われないかな」、「批判されないかな」ということを気にしすぎのように思います。論理的であるよりも、「空気読めてるかな」と気にするようです。批判精神が全然育たず ── つまり、議論を発展させる力を持たず ──「鵜呑みにする」、「丸め込まれる」危険が大いにあると思います。現状は、その風潮が一層進んでいるように思えます。

　最近になって「反知性主義」という言葉を知りました。この言葉はアメリカで生まれたそうですが、欧米と日本では意味・使い方が異なるそうです。

　ごくシンプルに言えば、欧米では、「知性と権力の固定的な結びつきに対する反感」という意味だそうですが、日本では、「データや根拠、論理性を鑑みず、自分の持つ感情や感覚を頼りに生きる姿勢」のことと考えられています。非科学的で情緒的ってことですね。私はこの日本流の意味において、「全く日本人は反知性主義だ」と感じています。この

意味での反知性主義は、障害者やその運動の中にも見ることができると思います。欧米の意味での反知性主義を推奨するわけではありませんが、日本人はもっと根拠や論理を大切にした方がよいと思います。

②鵜呑み

　前項「反知性主義」にも通じますが、どうも最初に耳にしたことや目にした情報を信じ込んでしまい、疑いもしない傾向が強いように思います。特にその情報が、社会的地位や権威のある人から発信された場合に顕著なようです。言い換えれば、「自分の考えがない」……。権利条約の項で見たように、「合理的配慮」の誤訳など、その最たるものです。いえ、官僚は意図的に、目的意識的に、あえて誤訳を採用したわけですが、それを受け取った側 ─── 国民や障害当事者がその誤訳を真に受けているのではないかと思います。辞書を引けば、すぐに誤訳とわかるんですけど……。一手間を惜しまず、とりあえず確かめてみましょうよ。「国や役人が言ってるから間違いない」と信じ込んでしまうって、と〜っても危険なスタンスだと思いますが……。

③シャイでおとなしい＝意思表示が苦手

　海外では、日本人は基本的に恥ずかしがり屋でおとなしいと思われているようですね。でも日本人って、ごくフツーの日常生活においてもそうですよね。「出る杭は打たれる」って、親や大人から言葉として聞くことはあまりないと思いますが、その言葉が意味する態度は厳しく躾られてきたように思います。「できるだけ目立たず、穏便にコトを済ませる」態度を子供のころから求められていますよね。このことは、意思表示（＝自己主張・自己表現）が苦手としても現れます。周りから見ると、「まるで意思を持っていない」ようにも見え、外国人から不思議がられるようです。

④周りの人に合わせる

　③と相通ずると思いますが、正しいか否かにかかわらず、他者に同調する傾向が強いように思います。「集団性」や「同一性」、「横並び意識」、「目立たない」、「はみ出さない」などを大切にする価値観に従っているのでしょうね。「個人」を大切にする価値観が受け入れ難いのだと思います。この意識も、歴史的に醸成されてきており、日本人のDNAに刷り込まれていると言えそうです。

⑤勤勉

　私たちより上の世代はご存じですよね？ ── 校庭の片隅にあった二宮尊徳像。勤勉のモデルとして政治的に各地の小学校に設置されていったものです。

　家を再興し、農民を助け、領主に尽くす二宮尊徳の姿勢が、明治の元勲山県有朋を中心とする人脈によって政治利用されていったそうです。まさに、「期待される人間像」だったわけですね。

　同じような意味を、卒業式のときに歌われる「仰げば尊し」に見ることができます。

　　　　一、あおげば　尊し　わが師の恩
　　　　　　教えの庭にも　はや幾年
　　　　　　思えば　いと疾し　この年月
　　　　　　今こそ　別れめ　いざさらば
　　　　二、互いにむつみし　日頃の恩
　　　　　　別るる後にも　やよ忘るな
　　　　　　身を立て　名をあげ　やよ励めよ
　　　　　　今こそ　別れめ　いざさらば
　　　　三、（略）

　下線部にその神髄が示されています。

「振り返れば、師の恩というものは、とても尊いものだ。社会に出ても、勉学を怠ることなく、たゆまず努力して、立身出世しなさい。そしてお国の役に立つのだ」

やはり、「期待される人間像」が奨励されています。

2つの例を見ましたが、勤勉であることは、ヒトとしての基本的な態度であるということが、日本では長い間信じられてきました。

それかあらぬか、勤勉であることは善であるという価値観が、日本人のDNAに刷り込まれていきました。どの世代の親も、我が子に勤勉であることを求めるようです。そして、「世のため、人のために尽くせ」という考えは、容易に「お国のために」という考えを受け入れます。

⑥集団との親和性

さて最初に取り上げた集団性です。③、④とも関係すると思いますが、集団の中に「個」を埋没させることにあまり抵抗がありません。これは「集団の中でどう振る舞うか」を説いてきた儒教の影響大だと思います。「集団の中で波風を立てず、調和的であること」と唱える朱子学を、徳川幕府が重用したことと符合します。「支配的な思想は、支配者の思想である」と見破った人がいましたが、そういう意味では、日本人というのは、「支配されやすい」人たちなのでしょうか?

「個人」を大切にする考えは、絶対王政を打倒したフランス革命を始めとする市民革命＝近代民主主義革命に起源を持ちます。市民革命を経ることなく、敗戦によって民主主義が「外からと上から」持ち込まれた日本では、そのような考えは定着することすらなく、支配者にとって好都合な「儒教思想」が、一木一草にまで根を張って生きているのだと思います。

儒教の考えに囚われている限り、現代世界の普遍的な価値観である「民主主義とその中身である個人・平等・尊厳・基本的人権など」を理解することは決してできないように思います。

第 **9** 節　強制不妊手術を考える

　いよいよ出版を目前にして、3回目の校正に取り組んでいた2020年8月11日、大問題を漏らしていたのに気がつきました。旧優生保護法により強制不妊手術を受け、甚大な人生被害を受けた障害者たちが、人生と尊厳をかけて取り組んだ「旧優生保護法強制不妊手術問題」です。

　この本を出版するにあたっては、絶対に外してはいけないテーマだと思いますので、紙の手配を終えていた出版社さんに無理を言って追加していただきました。本来であれば第4章に入れるべきだと思いますが、ページや図表などへの影響を最小限にするためにこの位置に持ってきました。少々違和感がありますが、ご容赦くださいませ。

　問題は周知のことですが、おさらいしましょう。

1 背　景

　1945年の第2次世界大戦敗戦後の日本は、人口の急増（第1次ベビーブーム）に見舞われていました。これに危機感を覚えた政府は、人口抑制策へ向かいます。戦時中の政策を転換し、妊娠中絶を容認・合法化しただけでなく、「不良な子孫の出生を防止する」（法第1条）として旧優生保護法を制定し、障害者などに強制的に不妊手術を施すことを可能としました。敗戦後、「日本民族の再興」を目指した政治家たちの発想が反映されていました。

　「旧優生保護法」は、ナチスの断種法を手本とし、1948〜96年に存在した法律です。前身の「国民優生法」は、「遺伝性疾患」を持つ人に限って不妊手術を認めていましたが、「優生保護法」は「らい病（ハンセン病）」や「遺伝性以外の精神病、精神薄弱」に拡大し、本人の同意なしに優生手術（断種・不妊手術）を行えるようにしました。優生保護法は、もちろん単なる人口抑制機能にとどまらず、優生政策として強力に

機能することになります。「生まれてくる子供を減らすからこそ劣等な遺伝子を断て！　優生な遺伝子だけ残せ！」というわけです。

　優生保護法案は1947年12月の第1回国会で社会党（当時）女性議員が「他の多くの法案と違い議員提出であることに意義がある」と強調。翌48年6月の参院本会議で、全会一致で成立しました。当時の国会議員全員が、その差別性を理解せず、国策に忠実で、障害者などの尊厳を奪い尽くしたわけです。

❷実　態

　本人の同意がない優生手術は、約1万6500件も実施されました。「同意した」とされる人を含めると、約2万5000人に及びます。でも「同意した」とされる人でも、法律では「だまして手術してもよい」と公認されていたわけですから、とても信じるわけにはいきません。これらの数字は、優生保護法が、優生手術を「生殖腺を除去することなしに、生殖を不能とする手術」と決め、それ以外の方法を禁じていたにもかかわらず、規定にないレントゲン照射や子宮の摘出を黙認していた結果です。また法は、手術を推進するだけでなく、「障害児を産むかもしれない人は断種してもよい」、「障害者から生殖を奪ってもよい」という考え（＝優生思想）を、人々の間に同時に広めていきました。欧米で盛んになった優生学の影響を受けた日本でも、障害者や病者、弱者を排除する考えが、法という正当性をもって拡散していったわけです。

❸目覚め

　「知的障害があるとして強制的な不妊手術をされたのは人権侵害だ」として、宮城県の飯塚淳子さん（仮名、当時69歳）が2015年6月、日本弁護士連合会に、補償や謝罪を国に勧告するよう求めて人権救済を申し立てました。

被害者が謝罪と補償を求め、尊厳を回復する取り組みを力強く始めた
わけです。この動きを知った同県在住の佐藤由美さん（仮名、当時60代）
の義理の姉が、佐藤さんの優生手術に関する情報開示請求を県に行い、
優生記録台帳の記録が２枚だけ開示されました。姉は義母から、佐藤さ
んが優生手術を受けていたことを聞いていたからです。そして開示され
た記録を証拠として、佐藤さん自身の意思で仙台地裁に提訴しました。
　これをきっかけに、全国で被害者の闘いが燎原の火のように広がりま
した。2020年８月12日時点では全国８地裁１高裁で24人が争っています。

④ 連　帯

　熊本地裁では、被害者の渡辺數美さん（75歳）が実名を公表して闘っ
ています。何度か傍聴に行きました。原告代理人の弁護士が読み上げた
準備書面５つのうち、「迫害」を訴えた文書に注目しました。
　強制不妊手術は、1998年７月17日、ローマで開かれた全権大使会議で
採択された「国際刑事裁判所ローマ規程」の「迫害」の罪に当たることが、
力強くアピールされました。実に壮大です。この準備書面を書いた弁護
士は、公判の後の食事会で、「国はまず被害者一人ひとりに謝りに行け。
賠償以前の問題だ」と訴えていました。とても心強いと感じました。
　静岡地裁では、武藤千重子さん（71歳）が、視覚障害者として全国初
の提訴に踏み切りました。訴えの中身は、他の多くの被害者が少年・少
女期に手術を強制されたのとは異なり、なんと次女出産後に不妊手術を
強制されたというものです。武藤さんは、「第３子を望んでいたのに手
術で産めなくなり、著しい精神的苦痛を被り続けている」と訴えていま
す。武藤さんは筆者と同世代。家庭を築いた後に手術され苦難の道を歩
まされたというのは、同世代として怒りが湧いてきます。ついこの間の
ことじゃないですか。国はちゃんと責任を取りなさいよ。
　すでに判決の出された仙台地裁、東京地裁では、除斥期間20年が経過
していることを理由に国の損害賠償は認められませんでした。仙台地裁

では「優生保護法」が違憲であると断じられたものの、東京地裁では違憲判断には触れてもいません。また国会の責任についても、東京地裁の判決では、被害回復措置を取る立法が必要不可欠だったとは言えないとの判断までも示しました。「障害者差別につながる優生思想自体は国がつくり出したものではない」からだそうです。何ということでしょう！そんなことには関係なく、憲法25条には「社会保障は国が責任を負う」と定めています。優生思想など社会に有害な考え方があれば、それを社会から追放し、差別をなくす責任は政府にある、そして被害者を救済する責任（＝公的責任）があるわけです。東京地裁の考えは公的責任を全く視野に入れず、みすぼらしくて、正義と人道に著しく反します。

　静岡の弁護団は、除斥期間を適用させないために、壮大な戦略を描いているようです。

　「優生保護法は、障害者を社会にいては困る存在だという考えを広めた」

　「その考えは障害者に対する差別をもたらし、強化した」

　「障害者は現在もその被害を受け続けている」

　「まさに被害は現在進行中なのであり、除斥期間を適用する論理は成り立たない」

　「リプロダクティブ権（＝子を産み育てる権利）」の主張の限界を突破し、障害者の尊厳を回復するためには必須の論理だと思います。頑張ってください。

　ここ福岡においても2019年12月、ともに聴覚障害のある夫婦（夫80代、妻70代）が提訴しました。夫が強制不妊手術を受け、子を産み育てる権利が侵害されたと訴えています。初公判では妻が意見陳述に立ち、「救済法ができても差別は変わらない」と手話で必死に訴えました。支援する会が、広範な人々を巻き込んで形成されようとしています。

5 判　決

　強制不妊手術を巡って初めての判決を下した仙台地裁は、概略次のよ

うな判断をしました。

［幸福追求権］

・リプロダクティブ権は、憲法上保証される個人の基本的権利である。

・旧優生保護法に基づく不妊手術は、憲法に違反し、無効だ。

・権利侵害の程度は極めて甚大で、憲法13条に照らし、損害賠償請求権を行使することは極めて妥当である。

［賠償請求権］

・法の存在自体が賠償請求権行使の機会を妨げた。

・手術から20年が経過する前に賠償請求権を行使するのは現実的に困難だった。従って、権利行使の機会を確保するために立法措置は必要不可欠だった。

［立法不作為］

・立法不作為は国家賠償法上、違法との評価を受けない。

・除斥期間は、立法目的は正当で、期間も20年と長期。合理性、必要性もあり、適用することは憲法17条に反しない。

　私は法律のシロートだからでしょうか、アレ？　と思う箇所があります。「立法措置は必要不可欠だった」としながら、「違法との評価を受けない」という結論を導くなんて、まるで理解できません。「国家賠償法上」という条件の中ではそう評価されるということでしょうか？　原告の訴えに理解を示すふりをしながら、「それでもやっぱりあんたたちの訴えを認めるわけにはいかないよ」という理屈をひねり出しているようにしか見えません。

　仙台地裁判決が、各地の裁判に悪影響を与えないか心配しています。

６ 救済法を考える

　被害者に対する救済法なるものが成立し、2019年4月に公布されました。正式名称を「旧優生保護法に基づく優生手術等を受けた者に対する一時金の支給等に関する法律」といいます。名称からして、一時金の支

260

給を主眼としており、「被害者や家族の尊厳や人権を回復する法律」ではないことがよくわかります。

原告を始めとする被害者、家族、弁護団、支援者による救済法の批判は、次のようにまとめられると思います。

①「旧優生保護法」の違憲性、問題点などについて全く触れておらず、「救済法」の名に値しない。

②被害の申し出を5年に限ったのは短かすぎる。

被害者の中には、強制的に手術されたことを自覚できない人も、訴えることができない人も大勢いる。

その人たちが訴えるようになるまでに、5年という期間は短かすぎる。救済する意思などなく、この問題を早じまいしたいという意図が見え見えだ。

③申し出を本人のみに限定しているが、これだと申請できない人が出てくる。全員救済につながらない。

理由は②と同じで、家族による申請も認めるべきだ。

④法やそれに基づく救済制度を、国が本人に直接通知しないのはおかしいではないか。プライバシーの問題を理由に挙げているが、国や地方自治体が個人に通知する件数は、年間何億件にもなるはず。全く理由になっていない。責任を取りたくない気持ちが丸見え。

⑤法制定の過程で、被害者から全く聴き取りをしなかったのはおかしい。「障害者は権利の主体」とした障害者権利条約に違反する。当事者（＝主権者）抜きに適切な救済法など決められるはずもない。

⑥一律320万円という「一時金」は余りにも被害者を侮辱している。裁判では大抵の原告が2000～3000万円の損害賠償を求めており、「生殖を不能にする」という究極の人権侵害に対する賠償としては余りに低額である。熊本裁判原告の渡辺数美さんは、「既に治療で500万円使った。今後も治療は必要だ」と言っている。交通事故で生殖能力を失った人には1000万円という賠償金が認められるが、それに比べてあまりにも低すぎる。被害者は、二重に差別を受けなけ

ればならないのか？

⑦法は被害者の求める「国の謝罪」を明確にしていない。前文では「我々は、それぞれの立場において」謝罪するとなっており、国策として「生殖を不能にする政策」を推進した国の責任が完全に放棄されている。

⑧５月28日には初の判決が予定されていた。なぜ判決を参考にしようとせず、成立を急いだのか？　国の責任をあらかじめ限定しようとしたのではないか？

⑨以上の理由から、この法律は「被害者救済法」の名に全く値しない。判決前に「賠償金の減額」というプレッシャーを裁判官に与えることを狙ったものではないか？　被害者救済ではなく、紛れもなく多額の賠償を避けたい「政府」救済法だと言える。

法は全会一致で成立しました。与党がこのような法を推進するのはある意味仕方ありませんが、日頃は国民の味方をアピールする野党が、その動きに完全に取り込まれてしまった無能力さに腹が立ちます。

7 優生思想を考える

さて優生思想とは、端的には「ヒトに優劣をつける」という考え方ですね。辞書を見ると、「身体的、精神的に秀でた能力を有する者の遺伝子を保護し、逆にこれらの能力に劣っている者の遺伝子を排除して、優秀な人類を後世に遺そうという思想。優生学の成果に立脚する。人種差別や障害者差別を理論的に正当化することになったといわれる」とあります。

では、ヒトはなぜ優劣をつけたがるのでしょうか？　それは、「恐怖に基づく危機感」ではないかと私は考えています。ナチスのユダヤ人排撃は、「優秀なゲルマン民族の血を残す。劣等なユダヤ人の血を残してはならない」という主張でしたが、その背後には、ゲルマン民族の血にユダヤ人の血が混じり合うことに対する恐怖心があったのだと思います。

排外主義はどこでも同じような装いを見せます。日本でも、「素晴らしい日本（人）！」をたたえる風潮（テレビ番組やマスメディアの論調など）がありますが、日本（人）の優秀さを否定されたくない人たちが、否定される恐怖におびえながら非論理的に、感覚的に盛り上がっているとしか思えません。

　競争を基本とする資本主義社会では、「能力」こそが最大の価値だとされます。そしてヒトはより高い評価を得たいがために、「俺はヤツより優れている」、あるいは逆に「アイツは俺よりデキない」とアピールするのだと思います。「違い」があることを前提に、「だからこそお互いを認め合って仲良くやろう」と考えるのではなく、「俺たちと違う奴はダメだ」として違いを強調・固定していく。今の社会では誰も逃げられない、だれもが陥る思考です。

　そのような社会を背景としてこそ、優生思想という「不健康な」考えが人々の頭を大なり小なり占領しているのだと思います。優生思想は、人々の間に差別と偏見をもたらし、連帯や共感、扶け合い、「お互いさま」という考えを排除します。そして社会を潤いのない、無味乾燥としてギスギスし、荒々しいものに変えていきます。ヒトが存在するためには有害な考えと言うしかありません。

⑧優生思想をなくすとは

　優生思想は、「違う存在を許さない考え」だということもできますね。ちょっと観念的になりますが、「同じ人」ばかりの社会を考えてみましょう。右を向いても左を見ても同じ考え、同じ価値観の人ばかり。同じファッション、同じ髪形、同じ行動様式ばかりの人で埋め尽くされた社会。あれ？　何かイメージできませんか？　そうです、戦争の時代です。私は戦後生まれですから、戦前や戦中の生活の実感はもちろんありませんが、親や大人の話、記録映画や記録フィルム、あるいは書籍などでもその時代の風景や空気を知ることはできます。

「統制」、「画一的」という言葉がぴったりですよね？　ある種の人たちには感動を覚える風景でしょうが、おぞましくて私はものすごい嫌悪感を覚えます。そしてそんな時代には絶対に生きたくない、これからの時代をそんな時代にしてはならないと強く思います。

優生思想は、考え方として間違いだという以上に、戦争ととても親和的です。戦争をおっ始め、遂行していくにはとても好ましい考え方です。戦争は庶民、一般国民を苦しめるだけですから、この点から考えても優生思想は絶対に社会から追放しなければならないと思います。

⑨まとめ

そろそろまとめに入らないといけないのですが、どうも頭が働きません。ごくありきたりのことしか言えないような気がしています。

第5章第3節で見たように、ヒトは「見知らぬ他者」の存在を無条件の前提とし、お互いが自分の役割を果たすことで社会を形作っています。それぞれが、できる範囲で役割を果たすことが共生であり、その積み重なりが社会を豊かにするのだと思います。優生思想がこの取り組みに有害であるということは言えるのですが、ではこの有害な優生思想を人類が捨て去るにはどうしたらいいのでしょう？

やはり基本の"基"、あるいは"原則"に立ち戻るしかないのでしょう。「ヒトは誰もが平等だ」という考えです。この原則を犯す、あるいは反する考えだとして優生思想を追放しなければなりません。ヒトに"差"をつける考え方を、すべて有害だとして排除する必要があります。人生のすべてのページで差別を受け続けてきた障害者は、その取り組みの先頭に立ち、中心となる資格と責務があると思います。さあ、仲間を信じて立ち上がりましょう。

第6章

やまゆり園事件を考える

第 1 節　事件の概要

　障害者や家族のみならず、支援者も、全国民も、そして全世界の人々が衝撃を受けました。

　改めて事件を振り返ってみましょう。

- ・2016年 7 月26日深夜、相模原市の知的障害者施設「津久井やまゆり園」に、元職員の植松聖が侵入し、入居者19人を殺害し、27人に重軽傷を負わせた。
- ・植松はその年 2 月に、衆院議長宛てに犯行予告文を届けていた。
- ・犯行予告文には、「優生思想」に基づく「障害者無価値論」が繰り返し述べられている。
- ・同じく 2 月には、10日間ほど措置入院となっている。

　事件のあまりの衝撃に、これ以後、情報が洪水のように垂れ流されました。

　そのほとんどが犯人の入院歴に触れ、また、優生思想をやり玉に挙げるものでした。つまりは、「個人」に焦点が当てられたわけです。時代的・社会的背景をあぶり出す視点は少なく、せいぜい、個人の成育歴に触れるものしか目にした記憶はありません。

　一番不思議に思ったのは、犯行予告文に触れた把握・分析がとても少なかったことです。犯行予告文は、まさに犯人自身の手により犯行の理由や動機が述べられたもの。第一級の資料と言えるでしょう。

犯行声明に触れる前に、事件について考えを整理したものがありますので、いくつかご覧下さい。

格差政策が産みだしたもの ― 個人ではなく、社会に目を

2016.12.3

　事件の常として、世間は犯人にまつわる話題が大好きです。今回は精神障害と優生思想です。政府が設置した「検証・検討会議」も、措置入院「解除」の是非と、解除後の監視に目を奪われています。この視点は、精神医療が「治安」のために利用される道を開くだけです。個人に焦点を当ててしまうと、「特殊な人間（＝精神障害者！）の、特殊な犯罪」として捉えられ、再発防止策はゆがんだものとなります。措置入院を強化しようが、精神医療で患者を閉じ込めようが、同じ背景を持つ事件は必ず起きます。精神障害も、優生思想も、事件の構成要因ではあっても背景ではないからです。

　犯行予告文とにらめっこすると、時代的・社会的背景が見えてきます。私はそこに、格差政策と自己責任論の影を見ました。犯人は教師になる夢を絶たれ、施設も解雇され、生活保護も打ち切られて完全に収入を断たれました。収入のない人間は ― 社会保障が機能していなければ ― 生きていくために犯罪に手を染めざるを得ないこともあります。端的に言えば、最後のセーフティーネット＝生活保護が機能していれば、犯行には至らなかったのだと思います。犯人は、刺青をした自分が職を得るのは困難だと理解していました。一発逆転を狙うしかなかったのです。銀行強盗や誘拐に手を出さなかったのは、それが犯罪であり、処罰されると彼自身が理解していたからでしょう。

　優生思想は彼に、「正義＝犯行の正当性」を与えました。そうだ、

障害者は無価値じゃないか、国は膨大な税金をつぎ込んでいる、障害者がいなくなれば国も納税者たる国民も、誰もが喜び感謝こそすれ、非難する人などいるはずがない！　決まりだ！　人生は５億円あれば何とかなる！

　犯行が、「収入を断たれたあと」だったという事実は重要です。収入があり、生活できていた間は、優生思想を〈実行〉する必要はありませんでした。優生思想を〈語る〉だけであった時、異彩を放ち他者から注目を浴びる自分に陶酔していたのではないかと思います。

　優生思想を根拠に、「罰せられるはずはない」と信じ込んで大殺戮に及びました ── ５億円をせしめるために。「今の境遇を抜け出すのは自己責任、これからどう生きるかは自己責任」という政府の政策に忠実で、自己責任で生活費を稼ぎだそうとした訳です。彼は優生思想を今後も唱え続けるしかありません。それだけが彼の行為を「正義」として支えているからです。優生思想を放棄した瞬間に正義が消え、「犯罪」が浮き彫りにされることを直感的に嗅ぎ取っているのだと思います。

　優生思想が大殺戮の原因であれば、後に続く者がいるとは考えにくいと思います。しかし、格差政策とそれを支える自己責任論が原因であれば、予備軍は無数に存在しています。

　この国の自己責任論は、餓死者や凍死者を生むほどに過酷なものです。そうならないためにヒトが採りうる行動とは…？

　ヒトは社会的に ── つまり、一人一人が役割を果たしながら手を繋ぎ合って生きています。他者との豊かな関係を断ち切る格差政策に、自己責任論に、たくさんの人と手を繋いで立ち向かいましょう ── 人として当り前に生きる為に。

ヒトは繋がって生きている

　ヒトは誰もが — おぎゃあと生まれた赤ん坊からジジババまで — 社会の一員として生きています。さて、「社会」とは何でしょうか？　一言で言えば、「他者との関わり」ということだと思います。2人いれば、2人の社会（＝関係）が一つあります。3人いれば、2人の社会（＝関係）が三つと、3人の社会（＝関係）が一つ、つまり四つの社会（＝関係）があります。では4人集まると？　2人の社会（＝関係）、3人の社会（＝関係）、そして4人の社会（＝関係）を合わせて11の社会（＝関係）が出来ます。こうして社会は、ヒトが増えるにつれて爆発的にその関係が増えていきます。ヒトが増えるほどに、「多様な関係」が生まれるわけです。

　津久井やまゆり園は50年以上前に、人里離れた山奥に開設されました。開園当初から入所している人もいるそうです。「社会」という切り口で見ると、やまゆり園に限らず入所施設というものは、本質的に施設の中だけで「関係」が成り立っています。言い切ってしまえば、入所者と介護者だけの世界 — 。コンビニも、スーパーも、ゲーセンも、学校もつまりは遊具も砂場も校庭も、映画館も劇場も、海も山も川もありません。おせっかいなご近所のおばさんも、口うるさいオヤジも、ちょっぴりコワイ先輩も、ステキだなあと思う異性も、公園デビューした赤ちゃんも、汗を拭き拭きセールスに回るサラリーマンも、誰一人いません。つまりは、そういう人たちとの関わりなど創りようがないわけです。障害者でない人が、人生で当たり前に体験する世界と違って、なんとも異様な世界（社会）というほかありません。

　障害者は人里離れた山奥で、障害者でない人が決して体験するこ

とのない「小さな社会」で一生過ごさなければならないのでしょうか？　そこにはいったいどんな正当な理由があるのでしょうか？
そんなものは何一つありません。社会が受け入れないだけです。社会の側が排除し、拒否し、否定しているだけです。社会が、障害者を排除するという暗黙の、しかし断固たる合意に基づいて、障害者を受け入れないというシステムをガッチリと築き上げた — あるいは障害者を受け入れるシステムを創ろうともしない ― ために、障害者は自分の意思に反して隔離されているのだと思います。

　重度障害があろうとも、他者との関係を切り結ぶ中で喜怒哀楽を感じながら人生を送ること ― 犯人の行為は、この可能性を力づくで断ち切るものであり、「人間」と「尊厳」に対する重大な犯罪です。

　優生思想を彼が確信していたことは疑いようもありません。でも、優生思想を「確信する」人間が「褒美」を求めるでしょうか？
「カネが欲しくて人を殺す」 ― これを「強盗殺人」と言います。衆院議長に宛てた犯行声明では、「5億円の成功報酬」を求めています。そして繰り返し、総理大臣に伝えるよう求めています。犯行当時26歳。残りの人生50年として年収1千万円、これだけあれば人生は余裕だ、そう計算して「強盗殺人」に手を染めたのだと思います。では、優生思想は？ ― 犯行の「動機や理由、原因」ではなく、自身の行為を「正当化する、無罪になるための口実」として利用しただけだと思います。障害者は無価値だ→殺しても構わないさ→あんたたちだってそう思ってんだろ？→オレのやることって、犯罪じゃないよな？→無罪放免してくれるよな？　こうして独りよがりの正当化が姿を現します。

　優生思想が注目されています。平等を実現するためには、優生思想と闘い、その芽を摘み取ることが大切なのは言うまでもないこと

です。でもそれだけで充分なのでしょうか？　事件は、「下層に転落し、将来に夢も希望も持てなくなった若者」による犯行だったのではないでしょうか？　そう捉えると、再発防止の取り組みも、また違ったものになってきます。

　この国の政治は30年ほど前から格差を拡大し続け、非正規雇用は2000万人を超えて、働く人の４割近くに達しています。世帯収入は1998年の758万円から減り続け、2016年には614万円まで落ち込みました（二人世帯）。18年間で19％の減少です。貯蓄ゼロ世帯は1888万人となり、100万円未満の世帯と合わせると2000万人を超えます。GDP（国内総生産）世界第３位を誇るこの国で、餓死や凍死という信じがたい事態が起きています。また、後を絶たない自殺者のうち、経済的理由による人は16.7％に上り原因別のトップです。一方で１億円以上の金融資産を持つ人は１年間で74万人増え、282万人（総人口の2.2％）だそうです。金融資産は、すべてを使い果たしても生活には何の支障もありません。

　言うまでもなく日本はおカネがモノをいう社会です。おカネを持たない個人は、歳を重ねることもできません。でも、「公的責任」である社会保障は削減の対象となり、若者に支給できる生活保護費も長くは続きません。全くの無収入になった若者が選んだ「生活費の稼ぎ方」── それが強盗殺人だったのだと思います。犯人は、「障害者の抹殺で多額の税金が浮く政府から報酬を取る！」と考えたのでしょう。どのような理由や動機があろうとも、障害者を殺すという目的と行為は決して許すことはできません。断じて許せません！

　全国の障害者は、他人事とは思えない衝撃を受けています。そして、殺されていたのは自分だったかもしれないと考えています。未だ事件の衝撃から立ち直れない人も多くいます。でも私たちは、いつまでも立ち止まっているわけにはいきません。私たちは、今こそ

ヒトとして魂の叫びを上げたいと思います。私たちの尊厳は誰にも侵させません！

　鎮魂の時に終わりを告げましょう。行動が求められています。私たちをヒトとして認めず、尊厳を奪い、差別を温存し、わずかな「配慮」で二級市民に甘んじろと言い、障害者でない人との平等な権利を認めないすべての目論見と闘いましょう。そして、事件の原因となった格差政策と闘いましょう。

　行動は常に具体的であることが大切です。事件を利用して政府は、精神障害者の監視を強化し永続化する、「精神保健福祉法」の改悪を目論んでいます。国会に提出された法案は、衆議院で審議する時間もなく継続審議となりました。まだまだチャンスは残されています。「精神障害者に人権などあるものか！」という考えを法律化させてはいけません。すべての障害者が、自身の問題として廃案に向けて取り組むことを呼び掛けます。　　　　　　　　　　（以下略）

ニンビズムと自己責任論を見た　　　　　　　　2018.1.18

　事件の起きたやまゆり園は、一番近いJR相模湖駅からでもおよそ10km。今でこそ住宅街が近くまで来たとはいうものの、50年以上前の開業時にはさぞかし人里離れた山の中だったことだろう。なぜか？　二つの理由。一つは土地代が安かった事。大規模施設を市街地に構えるには資金負担が大き過ぎる。事業を始めるにあたっては、初期投資は少ないほど好ましい。もう一つ。こちらの方がはるかに大きな要素と考えられるが、文字通り人里離れているから。障害者はフツーに暮らす市井の人の目に触れてはならないのだ。障害者でない人々は、障害者を目にすることなく暮らしたいのだ。障害者は

……棄民。周囲からの差別、そして貧困な社会保障政策ゆえに、親も施設入所を（泣く泣く）望んだ。もちろん障害者は権利の主体 ― 私やあなたと同じように ― でもなく、人間ですらないのだ！

NIMBY-ism（Not in my backyard! ism）＝「私の裏庭に入るな！ という考え」。津波の被害を受けた限りにおいて、あるいは原発被害を受けたとしても、フクシマにとどまっている限りにおいて、「可哀想な人たち」として同情の対象。ところが、自分の近くに避難してきた途端に、「放射能が伝染る」として排除・排斥・差別の対象とし、あるいは「見舞金もらったんだろ」としてねたみの対象とする。原発被害者が自分に影響を及ぼさない限りにおいての同情と、ウチはあんな目に遭わなくてよかった、という安心感 ― 裏返せば、かすかな優越感？

社会の態度は、障害者に対しても全く同じだ。「可哀想ね、頑張ってるね、大変ね、応援してるよ」。近くに障害者施設ができると知るや否や、「ここでなくていいだろう！ よそへ行け！」の大合唱。「土地の資産価値が下がる！ 奴らは疫病神だ！」。地域の均一性・同質性を破壊されることに対する恐怖の団結！

優生思想 ― 顕著にはナチスドイツ。ゲルマン民族の優越性を保つために、劣等な障害者を産む遺伝子を断て！ という政治的宣伝。「医学的最終援助」― 画期的な新薬の発明でもなく、時代を画す手術法の開発でもない、ただ障害者や病者、老齢者 ― 役にたたない者！ ― の命を抹殺するためだけの方便。「奴らには死こそがふさわしい」。医学の「発展」とヒトの「知性」が産みだした論理だ！

「自己責任論」。近代法の原則は、「ヒトは自分の行為にのみ責任を負う」。つまりは、他人のしでかしたことに責任を負う必要などないという、小学生でも分かる当たり前の理屈。この国が新たに持たせた意味は ―「今の境遇を抜け出すのは自己責任」、そして「こ

れからどう生きるかは自己責任」。「社会保障は国の責任＝公的責任」という憲法25条の規定など、跡形もなく踏みにじられ、どこかへ吹き飛んでしまった。

　夢だった教師になることができず、障害者施設で最低賃金にあえぎ、無職になった後の生活保護も早々に打ち切られ、全くの無収入になった若者への公的社会保障はない。あとは……自己責任だ！　自分の力で生きて行け！

　カネだ、カネが要る！　残された手段は……？　銀行強盗？　いや、犯罪だから駄目だ。誘拐？　いや、これも犯罪だ、処罰される。……そうだ！　何の役にもたたない奴らが居るじゃないか！　障害者だ！　奴らのために国は莫大なカネを使っている！　奴らが居なくなれば、国ももっと税金を節約できる。障害者を大勢殺せば、国は大助かり！　褒美だってくれてトーゼンだ！　ヒーローだぜ！　いい事ばっかりじゃないか！　国民だって障害者は無価値だと思ってるはずだ！　罪になんぞなりっこない！　俺ってアッタマいー！　あと50年も生きれば十分だ。年収１千万 ― そうだ、人生は５億円あれば十分楽しい！　自己責任論による見事なまでの洗脳と、あまりにも残虐な行為……。

　何一つ間違いはなかった……ハズだ。完璧な計算だった……ハズだ。唯一の誤算 ― 優生思想はまだまだメジャーではなかった。なぜだ！　日本人は、障害者の味方をするのか！

　俺のあとに続くヤツはいない。大量殺人など、オレ以外の誰に出来るというのだ。せいぜい盗みか恐喝、ゆすり、タカリ、詐欺。振り込め詐欺をやる奴らが、なんとまあ増えたもんだ。転落したヤツラをサポートするシステムを整備しない限り、犯罪は増えることはあっても、ゼッタイに減らない……。

第 **2** 節　「やまゆり園事件を考える福岡の会」

　福岡では、2016年12月3日に最初の追悼集会を開き、事件1年となる2017年7月22日には、「鎮魂から行動へ」として、精神科医の香山リカ氏を迎えてお話を聴くとともに、障害当事者や家族、支援者など20名がリレートークとして事件について発言をしました。香山氏は、自身が取り組むヘイトスピーチの問題点を挙げながら、「人権をもっと大切にしよう」と訴えました。当事者たちは、事件に対する怒りや悲しみ、衝撃、背景、再発防止などについて、自由に思うところを発信しました。

　そして事件2年目となる2018年には、「やまゆり園事件を考える福岡の会」を結成し、33団体3個人の協力を得て7月28日、「やまゆり園事件を通して考える福岡の集い」を開催し、「差別」、「虐待」、「排除」、「優生思想」、「格差政策」などについて意見を交わしました。講師にはやまゆり園家族会前会長の尾野剛志さんをお迎えし、当日やその後の状況をお話しいただきました。

　尾野さんは、事件で被害に遭われたご子息一矢さんとの再会の様子を語りながら、「事件の本質は、古来からある『差別社会』が引き起こした事件だ。この差別社会がなくならない限り、これからもいろいろなかたちで事件が起こる」と警鐘を鳴らしました。全国から沸き上がった、現地での建て替え反対→グループホーム建設の動きについても、家族会の意向を踏まえて論評いただきました。また制度についても触れられ、障害者権利条約は世界の障害者にとって素晴らしい条約だと評価されましたが、「批准を急ぎすぎた。国が日本の障害者福祉を向上させたうえで批准すべきであった」とのお考えを披露されました。

　「障害者虐待防止法」や「差別解消法」は、障害者にとって何ら役には立っていないと評価されているそうです。また、大きな問題となった「匿名報道」については、「第三者の我々が判断できる問題ではない。時間が経ち、ご遺族が話すのを待つべきである」と述べられました。

尾野さんは、「障害者にも個性はある」ということを力強く語られました。

　「障害を持っていても持っていなくても同じ人間で、それぞれ個性を持っています。そういう意味で障害を持っている人も、個性、特性、丸ごと受け止めてください」

　もちろん、単純な「障害＝個性」論ではありません。障害を見るな、ヒトを見よ、そしてありのままを受け入れよう、「障害者にも人権があり尊厳がある」という、とても大切なスタンスだと思います。

　当事者や家族、支援者は15名が発言し、5名から投稿をいただきました。誰もが生きることの意味や、自立、尊厳とは何か、などについて真剣に格闘していました。

　会ではやまゆり園に関する集いを毎年開催することを決めています。

第 **3** 節　やまゆり園事件を照射する

　お示ししてきたように、やまゆり園事件について、何度か考えをまとめてきました。3回目のやまゆり園集会を終え、改めてじっくりと考えてみました。繰り返しの部分もありますが、ご覧いただき、ご意見、ご感想、ご批判などお寄せいただければ幸いです。

本質は何であるのか　　　　　　　　　　　　　　　　2018.9.16

　2016年7月26日。19名の人生が強制終了され、27名が重軽傷を負った。津久井やまゆり園の事件は、発生時こそ世間の耳目を集めたが、2年を経た今は、障害者を始めとする関係者以外はほとんど関心がないように見える。障害者の側は、この事件と、そして事件をもたらしたものと真剣に格闘している。どんなことがあろうと再発

を防がねばならない。私たちは何と格闘すべきなのか？

　事件直後から、犯人の優生思想が喧伝され、そのことが問題の核心のように語られている。雑誌、週刊誌、業界誌、専門誌などのいくつかのメディアは、時に事件を特集し、あるいは犯人と面会して彼の考えを確認し、問題の核心に迫ろうとしている。

　犯人が衆院議長に宛てた犯行声明は、犯人の心の在りようや動きを知る超一級の資料だが、丁寧に分析されたものに出会ったことがない。殆どが優生思想に目を奪われ、飛びつき、情緒的に —— 心の奥底からの叫びではあるのだろうが —— 批判するだけであったように思われる。

　犯行声明を、私なりの視点で分析し、犯人がなぜあの事件を起こしたのかを探っていきたいと思う。手紙はかなりのボリュームのようであるが、すべてを入手することはできなかった。私が手に入れることのできた範囲において考察したい。左側が手紙、右側が私の理解である。

衆議院議長大島理森様
　この手紙を手にとって頂き本当にありがとうございます。私は障害者総勢470名を抹殺することができます。<u>常軌を逸する発言であることは重々理解しております①</u>。しかし、保護者の疲れきった表情、施設で働いている職員の生気の欠けた瞳、<u>日本国と世界の為②</u>と思い居ても立っても居られずに本日

①　「常軌を逸」しているのは、人数が「大量」であることを指していると思われます。
　「障害者の抹殺」そのものは、あとで述べているように、「正当な行為」だと主張しています。
　⑪と符合しています。

②③④　この手紙では直接触れられてはいませんが、障害者に対する社会保障費が莫大であるという認識があると思わ

行動に移した次第であります。理由は世界経済の活性化③、本格的な第三次世界大戦を未然に防ぐ④ことができるかもしれないと考えたからです。

障害者は人間としてではなく、動物として生活⑤を過しております。車イスに一生縛られている気の毒な利用者も多く存在し、保護者が絶縁状態にあることも珍しくありません。

私の目標は重複障害者の方が家庭内での生活、及び社会的活動が極めて困難な場合、保護者の同意を得て安楽死⑥できる世界です。重複障害者に対する命のあり方は未だに答えが見つかっていない所だと考えました。障害者は不幸を作ることしかできません⑦。フリーメイソンからなるイルミナティが作られたイルミナティカードを勉強させて頂きました。戦争で未来ある人間⑧が殺されるのはとても悲しく、多くの憎しみを生みますが、障害者を殺すことは不幸を最大まで抑える⑨ことができます。今こそ革命を行い、全人類の為に

れます。

障害者を抹殺すればその社会保障費を削減できて世界経済は活性化し、各国は利益（＝市場）を求めて戦争を起こす必要もない、という趣旨だと推測します。論理の飛躍を感じますが、彼なりにつながっているのでしょう。

「誤りだ！」と捉えるのではなく、「彼自身の正しい判断＝抹殺」への導入部だと理解すべきでしょう。

⑤ 彼自身の率直な理解なのでしょうか？ 「こう言っておけば抹殺の正当化が受け入れられる」として、スムースに結論につなげるための導入部だと思えます。

後に続く描写もその延長と理解できます。

⑥ 事件後、保護者「だけ」に謝罪したように、「保護者」と「障害者」をはっきり区別しています。障害者を無価値だとするのとは対照的に、「障害のない」人をヨイショする意識が見て取れます。「オレはアンタたちの側だ」というすり寄り。

⑦ ⑤と同じく、方便として語っているのではないか？ これまた正当化の導入部だと読めます。正当化へ向けてまっしぐら、のような気が……。

⑧ 「未来ある人間＝能力のあ

必要不可欠である辛い決断をする時だと考えます。日本国が大きな第一歩を踏み出すのです。

世界を担う大島理森様のお力で世界をより良い方向に進めて頂けないでしょうか。是非、安倍晋三様のお耳に⑩伝えて頂ければと思います。

私が人類の為にできることを真剣に考えた答えでございます。衆議院議長大島理森様、どうか愛する日本国、全人類の為にお力添え頂けないでしょうか。何卒よろしくお願い致します。

私は大量殺人をしたいという狂気に満ちた発想⑪で今回作戦を、提案を上げる訳ではありません。全人類が心の隅に隠した想い⑫を声に出し、実行する決意を持って行動しました。

今までの人生設計では、大学で取得した小学校教諭免許と現在勤務している障害者施設での経験を生かし、特別支援学校の教員⑬を目指していました。それまでは運送業で働きながら●●●●●●が叔父である立派な先生の元で３年

る人＝障害者でない人」のことですね。障害者はいくら死んでも構わないが、障害者でない人の死は社会的損失だ、と。

⑨　障害者を殺す→戦争を「未然に防ぐ」→障害のない人が死なくて済む、という理屈。行為＝殺戮の正当化。

⑩　自分の「目的達成」のために、最高権力者があらかじめ「要求」をすべて理解しておいて欲しい、ということですね。

⑪⑫　「個人的な考えに基づくのではなく、世界中の誰もが喜ぶことをやるのだ」と、正当化へ向かってラストスパートです。「だから褒美をよこせ、処罰するな」と無理なくつながります。

⑬　実現できなかったことの恨み言とは思えません。あとに続く文と併せて、「まじめに努力してきた」ということを誰かに認めてもらいたいかのようですね。誰もが当たり前に持っている承認欲求なのだと思います。

間修行させて頂きました。

　9月車で事故に遭い目に後遺障害が残り、300万円程頂ける予定です。そのお金で●●●●の株を購入する予定でした。●●●●はフリーメイソンだと考え（●●●●にも記載）今後も更なる発展を信じております。

　外見はとても大切なことに気づき、容姿に自信が無い為、美容整形を行います。進化の先にある大きい瞳、小さい顔、宇宙人が代表するイメージそれらを実現しております。私はUFOを2回見たことがあります。未来人なのかも知れません⑭。

　本当は後2つお願いがございます。今回の話とは別件ですが、耳を傾けて頂ければ幸いです。何卒宜しくお願い致します。

医療大麻の導入

　精神薬を服用する人は確実に頭がマイナス思考になり、人生に絶望しております⑮。心を壊す毒に頼らずに、地球の奇跡が生んだ大麻の力は必要不可欠だと考えます。何卒宜しくお願い致します。私は

⑭　「自分は特別な存在だ」という意識があったように思えます。

⑮　同意できませんが……。彼自身の服薬体験に根差す感覚かもしれない、とも思いますが……。

信頼できる仲間とカジノの建設、過すこと⑯を目的として歩いています。日本には既に多くの賭事が存在しています。パチンコは人生を蝕みます。街を歩けば違法な賭事も数多くあります。裏の事情が有り、脅されているのかも知れません。それらは皆様の熱意で決行することができます。恐い人達には国が新しいシノギの模索、提供することで協調できればと考えました。日本軍の設立。刺青を認め、簡単な筆記試験にする。

出過ぎた発言をしてしまい、本当に申し訳ありません。今回の革命で日本国が生まれ変わればと考えております。作戦内容

職員の少ない夜勤に決行致します。重複障害者が多く在籍⑰している２つの園（津久井やまゆり、●●●●）を標的とします。見守り職員は結束バンドで⑱身動き、外部との連絡をとれなくします。職員は絶対に傷つけず⑲、速やかに作戦を実行します。

２つの園260名を抹殺した後は自首します⑳。

⑯ 前後を含めてちょっとよく理解できませんが、彼自身の中では矛盾ない論理なのかなあと考えた方がいいような……。「支離滅裂」というよりも、彼の思考過程を探った方が有意義ではないかと……。

⑰ 「不幸をもたらすことしかできない」という理由と、「絶対に抵抗されない（＝成功が約束されている）」という実利が両立するから！

⑱⑲ 「障害者でない人（＝役に立つ人）」を傷つければ間違いなく有罪！ということを理解していた。

⑳ 「反省」するわけでもなく、「減刑になる」ことすら狙ったのではなく、「凱旋（＝成果を誇示）」したかっただけではないのか？「やったぜ、これでヒーローだ！」――テレビカメラに捉えられた歓喜の表情！

作戦を実行するに私からはいくつかのご要望がございます。

逮捕後の監禁は最長で２年まで㉑とし、その後は自由な人生㉒を送らせて下さい。心神喪失による無罪㉓。

新しい名前㉔（●●●●）、本籍、運転免許証等の生活に必要な書類㉕、美容整形による一般社会への擬態㉖。金銭的支援５億円㉗。

これらを確約して頂ければと考えております。

ご決断頂ければ、いつでも作戦を実行致します。

日本国と世界平和の為に何卒よろしくお願い致します。

想像を絶する激務の中大変恐縮ではございますが、安倍晋三様㉘にご相談頂けることを切に願っております。

　　　植松聖（うえまつ　さとし）

㉑「それくらい我慢するさ、５億円のためなら」

㉒「そのためにやったのさ！」

㉓㉔㉕㉖「死刑でもムショでもなく、フツーに暮らすのさ」

㉗「人生は５億円あれば愉快に生きられる！　年収1000万円だ！」

㉘ちゃんと最高権力者に伝えとくんだぞ。オレの要求に応えるようにな。

〈何が読み取れるか〉

　さて日本語の文章では、「起・承・転・結」が重視されます。これが守られていると動機から結論までの論旨がスムースに理解でき、美しい文章だとされるわけです。

　その切り口で見てみると、犯行声明は ── 内容の不当さはさてお

き — かなり論理的です。一部に飛躍と思える箇所もありますが、それはあくまで私たちが犯人の価値観や論理を理解していないというだけのこと。少なくとも、彼は彼自身の発想や論理に忠実であり、分かり易く書かれていると思います。

「障害者は不幸を作ることしかでき」ないので抹殺しようと提起し、「世界経済が活性化する」、「戦争を予防し、障害のない人の死を回避できる」と正当化します。そして、「全人類が心の隅に隠した想い」という表現で、「あんたたちだってそう思ってんだろ？」と同意を求めます。

この部分には、単純な事実で反論しましょう。私の介護事業所は「障害者だけ」がお客さんです。つまり20名ほどのスタッフは、障害者のお陰で収入を得ています。障害者を顧客とする従事者は、福祉、介護、医療、教育、行政など福岡市内だけでも数万人に上るでしょう。全国では数百万人ですよね？　障害者はこれだけの人を養っているわけです。従事者はお客さんに感謝しかありません。「不幸を作る」なんて、肝心なところを見てないじゃないのと言いたいですね。

「作戦内容」を見ると、彼の考えが一層浮き彫りになります。⑰〜⑳に見るように、「障害者」と「障害のない人」に対する態度をはっきり区別し、「障害のない人を傷つけて罪に問われる」ことのないように細心の注意を払っています。

さて、結論として述べられている彼自身のいくつかの要求は、この事件の背景を暗示していると思います。

「金銭的支援５億円」㉗ — 彼は、何が何でも５億円が必要だったわけです。「自由な人生」㉒を送るために！

そのほかの要求は、単に方法や手段を並べ立てているだけですね。カネが欲しくて人を殺す — これを強盗殺人といいます。精神科

への通院歴や措置入院、あるいは優生思想などがクローズアップされ、「精神障害者が起こした事件」、「特殊な人間の特殊な犯罪」、「確信犯」という捉え方が広まっています。では再発防止策は？　このように犯人個人に焦点を当ててしまう捉え方は、個人を対象とした防止策（予防策！）に汲々とすることになります。政府のもくろむ「措置入院後の見守り」という名の監視！

　社会的、歴史的、時代的背景を明らかにする必要があります。なぜ５億円なのか？　事件当時、彼は無収入でした。小さい頃からの夢だった教師にもなれず、障害者施設で低賃金にあえぎ、無職になった後の生活保護も短期間で打ち切られ、刺青ゆえに次の仕事に就くのも難しいと直感していました。「ああ、一獲千金の方法がないかなあ？」、そう考えることがあったとしても不思議ではありません。そんな時、ずっと抱えてきた優生思想がカネになる理屈を見つけたとしたら？　障害者、莫大な社会保障費、抹殺、費用削減、成功報酬、優生思想による無罪、一生働かなくて済む金額 ── これらのことが結びつけば「障害者大量殺人」という結論に容易にたどり着きます。

　５億円という額は単なる思いつきではないと思います。犯行時26歳。人生あと50年として年収換算１千万円。低賃金が身に染みていた26歳の青年にとっては、十分に人生を楽しめる額だと思えたことでしょう。

　彼が優生思想を確信していたことは間違いないようです。ではなぜもっと早く「障害者大量殺人」に手を染めなかったのか？　なぜあのタイミングだったのか？　犯行の時期は、この事件の本質を考えるにあたって、見逃すことのできない要素だと思います。仕事で収入を得ていた時、生活保護費が支給されていた時、「金銭的理由」という動機が彼にはありませんでした。「優生思想」を吹聴して目

立つことで満足していたのでしょう。

「自己責任論」が30年ほど前から、国と御用学者によって声高に叫ばれるようになりました。「他人が為したことに自己の責任はない」という近代法の原則を捻じ曲げ、「今の境遇を抜け出すのは、これからどう生きるかは自己責任」として、あらゆる分野で国の関与を減らす政策です。社会保障の分野では、当然ながら税負担を削減する、つまり公的責任を放棄する政策が採られることになりました ── 国民を洗脳しながら。

犯人は、図らずも「自己責任論」を実践したわけです。社会保障（＝税金）に頼らず誰もアテにせず、これからの生活費を自分で確保しようとしたわけです ── 考え得る最悪の方法で。銀行強盗や誘拐に手を染めなかったのは、それが犯罪であることをしっかり理解していたからでしょう。せっかく５億円をせしめても、捕まってしまっては意味がありません。彼は「自己責任論」が30年かけて産みだしたモンスターだと思います。

優生思想が原因であれば、あとに続く者がいるとは考えにくいでしょう。思想に関係なく、犯罪は処罰されるというのは世間の常識ですから。でも、「自己責任論」が支える社会保障の縮小と削減、格差政策、それによってもたらされる貧困問題などが続く以上、ミニモンスターやプチモンスターが続出することは誰にも否定できません。障害者の大量殺戮に手を染めるのではないとしても。

格差（不平等）政策を止めさせなければ、モンスターは自由に暴れまくります。

さて出版に当たり、もう一度読み返してみると、１カ所だけ「あれ？」と思うところがありました。つい、「優生思想を確信していたことは間違いない」と書きましたが、果たして断言してよいものでしょう

か？　注意深く読むと、優生思想を確信していなくとも、彼の論理は成り立ちます。つまり、「自分の無罪を主張するために、優生思想を利用した、ダシにした」のであっても、あの犯行予告文は書けるわけです。彼が優生思想を確信していたのか、単に利用しただけなのかは判断ができないってことですね。問題はそこ（信じていたか否か）ではなく、大量殺人の正当化のために優生思想が使われた、そしてその考え（さらには行動までも）を支持する声が少なからずあったということなのだと思います。やはり優生思想は、事件の核心的要素ではあり、その意味では目を奪われる人が多いのもやんぬるかな、ではありますが……。

　はっきりしていることがあります。植松は、「障害者は無価値だから殺す。後に続け！」とは言いませんでした。「後に続け！」ではなく彼が言ったことは、「5億円の報酬をオレによこせ！」でした。優生思想に殉じた、つまり、死を賭してでも優生思想を広めようとしたのではなく、自らの利益を求めて犯行に及んだわけです。もちろん、「世界平和」や「愛する日本国」のためというのは、単に「正当化のための方便」です。

　事件の性格は、①差別虐殺事件であり、②強盗殺人事件であると思います。

　優生思想も、措置入院歴も、事件の構成要素ではあるかもしれませんが、本質とは無関係であると私は思います。

　では私たちは、事件の再発を防ぐためにはいったいどうしたらいいのでしょう。簡単なことではありませんが、訴え続けるしかありません。闘い続けるしかありません。「障害者には人権もあり、尊厳もあるのだ！」と。「障害者は非障害者と公平で平等だ！」と。「能力という物差しは、生きる価値とは無関係だ！」と。そして、「殺すな。生きさせろ！」と。もちろん、この取り組みは障害者自身が先頭に立って担わなければなりません。障害者は主権者なのですから。

　格差政策、貧困政策、社会保障の削減、公的責任の放棄、就労動員政策、官製「共生社会」づくり、障害者差別温存政策、そしてありとあら

ゆる自己責任政策、私たちが取り組まなければならない課題は尽きることがありません。

　事件を振り返るにあたって、精神科医野田正彰氏の考察が印象に残りました。

　ジャーナリストの田中圭太郎氏による野田医師へのインタビュー記事が、講談社のビジネス情報サイト「現代ビジネス」に掲載されていますので、以下に引用させていただきます（田中圭太郎「『46人殺傷事件』その法改正は誤りだと、声を上げてもいいですか？ ― ある精神科医の警鐘」2017年4月29日）。

　当時、政府はやまゆり園事件を受け、措置入院患者の退院後の支援強化を図るための精神保健福祉法改正案を国会に提出していました。野田医師はこの改正案の狙いについて、次のように述べています。

　　　この事件を口実に、植松被告のように措置入院（精神疾患により自分自身を傷つけたり、他人を傷つけたりする可能性が高い場合、強制的に入院させられること）の経験がある患者を、「支援」と言いながら退院後も監視していく仕組みを作る。それが、今回の改正案の狙いです。

　　　しかし、この仕組みを作っても、再発防止にならないのは明白です。あのような痛ましい事件を防ぐことができるようになるのか、疑問です。

　そして野田医師は、この改正案に至った背景には植松被告の手紙を精神科医や社会が読み違えたことがあるとし、次のように主張します。

　　　この手紙はひとえに本人の妄想を語っているだけなのです。
　　　ところが植松被告を診断した2人の医師や病院の精神科医たちは、この手紙を「妄想」と読まなかった。2月19日の緊急措置入院の際、植松被告は「躁病」と診断されました。

３日後に２人の精神保健指定医が正式鑑定を行いましたが、１人目の診断は「大麻精神病と非社会性パーソナリティ障害」。２人目は「妄想性障害と薬物性精神病性障害」。２人目の医師の診察は「妄想性障害」が主であるとしているので、これは妥当な診断でしょう。しかし北里大学東病院は、植松被告の精神状態を大麻のせいにして、ほとんど治療を行わなかったとみられます。

　読み違えたのは医師だけではありません。相模原事件を受けて国が立ち上げた「事件の検証及び再発防止策検討チーム」の報告書は、「今回の事件は、障害者への一方的かつ身勝手な偏見や差別意識が背景となって、引き起こされたものと考えられる」としています。つまり、植松被告による障害者への差別が事件につながった、とみています。

　植松被告の手紙の重要な部分を「障害者差別」と読むことによって、精神医療の問題点を分析する視点を失ってしまったのです。多くのマスコミも、「差別をなくすにはどうすべきか」という論調に流れていきました。

　植松被告には確かに障害者への差別意識があったでしょうし、残念ながらこの社会には障害者への差別はあります。しかし、19人の方々が亡くなったことを「差別意識」のせいにしてしまって、精神科医たちの誤診、治療能力の欠如が忘れられている ── 私はそう感じています。

　病院が治療を行わない根拠となった「大麻精神病」について、野田医師は「そんなものはない」とし、さらにこれを鑑定したのは不正な申請によって精神保健指定医になった医師であったことに触れています。

　そして、この事件の原因について次のように述べています。

　私は、相模原事件が起きた最大の原因は、2016年2月に植松被告が措置入院した際に、適切な治療が行われなかったことにあると思

っています。前述の通り、ここで治療をしっかり行っていれば、彼の症状は改善し、事件を起こさずにすんだのではないか。つまり市民とマスコミは、病院医療の責任を追及すべきだったのです。

実際、検証チームの中間とりまとめによると、北里大学東病院は植松被告の入院中、経過を観察していただけで、「大麻使用による脱抑制」が彼の症状の原因だと誤って判断したことがわかっています。これも先述の通り、「大麻使用による脱抑制」の状態では妄想を持つことはありません。

では、入院させた担当の医師は、何をしなければならなかったのか。

手紙に書いてあったような、重度障害者を殺すべきだという考えは、いつ思いついたのか。どういう状況のなかで、そんなことを考えるようになったのか。教師を目指しながらなれなかったうっ屈は。やまゆり園での待遇や給与についてどう思っていたのか。障害者を抹殺するという考え方が常軌を逸すると一応思っているようだが、その判断はどこからくるのか。なぜ衆議院議長に手紙を渡そうと思ったのか……。

彼の生活史に分け入って、そういうことを聞いていかなければならなかった。それが精神科医の仕事です。この人がどこで行き詰って、それを妄想で乗り越えていこうとする考えがどこから生まれてきたのかを分析するのが、本来の精神科の治療なのです。

治療を通して、患者は自分の特異な考えを振り返りながら、生き方を反省し、妄想から抜け出すことができるようになっていきます。

日本にまともな精神医療がないという問題 ── それこそが今回の痛ましい事件から考えるべきことなのに、「措置入院後の支援体制の問題」と「障害者差別の問題」にすり替えて処理しているのです。

以上のように、野田医師の主張は、世間に衝撃を与えた「優生思想」には目もくれず（振り回されることなく）、問題の核心を突いているよ

うに思えます。

　野田医師の主張について、私は次のように考えています。

・精神保健福祉法改正案に対するスタンスは、共感・同意できるものです。

・精神科医師として、植松の主張は「妄想」であったと断定しています。「妄想」が原因であれば、問題は「犯人個人」と「精神医療」に収斂され、時代的・社会的背景を探ろうとする私の立場は成り立たないことになります。「妄想」を、「脳機能が通常に（ノーマルに）働かないこと」と理解すれば、どれだけ意味の通じないことを書いていようが、論理が飛躍していようが、ただ「妄想だから」として受け入れるしかないのでしょう。主張に対して意味を読むとか、分析・把握しようとする態度は、全くの無駄な骨折りとなるのでしょうか？

・「大麻精神病」という診断は、素人目にも「？」と感じるもの。野田医師は誤診だ！　と断じています。

・野田医師は、ご自身の立ち位置をしっかりと踏まえ、精神医療の問題に切り込んでいます。素人には及びもつきませんが、とても大切な視点だと思います。

・精神医療の問題を、障害者差別の問題にすり替えてはいけない、という野田医師の指摘に反論する力は私にはありません。でも、事件に「障害者差別」を見る障害当事者の感覚を間違っているとは全く思いません。障害者は人生のあらゆるページで差別を受け、それゆえ差別には極めて敏感に反応します。全国の障害者は、やまゆり園事件について、皮膚感覚で差別を感じているのだと思います。「殺されていたのは自分だったかもしれない」という当事者の直感は、何よりも大切にされなければならないと思います。事件は間違いなく「障害者差別」の一翼を担っています。妄想であろうが正常であろうが、報酬を得るためであろうが、障害者が殺されてよい理由には断じてなりません。

繰り返しになりますが、もう一度事件のポイントを押さえておきましょう。

　妄想であろうがなかろうが、犯人植松は、

・明日からの生活の見通しが立たない経済状態だった。
・今後の生活費を何とかして手に入れなければならない。
・そこで、莫大な税金が障害者に使われていることに注目した。
・障害者がいなくなればこの税金を節約できるのに。
・障害者を大量殺戮して、国から褒美をもらおう。
・誘拐や銀行強盗はリスクがあるが、重度障害者は絶対に抵抗しない、つまりは成功が約束されていると確信した。
・障害者が無価値だと考えている国民は多いだろうと推理した。
・幸いにも自分は、「優生思想」を知っている。これを使おう。
・「優生思想」に同意し、共感する国民は多いだろう。
・自分が殺そうとする相手は「人間ではない」のだから、犯罪にはならない。
・晴れて無罪だ。
・成功報酬は５億円だ。あと50年生きるとして、年収1000万だ。
・偽名を手に入れ、顔を整形し、５億円を得て、晴れて一般社会で暮らすのだ。

　……というようなことを考えていたのではないかと推測します。

　犯行は予告文通りに実行されましたが、彼にとっての唯一の誤算は、「優生思想はメジャーじゃなかった」ということでしょう。支持・共感はごく一部にとどまり、世の大勢は非難・糾弾の嵐でした。

　さて、精神医療の専門家である野田医師は、事件の本質は精神医療の問題であり、障害者差別の問題にすり替えてはいけない、と説きます。私はこの主張を、「精神医療内部で大いに問題にして欲しい」と思います。そして精神障害者が安心し、信頼し、納得できる医療を施す医師をたくさん育成して欲しいと思います。

一方で障害当事者に対しては、自分が皮膚感覚で感じた「障害者差別」をとことん大切にし、こだわろうではないかと訴えます。

見てきたように、「障害者は不幸を作ることしかできない」、「障害者に税金が使われすぎている」、「障害者を殺すことは不幸を最大限に抑える（障害者でない人が死ななくてすむ）」、「障害者は人間ではない」、これらの考えは紛れもない障害者差別意識です。平等とは正反対に位置する考えです。障害者が、ヒトとして尊厳と誇りを持ち、胸を張って生きるには有害な考えです。差別された者は、人生と尊厳を賭けて、これらの考えと闘う権利があります。そしてその権利は、誰も決して奪うことはできません。

「やまゆり園事件を考える福岡の会」に集う私たちは、「やまゆり園事件」が提起した問題にこだわり、「差別」をなくすために、広く仲間と手を携えて闘います。それが犠牲者や被害者の無念に正面から応えることになると信じて。

第 4 節 　一審判決を受けて

2020年3月16日、審理の行われていた横浜地裁で一審判決が出されました。大方の予想通り「死刑」でした。弁護側の、「事件当時、被告は心神耗弱または心神喪失だった」という主張を退け、「被告には完全な責任能力がある」としました。

弁護団は判決を不服として控訴しましたが、3月30日、植松自身が控訴を取り下げて判決が確定しました。私は2019年の12月ごろから被告に対して面会を申し入れていましたが、ずっと断られていました。死刑判決が確定すると面会ができません。直接会っていろいろな疑問を払拭したいと思っていた私の願いはついに叶えられないことが確定しました。

事件は一定の決着を見ました。しかし、全国の障害当事者が願った「再発防止」の方向が明らかにされたとは全く言えません。判決をきっかけに、改めて事件について考えてみました。

これまで書いてきた通り、私は事件の本質を、「障害者差別虐殺事件」であるとともに、「強盗殺人事件」であると考えています。そしてそれは植松自身による法廷での証言 ——「5億円を要求したのは、おカネをもらって楽しい人生を送りたかったからだ」—— によって裏づけられたと思います。

　自分の推測の正しさが証明されたと思える瞬間でしたが、もちろんこんなもの、的中しても喜べるはずがありません。

　法廷では彼は優生思想もどきの発言（＝障害者無価値論）を繰り返しましたが、私にはどうもその内容を彼が、心から信じているようには思えませんでした。障害者は人間ではない→殺しても殺人ではない→無罪放免→大金を得てラクラク人生‼︎　このような構図の一端にその論理を忍ばせていたようにしか思えません。275ページ以降に見た通り、犯行予告文を詳細に点検してみると、彼は慎重に自身の無罪の主張を導き出しています。その一点に向かってまっしぐら、一直線といった感すらあります。やはり彼は、「優生思想を実行」しようとしたのではなく、「自分の利害（＝5億円奪取！）を叶えようとした」のだと思います。

　それでは次に、いったい何が彼をそのような考え（強盗殺人）に追い込んだのかを見ていきましょう。

　前提として確認しておきたいのですが、強盗殺人とは「人を殺すこと」が目的なのではなく、「金銭を得ることを目的として人を殺すこと」ですね。つまり目的は紛れもなく「金銭の獲得」であり、「人を殺すこと」は手段・方法にすぎないわけです。通常の強盗殺人は、金銭を要求される側は被害者本人やその家族、利害関係者（会社や組織）ですが、そういう意味ではやまゆり園事件はいささか趣が異なります。「（障害者の大量死によって）税金投入を減らすことができる国」に金銭を要求したわけです。優生思想に目を奪われた専門家や識者、マスコミは、このような事情もあって「強盗殺人」という性格に着目できなかったのだと

推測します。犯行予告文を丁寧に読み込んだ分析を示して欲しかったとつくづく思います。

　私はやまゆり園事件の背景には、1980年代後半から広まった新自由主義の風潮があると睨んでいます。「自己責任論」をその中核とする新自由主義はこの時代に芽を吹き、21世紀に入ってかの小泉元首相が全面開花させました。194ページに「自己責任論」について考察しています。繰り返しになりますが、その特徴をいくつか見ていきましょう。

①「公」の役割を最小化し、それを「共」、「私」（＝「民」）に肩代わりさせる。

②端的には「治安と国防は『公』で、それ以外は『共』、『私』で」という政策。

③それを支えるイデオロギーは「自己責任論」。

④「他人の行為に自己の責任は<u>ない</u>」とする近代法の原則に反し、「自己責任は……<u>ある</u>」とされた。

　その中身は、「今の境遇を抜け出すのは自分の責任！」
　　　　　　　「これからどう生きるかは自分の責任！」

→社会保障をはじめ、国民のあらゆる生活部面（あらゆる政策）で国の役割が縮小・削減されることとなった。

→社会保障の場面では、「生活保護制度の改悪」に象徴されるように、「生きること」すら脅かされている。

→半世紀前に一億総中流と言われる根拠であった膨大な中間層が解体した。

→針の先ほどが富裕層へ上昇。

→そして大多数が貧困層へ転落。

　このような時代に生まれ、育ってきた植松は、「自己責任論」と「新自由主義」を空気のように吸って —— つまりはごく当たり前のこととして疑いもせずに生きてきたわけです。

自らの望んでいた教師への道をあきらめた植松は、トラック運転手ややまゆり園での勤務など、待遇が不十分な仕事に就くしかなくなりました。犯行予告文に呼応するような法廷での証言 ――「おカネをもらって楽しい人生を送りたかった」―― は、このことを背景にしていると思われます。推測ですが彼は、低賃金で働く中で、将来に夢も希望も持つことができなかったのではないでしょうか？　そして、「おカネさえあれば人生は楽しく生きられる」と考えたのではないでしょうか？

　ここで国の公表した数字を2つほど見てみましょう。

①世帯平均所得の推移（厚生労働省発表、図表1）

　何と23年間で112.6万円も下がっています。毎年4万9000円ずつ減少し続けていますね。つまり日本国民は20年以上も所得を増やす政府を持たなかったということです。

②各種統計調査に見るジニ係数の推移（内閣府発表、図表2）

　さてジニ係数とは、格差を示す代表的な数字で、0～1で表されます。

図表1　世帯平均所得の推移

	1994年	2017年	下落額	下落率
全世帯平均	664.2万円	551.6万円	112.6万円	17.0%

出典：厚生労働省「平成30年国民生活基礎調査」

図表2　各種統計調査によるジニ係数

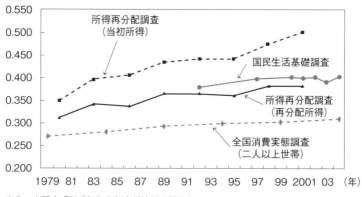

出典：内閣府「平成21年度年次経済財政報告」

0は全世帯が平等な所得であることを意味し、1は一つの世帯がすべての富を独占している状態であることを意味します。つまりジニ係数は、0に近いほど格差が少なく、1に近いほど格差が大きいということを示しています。図から、どの調査を見ても80年代以降、徐々に格差が拡大し続けていることが読み取れます（申し訳ありませんが、これ以上に最近のデータは見つかりませんでした）。日本の正式な数字は（再分配所得）として示される下から2番目です。当初所得を、社会保障などによって修正したものです。日本は世界で上から15番目の格差大国。ジニ係数の望ましい値は0.2〜0.3とされ、0.4以上で社会不安定化の警戒ライン、0.5以上でかなりの不平等、0.6以上で暴動発生とされています。

〈2つのデータから読み取れること〉

・20年以上にわたって国民の所得が減少し続けていること

・格差もまた20年以上にわたって拡大し続けていること

第5章第5節でお示しした各種データを見ても、この2つの傾向が顕著に読み取れます。

さて植松は1990年生まれですから、所得が減り続け、格差が拡大し続ける時代を生きてきたわけです。他の青年と同じように、彼がこの時代の空気を肌で感じていただろうことは、容易に推測できます。前述したように、「自己責任論」や「新自由主義」の影響もモロに受けていると思われます。

「人生の楽しさはお金次第だ！」、彼はその結論にたどり着いたのだと思います。低賃金にあえいでいた彼にとって、年収換算1000万という金額は夢のような大金に思えたに違いないと思います。

かくして彼は犯行に至りました。「日本国のため」でも「世界平和のため」でもなく、ただただ欲求を満たすために —— 自身が楽しい人生を送るためだけに。

所得の低下と格差の拡大は、たいていの人にとってマイナスに働きます。下層からの脱出のために犯罪に手を染める人が出てくるのは、社会

の実態でしょう。「格差（拡大）政策」をやめさせなければなりません。どんなに遠回りでも、そのことこそが実質的に事件の再発を防ぐのだと信じています。下層に追いやられた人たち、貧乏人の皆さん、差別に苦しむ人たち、虐げられたすべての人が手をつながなくてはなりません。さあ、息の長い闘いが目の前にあります。仲間を信じて前進しましょう。

資料編

●●

　本文の理解の助けとなるよう、各種資料を掲載致しました。民主主義の基本原則である自由、基本的人権、平等などに関するものを選りすぐって掲載致しました。掲載した資料は、私たちの取り組みの参考・指針となるものを選択致しましたが、一部には、全くもって同意できない ── むしろ差別を容認・温存・拡散する ── ものも含んでおります。恐れ入りますが、それらは反面教師としてご活用していただければと思います。資料掲載に当たり、快くご許可いただいた関係各位に、この場を借りて厚くお礼申し上げます。

１ 条例づくりで大切にしたいこと　　　　　　　　　　　2016.7.30
福岡県障害者権利条例を創る会

　2013年６月に「障害者差別解消推進法」が制定され、今年の４月から施行されました。2006年12月の国連「障害者権利条約」を受けて成立したこの法律は、当事者団体等によって数多くの問題点が指摘されました。そこで、各地での条例づくりに当たっては、いわゆる「上乗せ・横出し条例」であっても構わないとする衆参両院での付帯決議が付きました。法律が不十分であることを国会自身が認めたわけです。これらのことを踏まえ、県条例づくりに当たって次のことを基本とし、大切にします。

1. 条例の内容は、国連で採択された「障害者権利条約」の水準を実現したいと考えています。（日本政府訳は、国連権利条約の水準に遥かに及びません）
2. 私たちが目指す条例は、人権条例であり、権利条例であり、平等条例です。
3. 生活や人生のあらゆる場面で、障害者に対して「障害のない人との公平と平等」を保障するものであること。
4. 「人として平等であること」を唯一の物差しとすること。つまり、障害のない人には設けない物差しを障害のある人に設けることに反対する。また、差別を生み出す、「能力」という物差しを設けないこと。
5. 　障害のある人に対する差別となる既存の法律、規則、慣習及び慣行を修正し又は廃止するためのすべての適切な措置（立法措置を含む）をとること。
6. いかなる個人、団体及び公的機関又は民間企業による障害に基づく差別をも撤廃するためのすべての適切な措置をとること。
7. 差別をなくすことについて、一切の例外（＝差別を残す）を設けな

いこと

8. 条例の制定過程に障害者自身が関わることを通して、仲間や理解者、賛同者、協力者を増やしていくこと。

9. この条例に合わないいかなる行為又は慣行をも差し控え、かつ、公の当局及び機関がこの条例に従い行動することを確保すること。

❷法律に見る言葉

言葉	権利条約（政府訳）	差別解消推進法	障害者基本法	女子差別撤廃条約
尊厳	<u>8</u>	2	2	<u>3</u>
平等	<u>47</u>			<u>24</u>
権利	<u>77</u>	1	3	<u>35</u>
自由	<u>37</u>		1	<u>5</u>
人権	<u>22</u>	1	3	<u>3</u>
享有	<u>14</u>	1	2	<u>4</u>
保障	<u>6</u>	1	1	
均等	10			
配慮	2	4	6	
価値	1			
差別なしに	<u>5</u>			<u>2</u>
差別の撤廃	<u>4</u>			<u>11</u>
自立	6		8	
自律	3			
差別の解消		<u>20</u>		
人格		1	1	
個性		1	1	
尊重		1	3	
共生		1	2	
過度の負担	1	2	1	
制裁	1			1

（著者作成）

以上を踏まえ、「障害者差別解消推進法」を軸に据えて、**民主主義の観点**から考えてみました。以下に特徴的な点をコメントしています。

1. 21の文言のうち、31年前の「女子差別撤廃条約」に使用されているのは９つとシンプルである。
2. そのうち８つが、民主主義の基本原則である。
3. 民主主義の原則とは必ずしも言えない「制裁」という言葉も、「必要な場合には」という制限をつけ、「差別をなくす」という目的意識を明確にしている。
4. 「障害者権利条約」政府訳でも、民主主義の原則が数多く謳われている。
5. ひるがえって「差別解消推進法」では、民主主義の原則が激減している。「法」とは国家意思なのに。日本政府は民主主義がキライ？
6. 「これをなくしちゃ反発くらうかな？」という文言が、かろうじて残されているだけ。
7. ヒトがヒトらしく生きるための基本のキである、「平等」も「自由」もゼロ、抹殺されてしまった。
8. 「権利条約」日本政府訳にある「均等」は、そもそも「平等」と訳すべき言葉（equality：イコーリティ）。
　　［均等］二つ（以上）のものの間に、量や程度の差がないこと。
　　［平等］その社会を構成する、すべての人を差別無く待遇すること。
9. 「平等」を初めとする民主主義的価値観が意図的に避けられている。
10. 「配慮」という言葉は、いかなる民主主義的価値も意味しない。人間関係の場面で重視される価値観であり、「お互いの関係」に手をつけず、つまりは差別を固定する。国が、「差別をなくす」という目的意識を持って主体的に取り組むという意義が消し去られる表現となった。
11. 「女子差別撤廃条約」にも「権利条約」にもある「撤廃」がなくなり、「解消」が使用されている。
12. 「自立」という言葉は、権利条約では「権利の主体」つまり、「自分

らしく」あるいは「自分で決める」という意味で使われているが、「障害者基本法」では「税金を使わずに」、つまり「社会保障に頼るな＝働け＝稼げ＝納税者になれ！」という意味が与えられている。全く別の価値観に変質してしまった。

13. 「共生」という言葉がもてはやされているが、権利条約には一言もない。
「共」は公」と「私」の中間に位置し、「公」には負担も責任もない。社会保障（＝公的責任）を削減する言葉として「自己責任」とともに、日本政府が国民の洗脳に成功したというほかない。

14. 「過度の負担」のときは「合理的配慮」（権利条約の言葉では「正当な便宜提供」）をしなくとも差別には当たらない、というのは、国連での議論の中で「貧困国」を想定していた。つまり、国連は少しでも多くの国の賛同を得るためにこの言葉を採用したが、日本政府はこの言葉を入れることによって、「合理的配慮の負担は企業がすべきこと」という先入観を国民に植え付けることに成功した。「合理的配慮」に基づく費用負担の責任は、批准した政府にあるにも関わらず！　現にJRは、「差別をなくす責任は国にある。JRとして新たに取り組むことはない」と主張し、新たな負担を伴う「合理的配慮」を拒否している。

15. 「必要な場合には適当な制裁を含む」とした女子差別撤廃条約が批准されても、日本女性の社会的地位は世界で100位以下をウロウロしている。日本の障害者の社会的地位はいったい世界で何番目なのか！？

※「障害者差別解消推進法」に「男女雇用機会均等法」がダブッて見えます。「オトコだけでは労働力が足りない！」ことを動機とし、「女性を労働力として動員する」ことを目的とした法律が、性差別をなくすことはありませんでした。「障害者も労働力として活用しなければ、企業そのものの存続が成り立たない」と語る中小企業経営者の言葉は悲鳴にも似た本音です。でも、「生産性を上げるために職場内での障

害者差別をなくす」ことは、障害者差別全般をなくすことには決して
なりません。障害者は「職場で戦力になりたい」という以上に、「ヒ
トとして他の人と平等に、対等に生きたい」「差別をするな！」と訴
えているのだと思います。能力に差があるのはごく自然なことであり、
能力の違いに関わらずすべての人が、「人として平等である」という
ことこそが民主主義の基本ではないでしょうか。

〈「合理的配慮」って？〉
　「国連障害者権利条約」にある Reasonable accommodation の政府訳
（誤訳）です。accommodation に「配慮」という意味はなく、「便宜」
という意味です。現に、同じ漢字圏の韓国では、「正当な便宜（提供）」
と訳しています。配慮だと、「求める側・される側（＝障害者）」よりも
「する側（＝障害のない人、国や自治体、事業者など）」の意思で決定さ
れ、つまり当事者主権ではありません。内容は「保護・庇護の対象」か
ら「配慮の対象」へと言葉が変わっただけであり、障害者に権利など認
めないというパターナリズムそのものです。政府訳を鵜呑みにすること
なく、「障害のない人との公平と平等」をしっかり表現する適切な言葉
を自分たちで考えたいものです。

> Nothing about us, without us ！
> 我々抜きに我々のことを決めるな！

3 条例に使う言葉　　　　　　　　福岡県障害者権利条例を創る会

　「障害者差別解消推進法」は不思議な法律です。「差別をなくす」とい
う、素晴らしい民主主義（＝平等）の考えの法律のはずなのに、資料2
で見たように、多くの民主主義の言葉が「権利条約」に比べて極端に減

っています。「平等」も「権利」も一言もないとは、障害者にはそんなものいらないということでしょうか？　「差別の撤廃」という言葉もわずか1カ所のみで、替わって「差別の解消」という言葉が20カ所も出てきます。

言葉	意味・コメント
尊厳	**誰もが尊い存在ですね。平等権を直接根拠づけるものとされます。**
均等	二つ（以上）のモノの間に、量や程度の差がないこと。**「待遇」にくっつけて使う「不均等待遇」って、国語的にはNG。正しくは「不平等待遇」ですね。**
自由	他のものから拘束・支配を受けないで、自己自身の本性として従うこと。**「強制」、「命令」、「指示」なんて、イヤですよね。**
保障	ある状態がそこなわれることのないように、保護し守ること。**平等や権利が唱えられても、保証されなければ何の意味もありません。**
平等	「平」も「等」も等しい意。**その社会を構成する、すべての人を差別無く待遇すること。「差別をなくす」条例にはぜひ入れたい言葉です。**
人権	人間が生存と自由を確保し、それぞれの幸福を追求する権利。**誰かによって、剥奪も制限もされない。障害者は永い間剥奪されてきましたけどそろそろ……。**
権利	「法」が各人に与えた、利益を主張しうる力。**私たちの権利は、法という「共通の物差し」によって裏付けられています。**
配慮	心をくばること。他人や他の事のために気をつかうこと。**配慮の内容は「する側」が決め、「される側」は従うことを求められる。**
享有	生まれながらに持っていること。**生まれたての赤ん坊からジジババまで。**
撤廃	それまで行われてきた制度やきまりなどをとりやめること。**「女子差別撤廃条約」とは、性差別をなくす＜国家の強い意志＞を示す。法律は国家意思です。**
解消	今までの関係・状態・約束などが消えてなくなること。また、なくすこと。**「婚約」や「お肌のタルミ」は「解消」ですけど、「差別」とくれば「撤廃」ですよね。**
自立	他への従属から離れて独り立ちすること。他からの支配や助力を受けずに、存在すること。**辞書では使用例として、「精神的自立」と出てきます。「経済的自立」や「身体的自立」に目を奪われないようにしましょう。ヘルパーの利用など「支援を受けること」と自立は、何も矛盾しません。**

共生	２種類の生物が，一方あるいは双方が利益を受けつつ，密接な関係をもって生活することをいう。片方がいなくなると、もう片方の生存が危うくなる状態。つまりは「一緒にいないと困る」状態。 **辞書には「共生社会」という言葉がありません。どうやら政府が言い出した造語みたいです。障害のない人は、障害のある人が「一緒にいないと生存が危うくなる」……はずがない。** **政府の説明をよく見ると、国の責任（＝公的責任）が全く出てきません。「共」は「公」と「私」の間に位置し、つまりは「公」の負担が不要。「政府の責任」（＝社会保障）をあてにするなということです。**
負担	憲法には、「社会保障は国の責任」とあります。**責任は費用負担を含みます。**
制裁	社会への違反に対して加えられる社会的拘束のうちの、特に集団、組織の力によって強行されるものをいう。法律や規則、また慣習・伝統などの社会的規範に背いた者に対して加えられるこらしめや罰。また、そうした懲罰を加えること。**「障害者差別解消推進法」には罰則がありません。「制裁」がなくて差別が無くせるか？**

（著者作成）

４問題提起 ― 重要な三つの言葉について

福岡県障害者権利条例を創る会

　「障害者差別解消推進法」はその名のとおり、「障害者差別」を「なくす」ことに「取り組もう」という法律です。差別は２種類 ― 「不均等待遇」と「合理的配慮の不提供」ということになっています。 そして目指すは「共生社会」。この三つが法律の重要なキーワードだと思えますので、考察と問題提起を行います。

１）「不均等待遇」について

　権利条約には（政府訳でも）次の言葉が頻繁に出てきます。
　on an equal basis with others「他の者との平等を基礎として」（政府訳）
　→「他の者との均等を基礎として」とは、政府ですら言わない

　[均等]：二つ（以上）のものの間に、量や程度の差がないこと。

　[平等]：「平」も「等」も「ひとしい」意。

　　　　　その社会を構成する、すべての人を差別無く待遇すること。

304

以上のとおり、二つの言葉はまるで意味が違います。

「平等」の意味の、なんと素晴らしいことでしょうか！

① 「均等」はモノを計量するときに使用される言葉であり、社会関係、法的関係の場面では使われません。「均等な自由」や「基本的人権の均等」とは言わないですよね。

② つまり「均等」には、**いかなる民主主義的意味もない**ということです。

③ 「権利条例」が人権法としての性格を持つ以上、「均等」はありえません。

④ 「平等」という言葉を、自信を持って広めましょう。

2）「合理的配慮の不提供」について

<u>denial</u> <u>of</u> <u>reasonable</u> <u>accommodation</u> の政府訳（大誤訳！）
（否定／拒否）（正当な／合理的な）（便宜）

accommodationに「配慮」の意味は全くありません。

（「配慮」はconsideration）

［法第7条2項］

　行政機関等は、その事務又は事業を行うに当たり、障害者から現に社会的障壁の除去を必要としている旨の意思の表明があった場合において、その実施に伴う<u>負担が過重でないとき</u>は、障害者の権利利益を侵害することとならないよう、当該障害者の性別、年齢及び障害の状態に応じて、社会的障壁の除去の実施について必要かつ<u>合理的な配慮</u>をしなければならない。

主体：行政機関等

　　条件イ：障害者等から意思の表明があった場合

　　　　ロ：<u>負担が過重でないとき</u>

1. この7条は「行政機関等」の「法的義務」を定めたものです。問題点を洗い出してみましょう。

「無条件に」ではなく、イ、ロという「条件」が付けられている以上
……

　　　イ．障害者等から意思の表明がない場合、と
　　　ロ．負担が過重なとき、は
　　「法的義務」を果たさないことが可能（合法）とされます
　　→法律が差別を残す
「配慮」とは、「心をくばること。他人や他の事のために気をつかうこと」ですが、

①「相手の意思表示がなくとも」提供される日本人の伝統的な美徳のはずです。

②つまり、法で規定する「合理的配慮」とは、私たちが使い慣れた「配慮」よりもかなり低いレベルであり、日本人の美徳に遥かに及びません。

③また、ロの条件は、「配慮する側」の状況や都合で内容が変わるものであり、「共通の物差し」とはなりえません。

④何よりも、配慮の内容を、「する側」が決め、「される側」は従うよう求められるということは、「障害者は権利の主体」という理念に完全に反しています。

⑤そして「配慮」は、「お金がないから配慮の手を抜くよ」ということを正当化します。

⑥「reasonable accommodation」を、同じ漢字圏の韓国では、「正当な便宜提供」と訳しています。

⑦原文の意味を発展させるものとして、「正当な権利保障」という訳を提案します。

「正当な権利保障」が法に明記されると、「お金がない」という言い訳を許しません。

⑨「配慮する側」の勝手な解釈を許さず、障害者が「権利の主体」であることの保障（条例の中に明記すること）を求めましょう。

2．8条では「事業者」の「努力義務」を定めています。

①上記①〜⑥に同じ。

②国以上に「責務」のレベルが劣る（事業者に対する国の「合理的配慮」？）

3.「個人」の「合理的配慮義務」は、どこにも定められていません。

　法には、国民の責務として「差別の解消の推進に寄与するよう努めなければならない」とあります。「責務」が、限りなく薄められています。

4.　国連の権利条約には「締約国は……」として、**「正当な便宜提供」の責任が各国政府にある**ことを明記しています。

　3）「共生社会」について

　　・「差別禁止部会意見書」（2012年）に採用

　　・「改正障害者基本法」（2013年）に採用

　　・「障害者差別解消推進法」（2013年）に採用

　　・「障害者権利条約」（国連2006年・日本2015年）では全く使用されていない

　「共生」を辞書で引くと……

　2種類の生物が、一方あるいは双方が利益を受けつつ、密接な関係をもって生活することをいう。

　結論から言うと、「社会共生」という言葉はありましたが、「共生社会」という言葉を辞書に見つけることはできませんでした。**さて、誰が考え出したのやら？**

　差別禁止部会の2012年「意見書」にこの言葉が出ています。

　「第1章総則　第1節理念・目的　第Ⅰ、理念」には、次のように、共生社会の定義らしきことが述べられています。

　「全ての国民が、障害の有無によって分け隔てられることなく、相互に人格と個性を尊重し合いながら共生する社会」

　さらに、「第2、目的」の項の、必要な視点の4番目に「共生社会の実現」が挙げられ、次のように記載されています。

　「……本法が差別を解消し完全参加と平等が図られる共生社会の実現に資することを明記すべきである。」

　全くもって非の打ち所のない名文ですね。誰もが納得できる、「目指

す社会」と思えそうなんですが……。

　さて、「書かれていること」だけを見ると、つい頷きそうになりますが、「書かれていないこと」に大きな問題が隠されているように思います。（以下略）

※大変申し訳ありませんが、「共生社会」については、改めて第4章第13節において詳しく論じておりますので、181ページをご覧くださいませ。

5 障害者を取り巻く法や制度の推移

年月	制度とその内容
2003.4	**支援費制度開始：措置から契約へ** ①民・民契約＝公的責任の放棄始まる ②事業者に落ち度があっても、認可した行政は調停役として振る舞うだけで、自己の責任を取らない。
2004.10	**グランドデザイン：「自己責任論」を正面から打ち出す（国庫負担の削減）** ①応益負担論（社会保障は「益」？）→自己負担の強化福祉サービスも、施設利用も、医療費も ②就労支援の強化 ―「障害者も納税者にする！」
2005.10	**障害者自立支援法：「自立」とは、税金に頼らず、納税者になること** 　→社会保障費を削減し、「公的責任」の放棄を狙う ①「障害程度区分」の導入→重度者ほど負担が重く、個別ニーズの無視 ②施設で働いても「利用料」が発生 ※→将来を悲観した親子心中、親による子殺しが発生
2006.12	**国連障害者権利条約採択：世界中が「障害者は権利の主体」と理解した** ①いかなる個人、団体、民間企業によるいかなる差別も撤廃 ②差別撤廃は政府の責任
2008.10	**障害者自立支援法違憲訴訟提訴：「応益負担」は憲法違反だ！**と全国8地裁に、原告29名が一斉提訴
2010.1	**障害者自立支援法違憲訴訟和解：「障害者の人間としての尊厳を深く傷つけた」** ①国は速やかに応益負担を廃止する ②自立支援法を廃止し、障害者の参加のもと新たな法律をつくる ③「障がい者制度改革推進本部」の設置

2011. 6	障害者虐待防止法：虐待の予防と早期発見、養護者への支援を掲げる 　身体的虐待、心理的虐待、経済的虐待、性的虐待、放置（ネグレクト） **虐待を内部告発した施設職員が、施設側から損害賠償を求められる事案が頻発**
2012. 6	障害者総合支援法：自立支援法を見直したというが、**「自己責任論」は放棄せず** 　①「応益負担」は、「定率負担」と言葉を変えて温存 　**②総合福祉部会の60の骨格提言をすべて無視**
2013. 4	障害者優先調達推進法：**国の税金持ち出し削減策の一つ** 国や自治体に対し、障害者就労施設などへ優先的に発注するよう求める
2013. 6	障害者基本法改正：**「共生社会」**の言葉が登場 「共生」とは、ボランティアやシルバーパワーを活用し**（生涯現役）、税の持ち出しを減らす社会にしようということ**
2013. 6	障害者差別解消推進法：**障害者が働く環境を整備** 　①障害者や家族が求める「他の者との公平と平等」を決して認めない 　**②「差別の例外」を認めている→差別の温存と固定** 　③「合理的配慮」は、障害者を「配慮の対象」とし、主権者と認めない考え 民主主義をあらわす言葉が極端に少ない
2014. 1	障害者権利条約批准：**政府公定訳は国連の水準に遥かに劣る** 「平等」という言葉が、「均等」にすり替えられている「合理的配慮」という言葉を使い、**障害者を主権者と認めていない**

（著者作成）

資料2 　リブロ虐待抗議の取り組み

■「リブロ」虐待事件 ── 続報（2013年5月）

　仲間の虐待に抗議するピープルファーストと福岡県の話し合いが4月16日、福岡県庁で行われました。3月に続き全国から70名ほどの知的障害者と支援者が集まりました。福岡県は「リブロの回答は不十分である。曖昧な決着はしない。」と覚悟を披露しましたが、理事長と理事会にしっかりと責任を取らせないといけないでしょう。

　暴行容疑で刑事裁判が始まりましたが、坂本被告はあっさりと容疑を認めたようです。逃れようのない証拠を突きつけられたんでしょうね。証拠画像がある、と人づてに聞きました。

事件は坂本被告が有罪になればメデタシメデタシというわけではありません。告発した人たちは解雇されています。このような行為がまかり通れば告発する人は誰もいなくなります。法的には、告発を理由に解雇すれば障害者虐待防止法違反で無効です。告発した人たちは「リブロに戻りたい」と言ってるようですので、原職復帰を実現するまでリブロ問題は終わりません。もちろん、リブロ自身が今回の虐待を反省し、再発防止を確約することが一番求められています。県の処分をただ待つのではなく、障害当事者は自分自身の問題として「人間の尊厳」を求めてこれからも行動するでしょう。今後もしっかり連帯していきたいと思います。

《寄稿：会員募集中です！》

「リブロの障害者虐待を許さず体を張って告発者を守る会」

　先月より活動を開始し、会員は4月末日現在で8名となりました。告発した人達を守るために、もっともっと多くの方のご賛同を頂きたいと願っています。出費多端の折とは思いますが、どうぞご支援ご協力のほどお願いします。

　第1回公判が4月23日に行われたことを後になって知りました。情報不足をお詫びします。

　第2回公判は次の日程で開かれます。都合のつく方は是非傍聴をお願いします。

日時　5月17日　15：00〜
場所　福岡地裁久留米支部

■「リブロ」虐待事件 ― 続報（2013年6月）
　リブロ虐待の張本人、坂本静治被告の刑事事件第2回公判が5月17日、福岡地裁久留米支部で開かれました。障害者を用水路に蹴り落としたとして追起訴されました。

　検察官の声がボソボソッと小さくてよく聞き取れませんでしたが、坂本被告は「間違いありません」と答えました。弁護人は「被告人の答弁のとおりです。また、被告は被害弁償を考えています」と発言しました。これは裁判上のテクニック。反省しているから弁償するのではなく、「執行猶予狙い！」と私は見ます。

　この日も地元久留米を始め、全国からたくさんの当事者や支援者が傍聴しました。被害者のご家族の姿もありました。福岡県の改善命令もすでに出されていますが、被告とリブロに対する追及の手を緩めるわけにはいきません。今後も「人間の尊厳」を求める当事者にしっかり連帯していきたいと思います。

《寄稿：会員募集中です！》
「リブロの障害者虐待を許さず体を張って被害者と告発者を守る会」
　会員は5月末日現在で13名となりました。被害者と告発した人達を守るために、多くの方のご賛同を頂きたいと願っています。ご賛同いただける方には振込用紙をお送りしますので、どうぞご支援ご協力のほどお願いします。年会費1000円で、会報をお届けします。
　第3回公判は次の日程で開かれます。被害者の証言と被告人質問があります。
　日時　6月19日　13：30〜
　場所　福岡地裁久留米支部
※会の名称を変更しました。「被害者と」を新たに加えました。

■「リブロ」虐待事件 ― 不当判決！（2013年6月）

執行猶予だって！？　求刑通り懲役1年6カ月とはなりましたが、執行猶予3年がつきました。障害者に対する暴力常習者坂本静治はシャバに放免されることとなりました。

今回の裁判で責任を問われたのは虐待の張本人坂本静治だけです。被害者の弟さんがしっかり指摘したように、背後でお墨付きを与えた理事長である坂本勉（父親！）と法人の責任は取り上げられていません。

判決が言い渡されたとき、一人の支援者が立ち上がって裁判長に猛然と抗議し ― 「被害者に何の落ち度があったのか！」 ― 退廷させられました。続いて車椅子の障害者も猛抗議し、同じく退廷させられました。当然過ぎる怒りです。

終了後、弟さんが外にいる二人に近づき、「兄の気持ちを代弁して頂いてありがとうございました」と御礼を言う姿が印象的でした。

抗議集会

その後、この日初めて傍聴した告発者2名を交えて40名で抗議集会を開きました。全国各地から集まった障害者たちが次々と怒りをぶち上げます。告発者も、「1年以上も頑張ってきたのにこんな結果になってしまった」と悔やみきれない心情を明らかにしました。

支援者から、これから取り組むべきことが具体的に提案され、最後は全員で「差別・虐待を許さないぞ！」と声を上げて集会を終えました。

判決に先立つ6月19日、第3回公判（結審）が福岡地裁久留米支部で開かれました。被害者Sさんの弟さんの証言と、坂本静治に対する被告人質問がありました。

弟さんは、絶対に被告を許さない、謝罪文はただ外に出るためだけに書いたとしか思えない、事件前は虐待を理事長が握りつぶしていた、まだまだ表に出てないことがたくさんある、執行猶予がついて外に出るのは許せない、などと真剣な表情で訴えました。

静治は、深く恥じている、親父の下ではもう働かない、謝罪文を渡した、賠償金を払っている（出したのはリブロ！）などと、反省しているかのように振舞いました。

検察官は懲役1年6月を求刑し、弁護側は執行猶予を求めました。

■リブロ　労働審判始まる（2013年9月）

　リブロの虐待を法務局に告発した職員の反撃が始まりました。不当解雇による被害の賠償 ── 契約満了までの賃金と不払いの残業代を支払えと訴えています。

　9月2日に第1回がありました。理事長坂本勉は、「2人は入職当初から利用者に対する暴力を繰り返していた」と主張しました。日時や相手を特定する証拠も示さずに……。また残業代の不払いについては、「オレの気持ちで払ってたんだから、やめるのもオレ次第！」と言い放ちました。違法行為を調べる場所でそんなこと言うなんてねぇ……。

　9月13日の第2回では、裁判官や審判員が元職員に「請求金を減額する意思があるか」と尋ねたそうです。そんな無茶な……。

　10月1日の第3回で決着がつかなければ、正式な民事裁判となります。

■リブロ（2013年10月）

　労働審判が終了し、不当解雇された元職員にリブロが解決金を支払うことで和解しました。
元職員は、「不十分だが今後のことを考えて妥協した」と言っています。「今後」とはもちろんリブロを葬ることであり、県や国に「誰が従事しようとも虐待が再発しない」制度を作るよう求めることです。元職員も、障害者をはじめとする支援者も意気軒昂です。今後の取り組みに注目しましょう。

■リブロ（2013年11月）

　10月29日、ピープルファーストの全国代表団や支援者11名がリブロ本部で理事長坂本勉を追及しました。無礼にも代表団を玄関で足止めした勉は、立ったまま自分がいかに利用者や家族のことを思って運営しているかを延々としゃべり始めました。そんな演説を聞きに来たわけではない私たちは、「理事長として虐待の責任をとれ！」「居座ることを許さない！」と追及しました。1時間に及ぶ追求の末、勉は「自分の進退を理

事会に提案する」と回答しました。全員がどよめきましたが、なに、その場限りの逃げ口上。理事会をいつ開くのか明らかにしなかった勉には辞める気などあるはずもなく。でもちゃんと録音したもんね──。

　リブロは福岡県に対し、改善報告書を10月31日に提出しています。まあ、嘘八百を並べていることは間違いありませんが、県がどう対応するのか注目されます。

　虐待施設を残しちゃったら福岡県の恥ですよねえ。次は厚労省との交渉です。制度改革がリブロを生み出したことを明らかにしていきましょう。

■リブロ認可取り消し ── 年度内？ (2013年12月)

　11月16日の西日本新聞の記事です。

　「福岡・佐賀両県は、NPO法人リブロが運営する障害者介護施設などで自立支援給付費の不正があったとして、障害者総合支援法に基づき、両県内の事業所の指定を取り消す方針を固めた。

　両県は14日、事業所指定取り消しの方針を伝える文書をリブロに送付。生活介護支援施設「すずらん」など佐賀県内の全3事業所のほか、福岡県内の事業所も指定を取り消す見通し。リブロには、給付費を支給した各市町に不正受給分を返還するよう求める。」

　処分は近々行われるようですが、取り消し期日がいつなのかはまるで見当がつきません。1か月後か3か月後か、まさか年度をまたぐなんてことは……？

　一番大事なことは、利用者さんの受け入れ先を確保することです。支援が突然無くなるなんてことは、絶対に避けなければいけません。いま、受け皿について思いを巡らしています。万が一、新しい事業所を立ち上げることになりましたら、広くご支援をお願いすることがあるかもしれません。その時は是非ともご協力よろしくお願いします。

■リブロ取消し（2014年1月）

　虐待施設リブロの７つの事業所が３月13日をもって佐賀県と福岡県から取消されることになりました。虐待の告発を受けた両県の調査がきっかけです。

　年末に千葉の県立施設で職員が利用者を蹴り殺す事件が報道されましたが、リブロで死者が出なかったのは、まさしく内部告発した職員たちの功績です。「このままでは死人が出る！」と直感した職員たちの勇気ある行動で最悪の事態を避けることができました。

■「取り組む会」通信　第１号 　　　　　　2014年１月10日（金）

障害者の望む支援に取り組む会

ちょっとくわしい説明

　皆さん、明けましておめでとうございます。今年もどうぞよろしくお願いします。

　さて先月お知らせしたように、リブロの８つの事業所のうち７つが３月13日で指定取り消しとなります。これによって現在の利用者78名は、新たな受け皿を探す必要に迫られています。利用者とご家族は、行先を必死に探しているという情報が入っています。

　ここに至って、「リブロの障害者虐待を許さず体を張って被害者と告発者を守る会」は発展的に解消し、本日より新たに「障害者の望む支援に取り組む会」として活動することになりました。

　告発者を守るべく発足した「守る会」は第３ステージを迎え、「リブロ利用者の受け皿作り」を目的として再出発することとなります。

会　則

「取り組む会」の会則を次の通りとします。

1. リブロの事業所取消に伴い、利用者の新たな受け皿をつくる。
2. ４月１日オープンを目指し、２月15日までに事業所申請を行う。
3. 事業開始に必要な資金を確保するため、カンパその他必要な活動

を行う。

4. 利用者の行先が確保された場合や、リブロを丸ごと引き継ぐ事業者が現れた場合など、利用者に不利益が生じないと判断される場合は、速やかに事業中止の判断をする。

5. 上記4の場合はカンパ・借入金を返還し、会を解散する。

受け皿として「生活介護事業所」を開設します。通所施設です。

・定員は20名です。法で定められた最低限の定員です。

  ※それ以上の利用者を受け入れるだけの力量は、現在ありません。

・場所を佐賀県みやき町にすでに確保しました。

・オープン前々月の15日までに申請しなければなりません。
  従って2月15日申請、4月1日スタートが最短となります。

・3月13日～31日を体験利用期間とします。この期間の利用者負担はありません。

・「サービス管理責任者」の資格を持つ人がいなければ申請できません。
  従ってこの人材が確保されない時は、会則4および5を適用します。

・ハローワークを通じてスタッフの応募はありますが、「サービス管理責任者」の応募はまだありません。

・新しい法人を設立するかは1月下旬までに決定します。現時点では未定です。

・利用者確保のために21日以後、13自治体で利用説明会を行います。

新たな取組へ

・「守る会」の資産18114円を、千葉の虐待死被害者のご遺族へカンパします。ご賛同頂きありがとうございました。

・「守る会通信」を衣替えし、「取り組む会通信」を発行します。

・「守る会」の活動を点検する文書をまとめ、4～5月頃お届けします。

絶大なご支援を

事業開始には多額の資金が必要となります。場所はすでに確保しまし

たが、計画通りに進んでも最初に収入があるのは6月20日です。送迎車両の確保や人件費など、6か月間の運転資金として700万円がどうしても必要です。皆様の強力なご支援をお願いいたします。ご友人などにもお声掛けいただければ幸いです。なにとぞよろしくお願いいたします。お近くの方には当方から出向くことも可能ですのでご一報くださいませ。

なお、すでに385万円が寄せられていることを申し添えます。

障害者が、笑顔で過ごせる場所に

今回の取り組みは、リブロ利用者の「救済」ではなく、「権利保障」です。安心して昼過ごせる場所の保障、夜は自宅へ戻って家族との団らんを、そして落ち着いた眠りを保障すること、これらすべてを含んだ生活の質の保障＝権利保障だと位置づけて取り組んでいます。

■「取り組む会」通信　第2号　　　　　　2014年2月10日（月）
障害者の望む支援に取り組む会

みなさんこんにちは。あっという間に時は過ぎ、はや2月も半ばとなりました。今回は報告特集となりそうです。

受け皿

リブロ取消に伴い、受け皿を用意しました。利用者が安心して通える多機能型通所施設を運営します。

一番基本になるのはどんな姿勢で取り組むかということ。運営理念として次の3つを大切にしていきます。

①「尊厳」

個人は「能力」によって評価され優劣をつけられるのではなく、「人として」平等・対等であること。指示・命令も指導・強制もなく、一人一人が自分の納得するサポートを得られ、豊かな人生を送る権利があること。そのことを心していきたいと思います。

② 「自己肯定」

「どっこい生きている」。障害者は誰かに遠慮したり、顔色を窺ったりする必要はありません。頭を上げ、胸を張って自分らしく生き、一緒に豊かな人生を作り上げていきましょう。

③ 「当事者中心」

障害者は障害のない人からの「お仕着せの」生き方や暮らしを受け入れる必要などありません。残念ながら障害のない人には、「能力」や「効率」「競争」という物差ししかありません。これらは人としての権利や人生とは全く無関係です。障害者も他の人と同じく自分の人生の主人公です。それぞれの人生を楽しみましょう。

いま進んでいること

1. 法人

「一般社団法人ゆうゆう」として登記を完了しました。

2. 利用者

9つの市や町で説明会を行いましたが参加者は1名でした。この方が3月から利用してくださることになりました。

3. 事業

生活介護「ゆうゆうサポート」、就労継続支援B型「ゆうゆうワーク」を計画していましたが、利用者不足のため申請条件を満たさず、任意事業としてスタートします。

4. スタッフ

5名を採用しました。サービス管理責任者1名、支援スタッフ1名でスタートし、4月から支援スタッフ2名、看護師1名を追加配置します。障害当事者や障害児の親御さんなどが揃って、とても心強く思います。

5. 取組み

福岡市の餃子専門店「黒兵衛」さんの協力を得て、餃子販売にまずは取り組みます。当面の目標は1日15パック（1パック30個入り：1100円）。営業23年の経験を得意先開拓に生かさなくっちゃ。

1. 利用者

　なんといっても利用者さんの確保ですね。自治体、社協、相談支援事業所、当事者グループ、親の会などへの広報活動に取り組みます。当事者グループにつながりのあるスタッフもいて心強い限りです。3月中に20人集まるといいなあ。

2. 仕事

　次は販売先の確保。利用者探しと並行して取り組みます。1日に100パック売れれば制度に乗っからずに済むかしら……。

　数量もだけど、利用者さんとあちこち出かけるのが今から楽しみ。臆せず人と話せるようになって、自信につながると嬉しいなあ。

　いずれは製造にも取り組みたいと思っています。

もうひと頑張り

　方向はかなり見えてきましたけど、いかんせん資金が……（＾＾；　すでにたくさんの方からカンパが寄せられていますが、運転資金が心細い限りです。なにとぞご支援ご協力のほどお願いします。ご友人、お仲間にもお声掛けいただければ幸いです。

■「取り組む会」通信　第3号　　　　　　　2014年3月10日（月）

　　　　　　　　　　　　　　　　　　障害者の望む支援に取り組む会

「ゆうゆう」始動

　3月3日、ひな祭りの日にゆうゆうが活動を始めました。スタッフ全員でこれから取り組むことの内容や目的をしっかり確認しました。利用者さんを迎え入れるのが4月からなので（3月からとお知らせしたのは間違いでした、ゴメンナサイ）、電気、水道、パソコンやエアコン、机、電話などなどいろいろなものの準備に追われています。

　駐車場作りで慣れない肉体労働に精を出していましたが、近所の業者さんが格安でやってくれるというので大助かり。「地元だからね」と採算度外視で引き受けてくれた若社長に感謝感謝です。

ご近所さんが毎日のように顔を出し、いろんなことを教えてくれます。以前住んでいた方と懇意にしていたというおじいさんはスコップやハンマーを貸してくれました。庭いじりなども手伝ってたそうで、困ったことがあったら声かけて、と言われて感激しました。

　そういえば、この日は40年前に亡くなった親父の誕生日。何かの縁でしょうが、お星さまになって見てくれてるかなあ。

ご挨拶

　2月15日に事業所申請ができなかったので、佐賀県と福岡県に行き、任意事業として取り組みながら体制を整えると伝えました。ギョーザ販売の件も伝えました。

　坂本勉が県に紹介したというリブロの後継業者は法人作りから始めたそうで、つまり異業種参入です。ぷんぷん臭いますねえ。でもそれで利用者や家族が善しとするならそれも仕方のないこと。ゆうゆうはゆうゆうの道を行きましょう。

　担当者は、「作れば利用者が集まった時代は終わり、淘汰の時代に入った」「利用者はお客だということが分かっていない業者が多い」と言っていました。まったくもって同意。お客さんを殴ったり蹴ったりするのは暴力バーか学校、精神科病院とこのギョーカイ。やっぱヘン……。「自分がいる間におかしな事業者を無くしたい」とも言っていました。心強いなあ。システムにも目を向けて欲しい……。

やるぞっ！

　ギョーザの黒兵衛さんと特約店契約を結びました。のっけから月30万円分販売しなければいけません。「一日たったの15パック！」なんて言葉にうまいこと乗せられたような気もしますが、唯一の収入源なのでやるのみです。まあ、利用者さん何人分かの工賃にはなるでしょう。お持ち帰りと配達・発送だけですが、たくさん売れて欲しいなあ。

　「黒兵衛みやき店」のオシャレな看板を黒兵衛さんがプレゼントしてくれるそうです。ありがたい。

> とってもおいしいですよ (^^)
> 皆さんもぜひご賞味ください

速報 — 後継

　3月13日リブロが取り消しになり、佐賀県小城市のNPO法人「らいふステージ」が買い取って、14日以降の事業を継続すると佐賀・福岡両県が発表しました。7施設のうちすでに利用者のいないみやき町の生活介護事業所1か所を除いて、佐賀2か所、福岡4か所を引き継ぐそうです。利用者81人、職員45人もそのまま引き継ぎます。県も理事長坂本勉もこれで一安心といったところでしょう。

　らいふステージをネットで検索しましたが、県のホームページにもNPO一覧にも出てないので詳しいことはまったく分かりません。

　何はともあれ、虐待をなくし、栄養とボリュームの豊富な食事を提供するなど、利用者の尊厳を大切にするよう改善してくださいな。利用者が10人減り、職員がそのまま残るということは、少しは手厚い支援ができるということでしょうか。

■「取り組む会」通信　第4号　　　　　　　2014年4月10日（月）
障害者の望む支援に取り組む会

　ゆうゆうではスロープ、緊急避難口、駐車場、内装などの整備を一通り終え、体験利用や見学を受け入れられる態勢になりましたので、役所、社協、相談支援事業所、当事者団体などへの広報をはじめました。ゆうゆうの取り組みをしっかりお伝えし、利用者の紹介をお願いしています。おかげさまで見学に来られる方や働きたいという方も出てきて、ささやかながら手ごたえを感じています。スタッフ一同気持ちを一つにしてオープンへまっしぐらです。今後ともご支援ご指導をよろしくお願いします。

車も来ました！

　一台目の送迎用車両が、ゆうゆうの鮮やかなロゴマークをまとってやってきました。ニッサンのNV350キャラバン、10人乗りです。ボディーには、利用者の皆さんに思い思いの言葉や絵を描いてもらおうと思っていましたが、リース物件なのでダメだと言われてしまいました。シールにして貼ることは構わないそうなので、ぎょうざを売って資金作り！

売ります、売れてます！

　黒兵衛ぎょうざの第1弾として3000個が入荷しました。本店の指導を受けながら、広報活動と並行して宣伝・販売活動に取り組んでいます。企業や団体・個人宅にも飛び込み販売をしていますが、個人宅であんなにあっさり売れるとは思いもしませんでした。さすがベテランの迫力とセールス技術は大したもの。感動しましたねえ、いいお手本を見せてもらいました。

　さすがに役所や企業では即お買い上げというわけにはいきませんが、総務部長さんや工場長さんにしっかりアピールしています。「社員が買いに行くように掲示板に貼っとくよ」とおっしゃっていただいたときは嬉しかったですねえ。

〈お客様の声〉
＠我が子のほっぺのようにプニプニで、太もものようにモチモチ！
＠まずは焼餃子から……皮がプリップリで最高です。
＠そして水餃子を……水餃子の方が肉厚具合がアップしてそうです。
＠皮はもちっとした感じの小ぶりの餃子で、焼き色はあまり付かず、ちょうど梅ヶ枝餅のようにほんのり色づくタイプだ。
＠皮がモッチモチで、まるで手作りの皮で作ったようです。皮サイコー！
＠最初は、軽い口当たりですが、後から広がる肉汁と野菜の旨み！
＠酢醤油を使わなくてもそのままで味がついている餃子、お酒に合いますね。

@追加したくなる後引く美味しさですよ。

@こってりジューシー系とあっさり系のちょうどあいだの、絶妙系‼

@皮がモッチモチで、まるで手作りの皮で作ったようです。皮サイコー！

@お取り寄せで、この皮の食感はなかなかないのでは？

@配送料がクール便のためそこそこになるので、注文は多めの方がお得かと。

■「取り組む会」通信　第5号　　　　2014年5月10日（土）

障害者の望む支援に取り組む会

できました！

　ようやく看板が付きました。ゆうゆうの看板はスタッフの手作り、黒兵衛は福岡店からの贈呈です。のぼりもあります。

　広報の甲斐あってこの看板を目印にお客様が来られるようになりました。「おいしいからまた来たよ」などと言われると、とてもうれしくなります。

出入り口を兼ねた緊急避難口もできました 。池を埋めたり木を切ったりと残念な思いもしましたが、これで車いすの利用者さんも安心です。幅は2mと余裕たっぷり。仕上げをわずかに残すのみ。送迎車を横付けします。

まだまだ……

　……造りますよお、利用者向けのテラスはスロープの横。庭に下りず

に太陽を浴びることができます。
あと、テーブルとベンチはお客様
用。お買い求めに来られた方が腰
かけて順番を待ったり（それだけ
来てもらえるとうれしい悲鳴）、
会話を楽しんだり……。子供たち
や近くの高校生も来てもらえると

工事中！

嬉しいなあ。部活帰りにたくさん食べてね。完成写真は来月号で乞うご
期待！

さて出足は？

　ぎょうざ販売を始めて最初の1か月が過ぎ……こわごわ計算してみる
と──

　ナント！　黒兵衛さんとの契約通りにピッタリ9000個売れているじゃ
ありませんか。これにはスタッフ一同大いにびっくり、そして感動、ヤ
ッター！　出だしとしてはこれ以上ない出来。まるで計算し尽くしたよ
うに売れるなんて、神様の、いえ全国のお客様のおかげ。本当に感謝し
ています。

　半年後の販売計画は4月の4倍です。一層のごひいきお願いしますね。

■「取り組む会」通信　第6号

2014年6月10日（土）
障害者の望む支援に取り組む会

できました！

　店舗前の小さなスペースにベンチを
こしらえました。お友達とも、初めて
の方同士でも、ちょっとしたお話が交
わせるといいですね。

　地元の人たちのちょっと一休みの場
になればいいなあと思っています。お

しゃべりのあとはぎょうざを買って
くださいね〜。

　テラスは……残念ながら未完成で
す。

　写真の手前と左側を90cmずつ広く
して4.5m×2.7mとし、右側にほん
の少し見える柵で三方を囲みます。

まあまあの広さです。お昼休みなど、利用者さん同士の笑い声や笑顔が
弾けるといいなあと思っています。

お中元

　……の季節になりました。お届け物を
選ぶのにはいつも悩まされますね。そん
な皆さんにご提案。

　今年はぎょうざをいかがですか?

　無臭にんにくを使っているので、臭い
を気にせずスタミナ回復!　お口の中に
じゅわ〜と広がる肉汁と野菜の旨み!　赤ちゃんのほっぺのようにプニ
プニで、太もものようにモチモチ!　和風のおしゃれな贈答用ケースを
ご用意しています(1箱50円)贈った方から喜ばれること請け合い ──
あなたの評判がグンと上がりますよ(＾＾)

さて2か月目……

　……5月の売り上げをこわごわ計算してみるとナント!　黒兵衛さん
との契約通りにピッタリ13000個売れているじゃありませんか。2か月
連続の脅威の成果にスタッフ一同大いにびっくり、そして感動と自信、
ヤッター!　まるで計算し尽くしたように売れるなんて、仏様の、いえ
全国のお客様のおかげ。本当に感謝しています。

事業所申請

　佐賀県にＡ型事業所の申請をしました。いろいろと書類不備を指摘され、修正に追われています。う～ん、７月にスタートできるんだろうか？　ちょっぴり不安ですが、やることをやるだけ。なに、遅れてもほんの１か月。ぎょうざ買ってくださーい！

　こうして発行してきた「取り組む会」通信も６号まで。前記の通り「ゆうゆう」は閉鎖の憂き目に遭い、障害者支援を継続することはできませんでした。呼びかけに応えてカンパをくださった方、ギョーザをお買い上げいただいた方々をはじめ、物心両面で力強く支えて頂いた方々にこの場を借りて改めてお礼申し上げます。本当にお世話になりました、有難うございました。

「福岡市障がい者差別をなくす会」合同会議　各位

公開質問状　　　　　2020年2月3日

福岡・障害者と暮らしを創る会

代表世話人　大平実男

記

初めに

　私たちは、旧「福岡市に障害者差別禁止条例をつくる会」において、条例制定に向けて力を合わせて取り組み、「ふくおか市障害者差別解消推進条例（略称）」として一定の成果をみました。

　そして、「つくる会」を発展的に解消し、差別をなくす取り組みを始めようと、全会一致で「福岡市障がい者差別をなくす会」の結成に踏み切りました。

　この経過の中で、信じがたい精神障害者差別が起こりましたので、発足会以来、未来志向の問題提起をし、会の皆様とともにこの問題について考えているところです。

　第2回世話人会において、「合同会議においては、人事案を差別だと理解する者は一人もいなかった」と報告されましたが、これはゼロ回答という以上に、私たちの会では「精神障害者の訴えそのものを完全に無視する態度だ」と理解し、引き続きこの問題について考えていこうと思っております。

　この間、二度ほどM代表と話し合いを持ちました。とても意義あるものだったと思っております。ただこの中で、誤解があるのではないかという疑念が浮かんできましたので、払拭しておきたいと思います。

　結論から言いますと、当会は、合同会議各位に「差別する意図があった」とは一言も言っていませんし、そういう理解は毛頭しておりません。ただ、「結果は精神障害者を、身体障害・知的障害と異なる扱いをすることとなった」、それが「不均等待遇」という差別であったと訴えているにすぎません。合同会議では、「気が付かなかっただけ」なのではないかと理解しておりま

資料編　327

す。

　また、「身体が２名なのに精神がいない」とも訴えたことはありませんし、その理由も完全に理解しておりますので、異議を申し立てるものでもありません。この点もＭ代表には十分理解していただきました。

以上二点について、よもや誤解があってはいけないと思い、ここに明らかにする次第です。

　以上を踏まえ、未来志向の基本的姿勢の下、私たちの会の考えを、次の通り公開質問状としてまとめましたので、ご検討の上、<u>第４回世話人会の一週間前までにご回答</u>いただきたく、宜しくお願い申し上げます。

Q1.　事実経過について、当会の認識は次の通りです。<u>内容に誤りがあればご指摘ください。</u>

①最後の「創る会」世話人会において、「なくす会」への衣替えが提案された。

　→世話人会は全員一致で承認した（「創る会」も、異議なく賛成した）。

②その後人事案が提案された。内容は代表を一人から三人とし、後継者育成に取り組むことが含まれていた。

　→このことも全員一致で承認した（「創る会」も、異議なく賛成した）。具体的には代表を身体障害者２名、知的障害者の親１名とするとあり、精神障害者が含まれていなかった

③「精神障害者が（結果として）排除されている＝そのニーズを反映する体制となっていない差別だ」、と感じた当会代表世話人の大平が、「精神障害者をどう扱うのか」と質した

④「Ｅ氏を検討部会責任者に考えている。適切な処遇である」との回答があった。

⑤Ｅさんを「精神障害者支援者の代表」とすることは構わないが、「精神障害者」の代表ではないはず、と疑問に思った大平は、世話人会終了後から発足式にかけて、Ｍ代表と個別に意見交換した。

⑥発足式で、新人事案提案（Ｍ氏を代表とし、四人の副代表に精神障害当事者Ｗ氏を含むとする）

　→全会一致で承認された（「創る会」も、異議なく賛成した）。

①第１回世話人会

　・当会が、初回提案は精神障害者を身体障害、知的障害と異なる扱いを

する差別だと指摘した。

（法でも条例でも差別だとされている「不均等待遇」）

（「差別する意図があった」などとは全く認識していないし、問題にもしていない）

・同時に、再発防止策が示されないままではいけないと二つの提案をした

　1. 具体的な再発防止策

　2. 経緯を明らかにし、反省を含めた会の声明をまとめる

・提案の２点について合同会議で検討し、結果を世話人会に報告すると回答があった。

②第２回世話人会

・初回人事案を差別と理解する委員は一人もいなかったと報告があった

　→したがって、大平提案の２点は議題にもならなかった

　この会で意見の表明はいくつかあったが、世話人会としては何もまとめなかった

※追加ですが、

　当初から当会は、「誰が主導したのか、だれが賛成したのか？」ということを全く問題にしていない、ただ二点についてのみ明らかにされたいと求めているに過ぎないということを確認していただきたい。

Q2. なぜ差別でないのかの根拠を示していただきたい。

①大方の辞書には「差別とは、差を基にした区別、制限、排除、拒否、否定」とあり、当会もその規定に従っている。うち一つの項目に触れても差別だということである（お断りしておきますが、「差を基にした」という部分は、「意図的に」を意味するものではないと理解しています。「意図的であろうがなかろうが」「区別、制限、排除、拒否、否定」として結果する言動を差別だと考えています。この理解は、「意図的ではなかった」ことをもって「差別ではない」と正当化の理由にする態度を許さないということです）。

当初人事案は、一つどころか五つの要件すべてに抵触するあまりにも明白な ― 誰の目にも分かり易い ― 差別だと考える。

イ. 上記５項目に触れないから差別でない、というのであればその証明を

していただきたい。

ロ. 差別の物差しが別にあり、それに抵触しないから差別ではない、というのであれば、その物差しを明らかにされたい。

ハ. 障害者差別解消推進法にも福岡市条例においても、差別を、「不均等待遇、合理的配慮の拒否」の二つと規定している。身体障害、知的障害に比べて精神障害を異なる扱いをするのは「不均等待遇」そのものだと考えますが、当初人事案はこの規定に抵触しますか、しませんか？　抵触していないという考えであればその根拠を具体的に、分かり易く示してください。

ニ. 「差別だった」という当会の指摘について、貴方の忌憚のないご意見を聞かせてください。

ホ. 差別であったか否かにかかわらず、初回人事案が、精神障害者に不快感や屈辱を与えたと思いますか？

ヘ. 「差別ではなかった」という合同会議での認識が、精神障害者を二度苦しめました。このことについて貴方の忌憚のないご意見を聞かせてください。

ト－①. 私たちは、初回人事案が「差別であった」からこそ再提案がなされたと思っています。にもかかわらず、「差別ではないが、再提案をした」という声が聞こえていますが、詳細が理解できていません。正しく理解したいので、改めて、再提案をした理由について詳しいご説明をお願いします。

ト－②. 当初の説明と異なり、再提案の際には代表が１名、副代表が４名と変更されました。この理由について詳細を把握できていませんので改めてご説明をお願いします。

チ. 「福岡市に障害者差別禁止条例をつくる会」が行った差別体験アンケート最終報告書では、障害があるから「嫌な思いをした、悔しい思いをした、理不尽な対応を受けた、不利益にあつかわれた」事例が1000以上報告されています。このことは、上記４つに該当する言動は差別である、と「つくる会」が認識していたことを証明しているのだと理解します。「なくす会」の当初人事案について、精神障害者は上記すべての項目について体感しました。当初案とその決定に至る過程は、上記４項目に該当すると考えますか、考えませんか？　貴方の忌憚のないご意見をお寄

せください。

リ．「最終報告書」では、N代表（当時）が、「障害者権利条約の内容をこの福岡市の中で具体化する最初の取り組み」が条例づくりであったと述べられています。この考えに同意されますか、不同意ですか？貴方の忌憚のないご意見をお寄せください。

ヌ．「最終報告書」6頁には、次の様な指摘があります。

「（前略）……とりわけ業務として障がい当事者に接している福祉窓口担当者、担当者、施設職員など（大平注：プロ・専門家・支援者）から暴言や虐待を受けた事例がいくつも報告されているのは、決して看過できない問題です。悔しい思い、悲しい思いをしながらも、当事者が声を上げることもできず、胸の内に秘めてきた理由のひとつがそこにあると考えました。障害者権利条約にうたわれた理念がこの社会に根付いていないことに改めて気付かされたのです」

ご指摘の通り、「障害者権利条約にうたわれた理念」が根付いていなければ、プロであれ支援者であれ差別と無縁ではありません。

上記に照らし、「なくす会合同会議」に、障害者権利条約にうたわれた理念が根付いていると思いますか、思いませんか？　貴方の忌憚のないご意見をお寄せください。

ル．同じようなことが8頁にも記載されています。

「（前略）……決して見逃すことのできないこれらの言動は、担当者に基本的人権についての正しい理解がなく、障がい及び障がい者の権利について無知であることをあらわにしています」

基本的人権や障害者の権利について無知であるということは、差別を引き起こしやすい、ということですね？　まったくもってその通りだと思います。

以上に照らし、「なくす会合同会議」が、基本的人権や、平等、尊厳について正しく理解していると思いますか、思いませんか？貴方の忌憚のないご意見をお寄せください。

ヲ．障害当事者の位置づけは、パターナリズム時代の「権利の客体＝保護・庇護の対象」から、「障害者は権利の主体」に変化してきました。現在は、差別をなくすために必要なものは「合理的配慮」だとされますが、当会では「保護・庇護の言葉が配慮に替わっただけで、『主権者』とし

て扱われていないことに変わりはない」と考えています。このことについて、どのようなお考えを持っていますか？　貴方の忌憚のないご意見をお寄せください。

ワ．同じく「障害者は権利の主体」という考えに照らして、旧「福岡市に障害者差別禁止条例をつくる会」は、知的障害者には参加を呼びかけないと決定し、その代わりなのかどうか、「知的障害者と発達障害者の親を当事者として扱う」と決めました。このことが現在に尾を引いていると考えますが、知的障害・発達障害の当事者が「なくす会」に参加するべきだと思っていますか、思っていませんか？　貴方の忌憚のないご意見をお寄せください。

カ．「知的障害者は自分の意思を表明できない」と思っていますか？　貴方の忌憚のないご意見をお寄せください。

ヨ．「発達障害者は自分の意思を表明できない」と思っていますか？　貴方の忌憚のないご意見をお寄せください。

タ．Nothing about us, without us!（我々抜きに我々のことを抜きに決めるな！）　という考え方を、どのように理解していらっしゃいますか？　貴方の忌憚のないご意見をお寄せください。

レ．仮定の質問ですみません。あなたの知り合いの障害者が「差別を受けた」と訴えたとします。相手側に確認したところ、「差別する意図などまるでなかった。障害者とは共生していきたいと思っている」と答えました。あなたは双方にどう対応しますか？

　たくさんのお尋ねをさせていただきましたが、当会の総意に基づくものであることをご理解ください。

　障害者差別は、そのすべてが撤廃されなければなりません。少しぐらい残ってもしょうがない、ある程度なくなればいい、というものではありませんよね。現在問われているのは、「何を語るか」ではなく、「どう行動するか」だと思います。「障害者差別をなくす」ことを目指す組織が、平然と障害者差別を行うなどということは、組織そのものの存在意義が問われているのだと思います。「福岡市障がい者差別をなくす会」は、障害者の利益を前面に打ち出す組織として生まれ変わる必要があると僭越ながら問題意識を持っています。

当会は、「なくす会」の一員として、皆様とともに、未来志向ですべての差別をなくすべく取り組んでいきたいと存じます。今後ともどうぞ宜しくお願い申し上げます。

　最後に、宜しければあなたのお名前を教えてください（役員は必須でお願いします）。

所属 ＿＿＿＿＿＿＿＿＿＿＿＿＿＿＿＿＿＿＿＿＿＿＿＿

氏名 ＿＿＿＿＿＿＿＿＿＿＿＿＿＿＿＿＿＿＿＿＿＿＿＿

※恐れ入りますが、下記宛ご回答くださいますようお願いいたします
　Mail：kurashi_tsukuru@jcom.zaq.ne.jp
　Fax：092－519－6110

※引用に当たっての筆者注

1. **アンダーライン**は DPI 提案部分で、文言を**太字**で表記しています。
2. 文言に「~~可能な限り、~~」のように取消線を入れているものは、DPI による抹消の提案です。

第一条（目的）

この法律は、全ての国民が、障害の有無にかかわらず、等しく基本的人権を享有するかけがえのない個人として尊重されるものであるとの理念にのっとり、全ての国民が、障害の有無によって分け隔てられることなく、相互に人格と個性を尊重し合いながら共生する社会を実現するため、障害者の自立及び社会参加の支援等のための施策に関し、**国連障害者の権利に関する条約の規定を踏まえながら、**基本原則を定め、及び国、地方公共団体等の責務を明らかにするとともに、障害者の自立及び社会参加の支援等のための施策の基本となる事項を定めること等により、障害者の自立及び社会参加の支援等のための施策を総合的かつ計画的に推進することを目的とする。

第二条（定義）（略）

一

障害者　身体障害、知的障害、精神障害（発達障害を含む。）その他の心身の機能の障害（以下「障害」と総称する。）がある者であって、障害及び社会的障壁により継続的**（周期的・断続的なものを含む）**に日常生活又は社会生活に相当な制限を受ける状態にあるものをいう。（略）

三

合理的配慮　障害者が他の者との平等を基礎として全ての人権及び基本的自由を享有し、又は行使することを確保するための必要かつ適当な変更及び調整であって、特定の場合において必要とされるものであり、かつ、過度の負担を課さないものをいう。

第三条（地域社会における共生等）（略）

二

全て障害者は、~~可能な限り、~~どこで誰と生活するかについての選択の機会が確保され、地域社会において他の人々と共生することを妨げられないこと。

三

全て障害者は、~~可能な限り、~~言語（手話を含む。）その他の意思疎通のための手段についての選択の機会が確保されるとともに、情報の取得又は利用のための手段についての選択の機会の拡大が図られること。**また言語として手話の普及が図られること。**

第四条

（差別の禁止）

何人も、障害者に対して、障害を理由として、差別することその他の権利利益を侵害する行為をしてはならない。

2

前項の差別には、車いす、補助犬その他の支援器具等の利用、介助者の付添い等の社会的不利を補う手段の利用等を理由とする不当な不利益取扱い、並びに、外形的には中立の基準、規則、慣行であってもそれが適用されることにより結果的には他者に比較し不利益が生じる場合も含まれる。

3

前項の権利侵害には、障害者に対する虐待並びに障害を理由とした侮蔑やいじめ等精神的・身体的苦痛を与えることも含まれる。

~~2~~   4

社会的障壁の除去は、それを必要としている障害者が現に存し、かつ、その実施に伴う負担が過重でないときは、それを怠ることによって前項の規定に違反することとならないよう、その実施について必要かつ合理的な配慮がされなければならない。

~~3~~   5

国は、第一項の規定に違反する行為の防止に関する啓発及び知識の普及を図るため、当該行為の防止を図るために必要となる情報の収集、整理及び提供を行うものとする。

前項の権利侵害には、障害者に対する虐待並びに障害を理由とした侮蔑やい

じめ等精神的・身体的苦痛を与えることも含まれる。

第●条（新設）
（障害のある女性）
第1条に規定する社会の実現のために、障害のある女性は障害に加えて女性であることにより障害者差別と性差別を複合的に被っていることから、その実態を把握し差別解消にむけた適切な措置をとらなければならない。

第●条（新設）
（ユニバーサルデザインの普及促進）
国及び地方公共団体は、障害者をはじめとするすべての者にとって利用しやすい環境、施設、製品、計画及びサービスの設計等が整備され、又は製造されるよう、ユニバーサルデザインを普及促進し、社会のあらゆる場面でユニバーサル社会の形成を促進するために必要な措置を講ずるものとすること。

第●条（新設）
（統計及びデータ収集）
国及び地方公共団体は、政策を立案し、及び実施することを可能とするため、障害の程度・種別、性別、年齢、居住する場所、所得など生活の実態などの情報（統計資料及び研究資料を含む。）を収集しなければならない。また、これらの統計がすべての障害者にとって利用しやすいものでなければならない。

第五条
（国際的協調）
第一条に規定する社会の実現は、そのための施策が国際社会における取組と密接な関係を有していることに鑑み、国際的協調の下に図られなければならない。国際的協調は他国や国際機関、障害者団体などとの連携のもとに行われなければならない。

第六条
（国及び地方公共団体の責務）

国及び地方公共団体は、第一条に規定する社会の実現を図るため、**前三条**に定める基本原則（以下「基本原則」という。）にのっとり、障害者の自立及び社会参加の支援等のための施策を総合的かつ計画的に実施する責務を有する。

第七条

（国民の理解）

国及び地方公共団体は、**障害者差別の禁止および社会的障壁の除去をはじめとした、**基本原則に関する国民の理解を深めるよう必要な施策を講じなければならない。

第八条

（国民の責務）変更なし

第九条

（障害者週間）（略）

2

障害者週間は、**国際障害者の日である**十二月三日から十二月九日までの一週間とする。（略）

第十条

（施策の基本方針）（略）

2

国及び地方公共団体は、障害者の自立及び社会参加の支援等のための施策を講ずるに当たっては、障害者及びその他の関係者の意見を聴き**（障害者に対する意思決定支援も含む）、**その意見を尊重**するよう努め**しなければならない。

第十一条

（障害者基本計画等）変更なし

第十二条

（法制上の措置等）変更なし

第十三条
（年次報告）変更なし

第十四条
（**地域生活支援**、医療、介護等）（略）
5
国及び地方公共団体は、**地域生活を可能とする支援**（医療若しくは介護の給付又はリハビリテーションの提供**等**）を行うに当たっては、障害者が、~~可能な限り~~その身近な場所において**無償又は負担しやすい費用で**これらを受けられるよう必要な施策を講ずるものとするほか、その人権を十分に尊重しなければならない。（略）

第●条 （新設）
（**権利擁護**）
国及び地方公共団体は、障害者への意思決定支援、障害者及びその家族、その他の関係者に対する相談体制の整備その他の障害者の権利利益の保護等のための施策が適切に行われ、制度が広く利用されるようにしなければならない。
2
国及び地方公共団体は、障害者及びその家族、その他の関係者からの各種の相談に総合的に応ずることができるようにするため、関係機関相互の有機的連携の下に必要な相談体制の整備を図るとともに、障害者や障害者の家族に対し、障害者や障害者の家族が互いに支え合うための活動の支援、その他の支援を適切に行うものとする。

第●条 （新設）
（**意思決定支援**）
国及び地方公共団体は、意思決定において支援が必要な障害者が日常生活や社会生活において自らの意思が反映された生活を送ることが可能となるように、障害者を支援する者（以下「支援者」と言う。）が行う支援及び仕組みを確保しなければならない。この仕組については家族、友人、支援者、法定代理人等の見解に加え、第三者の客観的な判断が可能となる仕組みとする。

2

意思決定支援を行うにあたっては、あらゆる可能性を考慮し、障害者本人が参加し主体的に関与できる環境を整え、内容についてよく説明し、情報をわかりやすく伝えなければならない。

第●条（新設）

（精神障害者）

国及び地方公共団体は、精神障害者の非自発的入院などの強制的措置を無くし、精神病床数の削減その他地域移行に関する措置を計画的に推進し、家族に過重な責任を負わせることなく、地域社会において必要な支援を受けながら自立した生活を送れるよう通院及び在宅医療のための体制整備を含め必要な施策を講じなければならない。

第十五条

（年金等）現段階では、変更なし

第十六条

（教育）

国及び地方公共団体は、障害者が、その年齢~~及び能力~~に応じ、かつ、その特性を踏まえた十分な教育が受けられるようにするため、~~可能な限り~~障害者である児童及び生徒が障害者でない児童及び生徒と共に教育を受けられる~~よう配慮しつつ~~**こと**を原則とし、合理的配慮の提供を行わなければならない。**また、**教育の内容及び方法の改善~~及び、~~**個別支援の**充実を図る等必要な施策を講じなければならない。

2

国及び地方公共団体は、前項の目的を達成するため、障害者である児童及び生徒並びにその保護者に対し十分な情報の提供を行うとともに、~~可能な限り~~その意向を尊重しなければならない。

3　（略）

5

国及び地方公共団体は、障害者が、差別なしに高等教育、成人教育及び生涯学習を受けられるよう必要な措置を講じなければならない。

第十七条

（療育）

国及び地方公共団体は、障害者である子どもが~~可能な限り~~その**生活する**身近な場所において療育その他これに関連する支援を受けられるよう必要な施策を講じなければならない。

第十八条

（職業相談等）変更なし

第十九条

（雇用の促進等）

国及び地方公共団体は、国及び地方公共団体並びに事業者における障害者の雇用を促進するため、障害者の優先雇用、**障害者の特性に応じた必要な配慮と労働条件等の確保**その他の施策を講じなければならない。

2

事業主は、障害者の雇用に関し、その有する能力を正当に評価し、適切な雇用の機会を確保するとともに、個々の障害者の特性に応じた適正な雇用管理を行うことによりその雇用の安定を図~~るよう努め~~らなければならない。

第二十条

（住宅の確保）

国及び地方公共団体は、障害者が地域社会において**どこで誰と暮らすかを選択し、**安定した生活を営むことができるようにするため、障害者の**ための特性に配慮した**住宅を確保、**整備し、**及び障害者の**~~日常生活に適するような住宅の整備~~居住を支援する**よう必要な施策を講じなければならない。

第二十一条

（公共的施設のバリアフリー化）

国及び地方公共団体は、障害者の利用の便宜を図ることによって**障害の有無によって分け隔てられることなく、差別なしに利用できるユニバーサルデザインに基づく環境整備を図ることによって**障害者の自立及び社会参加を支援するため、自ら設置する官公庁施設、交通施設（車両、船舶、航空機等の

移動施設を含む。次項において同じ。）その他の公共的施設について、障害者が円滑に利用できるような施設の構造及び設備の整備等の計画的推進を図らなければならない。

2

交通施設その他の公共的施設を設置する事業者は、障害者の利用の便宜を図ることによって障害者の自立及び社会参加を支援するため、当該公共的施設について、障害者が円滑に利用できるような施設の構造及び設備の整備等の計画的推進に努めなければならない。**とし、これらを負担しやすい費用で利用可能なものとすること。**

第二十二条
（情報の利用におけるバリアフリー化等）
国及び地方公共団体は、**差別なしに**障害者が円滑に情報を取得し及び利用し、その意思を表示し、並びに他人との意思疎通を図ることができるようにするため、障害者が利用しやすい電子計算機及びその関連装置その他情報通信機器の普及、電気通信及び放送の役務の利用に関する障害者の利便の増進、障害者に対して情報を提供する施設の整備、障害者の意思疎通を仲介する者の養成及び派遣等が図られるよう必要な施策を**総合的に**講じなければならない。
（略）

4

国や地方公共団体は、国際的な動向に配慮しつつ、すべての障害者が障害者でない人と等しく豊かな文字・活字文化の恵沢を享受できる環境を整備すること。

第二十四条
（経済的負担の軽減）変更なし

第二十五条
（文化的諸条件の整備等）変更なし

第二十六条
（防災及び防犯**等**）

国及び地方公共団体は、障害者が地域社会において**差別なしに**安全にかつ安心して生活を営むことができるようにするため、障害者の性別、年齢、障害の状態及び生活の実態に応じて、**あらゆる災害を想定しつつ復興復旧等を含む**防災及び防犯に関し必要な施策を講じなければならない。

<u>2</u>

国及び地方公共団体は、防災に関する施策の立案（復興復旧等を含む）等について、障害者の意見を聞き、障害者の特性に応じた必要かつ合理的な配慮を的確に実施すること。ならびに基本原則にのっとり、障害の有無によって分け隔てられることのない地域づくりを原則とした復興復旧計画を策定すること。

第二十七条

（消費者としての障害者の保護）

国及び地方公共団体は、障害者の消費者としての利益の擁護及び増進が図られるようにするため、**障害者の特性に応じた**適切な方法による情報の提供その他必要な施策を講じなければならない。

2

事業者は、障害者の消費者としての利益の擁護及び増進が図られるようにするため、**障害者の特性に応じた**適切な方法による情報の提供等に努めなければならない。

第二十八条

（選挙等における配慮）

国及び地方公共団体は、法律又は条例の定めるところにより行われる選挙、国民審査又は投票において、障害者が円滑に投票できるようにするため、投票所の施設又は設備の整備、**記号式投票方法等、**投票方法の改善（記号式投票方法を含む。）、その他必要な施策を講じなければならない。

<u>2</u>

国及び地方公共団体は、法律又は条例の定めるところにより行われる選挙において、障害者が、立候補の手続きや選挙活動等を行う上で、円滑に情報を取得し及び利用し、その意思を表示し並びに他人との意思疎通を図ることができるよう合理的な配慮等の適切な支援を受けられるようにするために、必

要な施策を講ずるとともに、関係機関との連携を図らなければならない。

第二十九条
（司法手続における配慮等）
国又は地方公共団体は、障害者が、刑事事件若しくは少年の保護事件に関する手続その他これに準ずる手続の対象となつた場合又は裁判所における民事事件、家事事件若しくは行政事件に関する手続の当事者その他の関係人となつた場合において、障害者がその権利を円滑に行使できるようにするため、個々の障害者の特性に応じた意思疎通の手段を確保する**ようにする**~~よう配慮する~~とともに、**司法の分野に携わるすべての者**に対する研修その他必要な施策を**関係機関と連携して**講じなければならない。

第三十条
（国際協力）
国は、障害者の自立及び社会参加の支援等のための施策を国際的協調の下に推進するため、外国政府、国際機関又は関係団体等との**技術協力**、情報の交換その他必要な施策を講ずるように努めるものとする。

第三十一条　変更なし

第三十二条
（障害者政策委員会の設置）（略）
四
その他障害者の権利に関する条約を踏まえた法令や施策の実施状況を監視すること。（略）

第三十三条
（政策委員会の組織及び運営）（略）
2
政策委員会の委員は、障害者、障害者の自立及び社会参加に関する事業に従事する者並びに学識経験のある者のうちから、内閣総理大臣が任命する。この場合において、委員の構成については、政策委員会が様々な障害者の意見

を聴き障害者の実情を踏まえた調査審議を行うことができることとなるよう、**障害の多様性を踏まえた構成とし、障害者の参画においてはその種別や性別等に十分**配慮されなければならない。（略）

第三十四条　変更なし

第三十五条　変更なし

第三十六条　（略）
4
市町村（指定都市を除く。）は、条例で定めるところにより、次に掲げる事務を処理するため、審議会その他の合議制の機関を置く**ことができる**。

（以下略）

資料5　福岡市障がいを理由とする差別をなくし障がいのある人もない人も共に生きるまちづくり条例（2019年施行）

目次

附則

　すべて人は、障がいの有無にかかわらず、平等に、かけがえのない個人として尊重され、地域社会で自らの個性と能力を発揮しながら心豊かに生活する権利を有している。

　しかしながら、現実には、日常生活の様々な場面において、障がいのある人が障がいを理由として不利益な取扱いを受けているという実態がある。また、障がいのある人が、自己実現を求め、自ら望むような社会参加をしたいと願っても、それを困難にしている物理的な問題に加え、障がいや障がいのある人に対する誤解、無理解、偏見などに基づく社会的障壁が存在し、障がいのある人の社会参加の妨げとなっている。障がいのある人の多くがこのような不利益な取扱いや社会的障壁のために、自ら望む生き方を諦めざるを得ず、日常生活の様々な場面において家族等に依存することを余儀なくされ、その家族等を失えばたちまち生活自体が困難になってしまう状況にあり、家族等の不安もまた非常に深刻かつ切実である。

　そのような中で、平成18年に国際連合において障害者の権利に関する条約が採択され、障がいのある人の社会参加の妨げとなっている社会的障壁を社会の責任で取り除き、障がいを理由とする差別をなくし、障がいのある人も

ない人も等しく基本的人権を享有する社会を目指すことが国際的に求められるようになった。

　日本国憲法においては、個人の尊重と法の下の平等がうたわれており、我が国では、障害者の権利に関する条約の批准や障害者基本法の改正、障害を理由とする差別の解消の推進に関する法律の制定など、障がいを理由とする差別の解消に向けた様々な取組みがなされてきた。

　福岡市においても、国際社会や国の動向を踏まえた取組みを進めてきたが、障がいを理由とするいかなる種類の差別もない社会を実現するためには、市、事業者及び市民が一体となって努力していくことが必要である。

　このような認識のもと、障がいを理由とする差別の解消の推進に向けた基本理念を明らかにし、障がいの有無にかかわらず、すべての人が個人として尊重される社会の実現を目指して、この条例を制定する。

第1章　総則

（目的）

第1条　この条例は、障がいを理由とする差別の解消の推進に関し、基本理念を定め、市の責務並びに事業者及び市民の役割を明らかにするとともに、施策の基本となる事項を定めることにより、障がい者が、社会を構成する主体の一員として、自らの意思で社会のあらゆる分野における活動に参画し政策決定に関わることができる環境を構築し、もってすべての人が相互に人格と個性を尊重し合いながら共に生きる社会の実現に資することを目的とする。

（定義）

第2条　この条例において使用する用語の意義は、それぞれ当該各号に定めるところによる。

　（1）障がい者　身体障がい、知的障がい、精神障がい、発達障がい、難病その他の心身の機能の障がい（以下「障がい」と総称する。）がある者であって、障がい及び社会的障壁により継続的、断続的又は周期的に日常生活又は社会生活に相当な制限を受ける状態にあるものをいう。

　（2）社会的障壁　障がいがある者にとって日常生活又は社会生活を営む上で障壁となるような社会における事物、制度、慣行、観念その他一切のものをいう。

（３）障がいを理由とする差別　客観的に正当かつやむを得ないと認めら
れる特別の事情がないにもかかわらず、不当な差別的取扱いを行い、又
は合理的配慮をしないことをいう。

（４）不当な差別的取扱い　正当な理由なく、障がいを理由として、障が
い者でない者と異なる不利益な取扱いをすることをいう。

（５）合理的配慮　障がい者の性別、年齢及び障がいの状態に応じた社会
的障壁の除去のための必要かつ合理的な現状の変更又は調整をいう。

（６）事業者　市内で事業を行う者（国、独立行政法人等、地方公共団体
（地方公営企業法（昭和27年法律第292号）第３章の規定の適用を受ける
地方公共団体の経営する企業を除く。）及び地方独立行政法人を除く。）
をいう。

（７）独立行政法人等　障害を理由とする差別の解消の推進に関する法律
（平成25年法律第65号。以下「法」という。）第２条第５号に規定する独
立行政法人等をいう。

（８）地方独立行政法人　法第２条第６号に規定する地方独立行政法人を
いう。

（市の責務）

第３条　市は、第６条の基本理念にのっとり、障がい、障がい者及び障がい
を理由とする差別の解消に対する理解の促進を図るとともに、障がいを理
由とする差別の解消に関する施策を策定し、及びこれを実施するものとす
る。

（事業者の役割）

第４条　事業者は、第６条の基本理念にのっとり、障がいを理由とする差別
の解消のための取組みを積極的に行うとともに、市が実施する障がいを理
由とする差別の解消に関する施策に協力するよう努めるものとする。

（市民の役割）

第５条　市民は、次条の基本理念にのっとり、障がいを理由とする差別をな
くすよう努めるとともに、すべての人が相互に人格と個性を尊重し合いな
がら共に生きる社会の構築に寄与するよう努めるものとする。

第２章　基本理念

第６条　障がいを理由とする差別の解消の推進は、次に掲げる基本理念に基

づき行うものとする。

（1）すべての障がい者が、障がい者でない者と等しく、基本的人権を享有する個人としてその尊厳が重んぜられ、その尊厳にふさわしい生活を保障される権利を有すること。

（2）何人も、障がいを理由とする差別により障がい者の権利利益を侵害してはならないこと。

（3）社会的障壁の除去のためには、合理的配慮を行うことが促進される必要があること。

（4）何人も、障がい者との交流を通じて障がい又は障がい者に対する理解を深めていくこと。

（5）障がいを理由とする差別に関する紛争が発生した場合には、相手方の立場を踏まえた建設的な対話を行うことにより解決することを基本とすること。

（6）すべての障がい者は、どこで誰と生活するかについての選択の機会が保障され、地域社会において他の人々とともに暮らす権利を有すること。

（7）すべての障がい者は、言語（手話を含む。）その他の意思疎通のための手段及び情報の取得又は利用のための手段を選択する機会が保障される権利を有するとともに、障がい者に対しては、コミュニケーション及び意思決定の支援並びにこれらの選択の機会を保障する必要があること。

（8）女性である障がい者は、障がいに加えて女性であることにより複合的に困難な状況に置かれている場合があること、及び児童である障がい者に対しては、年齢に応じた適切な支援が必要であることを踏まえること。

（9）非常災害時において障がい者の安全を確保するため、非常災害に備えた地域における支援体制の整備及び非常災害発生時における適切な支援が求められること。

第3章　障がいを理由とする差別の禁止

（不当な差別的取扱いの禁止）

第7条　市（市が設立した地方独立行政法人を含む。次条第1項及び第21条第3号において同じ。）及び事業者は、その事務又は事業を行うに当たり、

次に掲げる取扱いその他の不当な差別的取扱いにより、障がい者の権利利益を侵害してはならない。

（1）福祉サービスの分野における次に掲げる取扱い

　ア　第三者の生命、身体又は財産を保護するためやむを得ない場合その他の客観的に合理的な理由がある場合を除き、障がいを理由として、福祉サービスの提供を拒否し、若しくは制限し、又はこれに条件を付すること。

　イ　福祉サービスの利用に関する適切な相談及び支援が行われることなく、障がい者の意思に反して、障害者支援施設（障害者の日常生活及び社会生活を総合的に支援するための法律（平成17年法律第123号）第5条第11項に規定する障害者支援施設をいう。）その他の福祉サービスを行う施設における生活を強制すること。

（2）医療の分野における次に掲げる取扱い

　ア　第三者の生命、身体又は財産を保護するためやむを得ない場合その他の客観的に合理的な理由がある場合を除き、障がいを理由として、医療の提供を拒否し、若しくは制限し、又はこれに条件を付すること。

　イ　他の法令に特別の定めがある場合を除き、障がい者の意思に反して、入院その他の医療を受けることを強制し、又は自由な行動を制限すること。

（3）教育、療育及び保育の分野における次に掲げる取扱い

　ア　客観的に合理的な理由がある場合を除き、障がいを理由として、教育、療育若しくは保育を行うことを拒否し、若しくは制限し、又はこれらに条件を付すること。

　イ　障がい者若しくはその保護者（学校教育法（昭和22年法律第26号）第16条に規定する保護者をいい、同条に規定する保護者のない場合における里親（児童福祉法（昭和22年法律第164号）第27条第1項第3号の規定により委託を受けた里親をいい、里親のない場合における当該子女の監護及び教育をしている者を含む。）を含む。）の意見を聴かず、若しくは意思を尊重せず、又はこれらの者に必要な説明を行わずに、障がい者が就学する学校（学校教育法第1条に規定する小学校、中学校、中等教育学校（前期課程に限る。）又は特別支援学校（小学部及び中学部に限る。）をいう。）を決定すること。

（4）雇用の分野における次に掲げる取扱い

　ア　業務の性質上やむを得ない場合その他の客観的に合理的な理由がある場合を除き、障がいを理由として、障がい者の応募若しくは採用を拒否し、若しくは制限し、又はこれらに条件を付すること。

　イ　合理的配慮をしてもなお業務の遂行が困難な場合その他の客観的に合理的な理由がある場合を除き、障がいを理由として、賃金、労働時間、配置、昇進、教育訓練、福利厚生その他の労働条件について障がい者でない者と異なる不利益な取扱いをし、又は解雇若しくは退職を強制すること。

（5）建物及び公共交通機関の分野における次に掲げる取扱い

　ア　建物の構造上やむを得ないと認められる場合その他の客観的に合理的な理由がある場合を除き、障がいを理由として、不特定多数の者の利用に供される建物の利用を拒否し、若しくは制限し、又はこれに条件を付すること。

　イ　旅客施設（高齢者、障害者等の移動等の円滑化の促進に関する法律（平成18年法律第91号）第2条第5号に規定する旅客施設をいう。）又は車両等（同条第7号に規定する車両等をいう。）の構造上やむを得ないと認められる場合その他の客観的に合理的な理由がある場合を除き、障がいを理由として、公共交通機関（交通機関の用に供する電車、バス、船舶、タクシー及び飛行機をいう。）の利用を拒否し、若しくは制限し、又はこれに条件を付すること。

（6）情報の提供及び意思表示の受領の分野における次に掲げる取扱い

　ア　障がい者から情報の提供を求められた場合において、当該情報の提供により他の者の権利利益を侵害するおそれがあると認められるときその他の客観的に合理的な理由があるときを除き、障がいを理由として、当該情報の提供を拒否し、若しくは制限し、又はこれに条件を付すること。

　イ　障がい者が意思を表示する場合において、その選択した意思表示の方法によっては当該意思を確認することに著しい支障があるときその他の客観的に合理的な理由があるときを除き、障がいを理由として、当該意思表示の受領を拒否し、若しくは制限し、又はこれに条件を付すること。

（7）商品の販売等及び不動産の売買等の分野における次に掲げる取扱い
　ア　客観的に合理的な理由がある場合を除き、障がいを理由として、商品の販売若しくはサービス（福祉サービスを除く。）の提供を拒否し、若しくは制限し、又はこれらに条件を付すること。
　イ　建物の構造上やむを得ないと認められる場合その他の客観的に合理的な理由がある場合を除き、障がいを理由として、不動産の売買、賃貸、転貸若しくは賃借権の譲渡を拒否し、若しくは制限し、又はこれらに条件を付すること。

（合理的配慮の提供）
第8条　市は、その事務又は事業を行うに当たり、障がい者及びその家族その他の関係者から現に社会的障壁の除去を必要としている旨の意思の表明があった場合において、その実施に伴う負担が過重でないときは、障がい者の権利利益を侵害することとならないよう、合理的配慮をしなければならない。
2　事業者は、その事業を行うに当たり、障がい者及びその家族その他の関係者から現に社会的障壁の除去を必要としている旨の意思の表明があった場合において、その実施に伴う負担が過重でないときは、障がい者の権利利益を侵害することとならないよう、合理的配慮をするように努めなければならない。

（以下略）

※日本の「障害者差別解消推進法」と比べてみてください。天地の差に驚き！

DPI 崔栄繁氏仮訳（2008年5月20日版）
（アンダーラインは筆者による）

翻訳者からのコメント

訳語について

● 韓国は障害者を「障碍人」と表記しますが、日本語に合わせて「障害者」
としました。

● いわゆる「合理的配慮の提供」は原文では「正当な便宜提供」となってお
りますが、「正当な便宜供与」としました。

● 「便宜施設」とは、いわゆる「バリアフリー施設」・「バリアフリー設備」の
韓国語の直訳です。以前訳した交通弱者移動便宜増進法の移動便宜増進施
設の定義は以下の通り訳しました。「"移動便宜施設" とは、車いす搭乗設
備、障害者用昇降機、障害者のための歩道など、交通弱者が交通・旅客施
設または道路の利用において移動の便宜を図るための施設及び設備をい
う」この法律にはこれ以外にも情報などに関する施設・設備が入ります。

● 翻訳に際して、多くの方に助言などをいただきました。感謝いたします。
仮訳ですので、ご利用などの際にはご連絡ください。

障害者差別禁止及び権利救済等に関する法律　条文タイトル
第1章　総則
　第1条（目的）
　第2条（障害と障害者）
　第3条（用語の定義）
　第4条（差別行為）
　第5条（差別判断）
　第6条（差別禁止）

第1章　総則

第1条（目的）

　この法は、すべての生活領域で障害を理由とした差別を禁止し、障害を理由に差別を受けた人の権益を効果的に救済することにより、障害者の完全な社会参加と平等権の実現を通じて、人間としての尊厳と価値を具現することを目的とする。

第2条（障害と障害者）

　①この法で禁止する差別行為の事由となる障害とは、身体的・精神的損傷又は機能喪失が長期間にわたって個人の日常又は社会生活に相当な制約を招く状態をいう。

　②障害者とは、第1項による障害がある人をいう。

第3条（用語の定義）

①この法で使用する用語の定義は次の通りである。

1. "広告" とは、「表示・広告の公正化に関する法律」第2条第1号及び第2号の規定による表示及び広告をいう。

2. "補助犬" とは、「障害者福祉法」第40条に伴う障害者補助犬をいう。

3. "障害者補助器具等" とは、「障害者福祉法」第65条に伴う障害者補助器具、その他に障害者の活動を手助けするための自動車その他の器具をいう。その他に、障害者の活動を手助けするための自動車その他の器具についての具体的な範囲は大統領令で定めるが、「障害者雇用促進及び職業リハビリテーション法」第19条の2による職業補助工学機器及び「情報格差解消に関する法律」第9条による情報通信機器、その他関係法令で定める内容との関係及びこの法で定める関連条項との関係等を考慮して定める。

4. "公共機関" とは、国家及び地方自治団体その他大統領令で定める公共団体をいう。

5. "使用者" とは、「労働基準法」第15条による事業主又は事業経営担当者その他労働者に関する事項について事業主のために行為する者をいう。

6. "教育機関" とは、「嬰幼児保育法」による保育施設、「幼児教育法」及び「初・中等教育法」・「高等教育法」による各級学校、「生涯教育法」による生涯教育施設、「単位認定等に関する法律」に定めた教育人的資源部の評価認定を受けた教育訓練機関、「職業教育訓練促進法」による職業教育訓練機関その他大統領令に定める機関をいう。

7. "教育責任者" とは、第6号による教育機関の長又は運営責任者をいう。

8. "情報" とは、次の各号の事項に区分する。

    カ. "電子情報" とは、「情報化促進基本法」第2条第1号による情報をいう。この場合"自然人及び法人"には、この法の規定による公共機関も含まれるものとみなす。

    ナ. "非電子情報" とは、「情報化促進基本法」第2条第1号による情報を除外した情報であり、音声、文字、手話、点字、身振り、記号等、言語及び非言語的方法を通じて処理されたすべての種類の資料

と知識をいい、その生産・獲得・加工・保有主体が自然人・法人又は公共機関の是非を問わない。

タ.“個人情報” とは、「公共機関の個人情報保護に関する法律」第2条第2号による個人情報をいう。

9. “情報通信” とは、「情報化促進基本法」第2条第3号による情報通信をいい、その主体が自然人・法人又は公共機関の是非を問わない。

10. “文化・芸術活動” とは、「文化芸術振興法」第2条第1項第1号の文学、美術（応用美術を含む）、音楽、舞踊、演劇、映画、演芸、国楽、写真、建築、語文及び出版に関する活動をいう。

11. “文化・芸術事業者” とは、文化・芸術の要素を含む分野で、企画・開発・製作・生産・展示・流通・販売を含む一切の行為をする者をいう。

12. “体育” とは、「国民体育振興法」第2条の体育及び学校教育、遊び、ゲーム、スポーツ、レジャー、レクレーション等、体育とみなされるすべての身体活動をいう。

13. “家庭及び家族” とは。「健康家庭基本法」第3条第1号及び第2号の家庭及び家族をいう。

14. “福祉施設等” とは、障害者が長・短期間生活している施設であり、「社会福祉事業法」第34条による社会福祉施設、「障害者福祉法」第58条による障害者福祉施設及び申告をせず障害者1人以上を保護している施設をいう。

15. “施設物” とは、「建築法」第2条第1項第2号及び第5号、第6号による建築物及び居室、主要構造部をいう。

16. “移動及び交通手段等” とは、人が日常的に利用する道路及び歩道と「交通弱者の移動便宜増進法」第2条第2号及び第3号による交通手段及び旅客施設をいう。

17. “健康権” とは、保健教育、障害による後遺障害と疾病予防及び治療、栄養改善及び健康生活の実践等に関する諸般の要件の助成を通じ健康な生活をする権利をいい、医療を受ける権利を含む。

18. “医療従事者等” とは、「医療法」第2条第1項でいう者と、国家及び関連協会等で定めた資格・免許等を取得した放射線療法士、作業療法士、言語療法士、心理療法士、義肢・補助器技師等の障害者の健康

に介入する人をいう。

19. "医療機関等" とは、「医療法」第3条の医療機関及び医療従事者が障害者の健康のためにサービスと行う保健機関、治療機関、薬局その他に関係法令で定めている機関をいう。

20. "いじめ等" とは、集団仲間はずれ、放置、遺棄、いじめ、嫌がらせ、虐待、金銭的搾取、性的自己決定権の侵害等の方法で、障害者に加えられる身体的・精神的・情緒的・言語的行為をいう。

第4条（差別行為）

①この法で禁止する差別とは、次の各号の一つに該当する場合をいう。

1. 障害者を、障害を事由に、正当な事由なしに制限・排除・分離・拒否等により不利に遇する場合

2. 障害者に対し、形式的には制限・排除・分離・拒否等により不利に遇してはいないが、正当な事由なしに、障害を考慮しない基準を適用することにより、障害者に不利な結果を招く場合

3. 正当な事由なしに、障害者に対し、正当な便宜供与を拒否する場合。

4. 正当な事由なしに、障害者に対する制限・排除・分離・拒否等、不利な待遇を表示・助長する広告を直接行い、或いは、そうした広告を許容・助長する場合。この場合広告は、通常、不利な待遇を助長する広告効果があるものと認められる行為を含む。

5. 障害者を手助けするための目的で障害者を代理・同行する者（障害児童の保護者又は後見人それ以外に障害者を手助けする者であることが通常認められるものを含む。以下、この号及び関連条項で "障害者関連者" という）に対し、第1号ないし第4号の行為をする場合。この場合、障害者関連者の障害者に対する行為又はこの法で禁止する差別行為の有無の判断対象となる。

6. 補助犬又は障害者補助器具等の正当な使用を妨害し、又は補助犬及び障害者補助器具等を対象に第4項の規定により禁止された行為をする場合。

②第1項第3号の "正当な便宜" とは、障害者が障害のない人と同等に、同じ活動に参画することができるようにするため、障害者の性別、障害の種別及び程度、特性等を考慮した便宜施設・設備・道具・サービス等、人的・物的諸般の手段と措置をいう。

③第1項の規定にもかかわらず、次の各号の一つに該当する正当な事由がある場合には、これを差別と看做さない。

    1. 第1項の規定により禁止された差別行為を行わないことにおいて、過度な負担や著しく困難な事情等がある場合。

    2. 第1項の規定により禁止された差別行為が特定の職務や事業遂行の性質上、避けられない場合。この場合、特定職務や事業遂行の性質は、教育等のサービスにも適用されるものと看做す。

④障害者の実質的な平等権を実現し、障害者に対する差別を是正するために、この法又は他の法令等で扱っている積極的措置は、この法による差別とは看做さない。

第5条（差別判断）

①差別の原因が2種類以上であり、その主たる原因が障害であると認められる場合、この行為はこの法による差別と看做す。

②この法を適用することにおいて、差別の有無を判断するときには、障害者当事者の性別、障害の種別及び程度、特性等を充分に考慮しなければならない。

第6条（差別禁止）

何人も、障害又は過去の障害経歴又は障害があると推測されることを理由に差別をしてはならない。

第7条（自己決定権及び選択権）

①障害者は、自分の生活全般に関して、自分の意思により自ら選択し決定する権利を有する。

②障害者は、障害者ではない人と同等の選択権を保障されるための必要なサービスと情報を提供される権利を有する。

第8条（国家及び地方自治体の義務）

①国家及び地方自治体は、障害者及び障害者関連者に対するすべての差別を防止し、差別を受けた障害者等の権利を救済する責任があり、障害者差別を実質的に解消するためにこの法で規定する差別是正について積極的な措置を行わなければならない。

②国家及び地方自治体は、障害者等に正当な便宜が供与されるように必要な技術的・行政的・財政的支援をしなければならない。

第9条（他の法律との関係）

障害を事由とした差別の禁止及び権利救済に関し、この法で規定したこと
以外のことは、「国家人権委員会法」が定めるところによる。

第2章　差別禁止

第1節　雇用

第10条（差別禁止）

①使用者は、募集・採用・賃金及び福利厚生、教育・配置・昇進・転勤、
定年・退職・解雇において、障害者を差別してはならない。

②「労働組合及び労働関係調整法」第2条第4項による労働組合は、障害
者労働者の組合加入を拒否し、又は組合員の権利及び活動に差別をして
はならない。

第11条（正当な便宜供与義務）

①使用者は、障害者が該当職務を遂行することにおいて、障害者ではない
人と同等の労働条件で仕事することができるよう、次の各号の<u>正当な便
宜を供与しなければならない</u>。

1. 施設・装備の設置又は改造

2. リハビリテーション、機能評価、治療等のための労働時間の変更又
は調整

3. 訓練の提供又は訓練における正当な便宜供与

4. 指導マニュアル又は参考資料の変更

5. 試験又は評価過程の改善

6. 画面朗読・拡大、プログラム、携帯用点字ディスプレイ、拡大読書
器、印刷物音声変換出力機等、障害者の補助器具の設置・運営と朗読
者、手話通訳者等の補助人の配置

②使用者は、正当な事由なしに、障害を理由に障害者の意思に反し、他の
職務に配置してはならない。

③使用者が第1項によって提供しなければならない正当な便宜供与の具体
的な内容及び適用対象の事業場の段階的範囲等に関しては、大統領令で
定める。

第12条（医学的検査の禁止）

①使用者は、採用以前に障害者であるかを調査するための医学的検査を実
施してはならない。但し、採用以後に職務の本質上要求され、又は職務

配置等のために必要な場合にはその限りではない。

②第1項の但し書きの規定により医学的検査を実施する場合、そ
原則的に使用者が負担する。使用者の費用負担方式及びその支
して必要な事項は、大統領令で定める。

③使用者は、第1項の但し書きの規定により取得した障害者の傾
障害又は過去の障害の経歴等に関する個人情報を漏洩しては7

第2節　教育

第13条（差別禁止）

①教育責任者は、障害者の入学支援及び入学を拒否すること並
強要することはできず、「嬰幼児保育法」による保育施設、
法」及び「初中等教育法」による各級学校は、当該教育機関
ことを拒絶してはならない。

②第1項の規定による教育機関の長は「特殊教育振興法」第1
遵守しなければならない。

③教育責任者は、当該教育機関に在学中である障害者及びその
14条第1項各号の便宜供与を要請するとき、正当な事由無
絶してはならない。

④教育責任者は、特定の授業や実験・実習、現場見学、修学
を含むすべての校内の活動で、障害を理由に障害者の参加
拒否してはならない。

⑤教育責任者は、就業及び進路教育、情報提供において、障
特性に合った進路教育及び情報を提供しなければならない

⑥教育責任者及び教職員は、教育機関に在学中である障害者
連者、特殊教育教員、特殊教育補助員、障害者関連業務の
し、又はさげすんではならない。

⑦教育責任者は、障害者の入学支援時、障害者ではない志
加書類、別途の様式による志願書類等を要求し、又は障
にした別途の面接や身体検査、追加試験等（以下"追
る）を要求してはならない。但し、追加書類等の要求が
を考慮した教育施行を目的にすることが明白な場合には
ない。

⑧国家及び地方自治体は、障害者に「特殊教育振興法」第5条第1項による教育を実施する場合、正当な事由無しに該当教育課程に定めた学業時数を違反してはならない。

第14条（正当な便宜供与義務）

①教育責任者は、当該教育機関に在学中である障害者の教育活動に不利益が無いように、次の各号の手段を積極的に講じ、提供しなければならない。

1. 障害者の通学及び教育機関内での児童及びアクセスに不利益が無いようにするための各種移動用補装具の貸与及び修理

2. 障害者及び障害者関連者が必要とする場合、教育補助人員の配置

3. 障害による学習参加の不利益を解消するための拡大読書器、補聴機器、高さ調節用机、各種補完・代替意思疎通道具等の貸与及び補助犬の配置は車いすのアクセスのための余裕空間の確保

4. 視・聴覚障害者の教育に必要な手話通訳、文字通訳（速記）、点字資料、字幕、拡大文字資料、画面朗読・拡大プログラム、補聴機器、携帯用点字ディスプレイ、印刷物音声変換出力器を含む各種障害者補助器具等、意思疎通手段

5. 教育課程を適用することにおいて、学習診断を通じた適切な教育及び評価方法の提供

6. その他、障害者の教育活動に不利益がないようにするにあたり、必要な事項として大統領令が定める事項

②教育責任者は、第1項の各号の手段を提供するにあたり、必要な業務を遂行するために障害学生支援部署又は担当者を置かなければならない。

③第1項を適用することにおいて、その適用対象の教育機関の段階的範囲と第2項による障害学生支援部署及び担当者の設置及び配置、管理監督等に必要な事項は大統領令で定める。

（以下略）

資料7　やさしい言葉で書かれた世界人権宣言
（1979年公表）

　　ジュネーブ大学の L. マサランティ教授（心理学専攻）を指導者とする研究班が、NGO の一つで人権教育の研修や普及に活躍している EIP（平和の手段としての学校のための世界協会）と協力して1979年に開発・公表した簡易テキストによる世界人権宣言である。人権に関する最も重要な国際文である「世界人権宣言」を誰もが読んで理解できるために、フランス語での日常会話で使われている約2500語だけで人権宣言をやさしく書き換えている。さらに30ヶ条からなる人権宣言の内容を５つのカテゴリー（あなた、家庭、社会、国、世界）に分類し、一部は順序を入れ替えるなど、理解しやすくなるための工夫をしている。ただし、日常生活で使う基本的な言葉だけで人権宣言の内容を十分にあらわすことには当然無理もあるので、人権宣言の原文もあわせて読めるように並べて印刷されている（筆者注：削除しています）。小学生から大人まで、誰もが学習に使える教材である。なお、EIP から英語版も刊行され、広く世界的に活用されてきている。（以下略）

（文部科学省ホームページより）

第１条（世界）　子どもたちは生まれつき、だれもがみな自由であって、いつもわけへだてなくあつかわれるべきです。

第２条（世界）　したがって、たといあなたと同じ言語を話さなくても、あなたと同じ皮層の色でなくても、あなたと同じ考え方をしなくても、あなたと同じ宗教を信じていなくても、あなたよりも貧しかったりお金持ちだったりしても、あなたと国籍が同じでなくても、すべての人はこれまで述べてきたようないろいろな権利や自由をもっていて、それらのおかげで助かる権利をもつのです。

第３条（あなた）　あなたは生きる権利、自由に、安心して生きる権利をもっています。

第４条（社会）　だれにもあなたを奴隷にする権利はありません。あなたもだれかを自分の奴隷にすることはできません。

第５条（社会）　あなたを拷問する、つまり、あなたを痛めつけて苦しめる

権利はだれにもありません。あなたも、だれであれひとを拷問することはゆるされません。

第6条（あなた）　どこにいても、あなたは他のどんな人とも同じように守られるべきです。

第7条（国）　法律はすべての人に対して同じはたらきをします。法律はあらゆる人々に同じにあてはめられるべきです。

第8条（国）　国の法律が守られていないようなできごとがあなたの身におこったとき、あなたは法律によって自分を守ってくれるように要求することができます。

第9条（あなた）　不正に、あるいは理由もなく、あなたを牢屋に入れたり、どこかに閉じ込めたり、あなたの国から追い出したりする権利は、だれにもありません。

第10条（社会）　あなたがもし裁判にかけられるようなことがあっても、その裁判は秘密に行われてはなりません。あなたを裁く人は、だれからもさしずを受けてはなりません。

第11条（あなた）　あなたは有罪であることが証明されるまでは、無罪であるとみなされなければなりません。あなたはある罪があるとうったえられたとき、つねに自分を守る権利があります。あなたがやっていないことについてあなたをとがめたり、罰を加える権利は、だれにもありません。

第12条（あなた）　もしだれかが、あなたの生活の仕方や、あなたやあなたの家族の考え方や、それを文章に書いたものをむりやり変えさせようとするとき、あなたにはそんなことをされないように守ってくれるように要求する権利があります。

第13条（あなた）　あなたは自分の国のうちを、好きなように行ったり来たりする権利をもっています。あなたは自分の国を離れて、別の国へ行く権利をもっています。またそうしたければ、ふたたびもとの自分の国へもどることもできます。

第14条（あなた）　もしだれかがあなたに害を加えて苦しめるときには、あなたは別の国へいって、あなたを守ってくれるようにたのむ権利をもっています。あなたがだれかを殺したり、あなた自身がここに書かれていることを大切にし、守らないときには、あなたはそのような権利をもちません。

第15条（あなた）　あなたはひとつの国の国民となる権利をもっています。

また、だれももっともな理由がないのに、あなたが自分でねがって他の国の国民になろうとするのをさまたげることはできません。

第16条（家族）　だれでも子どもをもてるような年齢になったらすぐに、男性でも女性でも結婚して、家庭をつくる権利をもっています。このことについては、あなたの皮膚の色が何色であるか、あなたの出身国がどこであるか、まったく関係ありません。男女は結婚について、あるいは離婚について、まったく等しい権利をもつのです。だれもだれかをむりやり結婚させることはできません。

（国）　あなたの国の政府はあなたの家庭とその成員を守るべきです。

第17条（あなた）　あなたは、他のだれもと同じように、いろんなものを自分のものとしてもつ権利をもっています。だれにもそれをあなたからうばいとる権利はありません。

第18条（あなた）　あなたは、信じる宗教を自由に選んだり、別なものに変えたり、ひとりで、あるいは他の人々といっしょに、望むとおりに信じておこなう権利をもっています。

第19条（あなた）　あなたは好きなようにものごとを考えたり、あなたが好むことを言い表す権利をもっています。だれもあなたがそうするのを禁止することはできません。

（社会）　あなたはどこに住んでいても、あなたの考えを他の国の人々とやりとりすることが許されるべきです。

第20条（国）　だれもひとを何かの集団にむりやり所属させることはできません。だれでも集会を組織する権利、自分の意志で集会に参加する権利、平和的な方法で協同するために集まる権利をもっています。

第21条（あなた）　あなたは、たとえば政府の一員となることによって、あるいはあなたと同じ考えをもつ政治家を選ぶことによって、あるいはあなたの選択を自由に投票によって示すことによって、あなたの国のことがらに積極的に参加する権利をもっています。

（国）　これらの行為は、すべての人々の意志を、投票した人がだれの名前を書いたかを知られることがない自由な投票によって表現するものです。投票は男か女かにかかわりなく平等で、だれもがおこなうことができます。

第22条（社会）　あなたが住んでいる社会は、あなた、および、あなたの国に住んでいるすべての男の人、女の人に与えられているあらゆる便宜（文

化にかかわる、お金の面での、身を安全に守るうえでの）を、あなたが発
展させ、享受するのを助けるべきです。

第23条（あなた）　あなたは働く権利、あなたの仕事を自由に選ぶ権利、あ
なたが生活し、あなたの家族を養うことができるような給料をもらう権利
をもっています。

（社会）　もし男の人と女の人が同じ仕事をする場合、どちらも同じ額の給
料を受けるべきです。すべて働く人々は、自分たちの利益を守るために団
結する権利をもっています

第24条（社会）　労働時間はあまり長すぎてはなりません。というのはだれ
もが休息する権利をもっているのであり、定期的に給料をもらいながら休
みを取ることができるべきだからです。

第25条（あなた）　あなたは、仕事がないために、病気であるために、年を
とったために、あなたの妻または夫が亡くなったために、あるいはあなた
の力ではどうにもできないことがらのために、働くことができないような
場合には、助けてもらう権利をもっています。

（家庭）　あなたは、あなたとあなたの家族が病気にならないために、また
病気になったときに世話を受けられるために、飢えることがないために、
寒さに悩むことがないために、住居をもつために、必要な一切のものをも
つ権利をもっています。子どもを産もうとしている母とその子は、援助を
受けるべきです。すべての子どもはその母親が結婚しているかいないかに
かかわらず、同じ権利をもっています。

第26条（あなた）　あなたは学校に通う権利、ただで義務教育を受ける権利
をもっています。あなたはある職業を学んだり、あるいは望むだけ勉強を
続けることができるべきです。あなたは学校であなたのあらゆる才能を発
展させることができ、どんな信仰をもっているか、出身国がどこであるか
に関係なく、だれとでも仲良く生活しつづけることを教えられるべきです。

（家族）　あなたの両親は、あなたがどのように教育されるか、また学校で
何を教えられるかを選ぶ権利をもっています。

第27条（社会）　あなたが芸術家であろうと、作家であろうと、科学者であ
ろうと、あなたはあなたの作品を自由に他の人と分かち合い、共同でおこ
なったことがらから利益を得ることが許されるべきです。

（あなた）　あなたの作品はあなたのものとして守られるべきであり、あな

たはそれらから利益を得ることが許されるべきです。

第28条（世界）　あなたの権利や自由があなたの国において、また世界の他の国々において尊重されるために、それらの権利や自由を十分に保護することのできる「秩序」がなければなりません。

第29条（あなた）　こういうわけで、あなたは、あなたの人間らしさを発展させることを認める人々のなかに住んでいるのですから、そういう人々に対してあなたも同じようにする義務を負っているのです。

第30条（世界）　世界のあらゆるところにおいて、どんな社会も、どんな個人も、これまでいろいろ挙げてきた権利や自由を無効なものにしようなどとすることは許されません。

宣言
全國に散在する吾が特殊部落民よ團結せよ

長い間虐められて來た兄弟よ、過去半世紀間に種々なる方法と、多くの人々によつてなされた吾らの爲めの運動が、何等の有難い效果を齎らさなかつた事實は、夫等のすべてが吾々によつて、又他の人々によつて毎に人間を冒瀆されてゐた罰であつたのだ。そしてこれ等の人間を勦るかの如き運動は、かえつて多くの兄弟を堕落させた事を想へば、此際吾等の中より人間を尊敬する事によつて自ら解放せんとする者の集團運動を起せるは、寧ろ必然である。

兄弟よ、吾々の祖先は自由、平等の渇仰者であり、實行者であつた。陋劣なる階級政策の犠牲者であり、男らしき産業的殉教者であつたのだ。ケモノの皮剝ぐ報酬として、生々しき人間の皮を剝ぎ取られ、ケモノの心臟を裂く代價として、暖い人間の心臟を引裂かれ、そこへ下らない嘲笑の唾まで吐きかけられた呪はれの夜の悪夢のうちにも、なほ誇り得る人間の血は、涸れずにあつた。そうだ、そして吾々は、この血を享けて人間が神にかわらうとする時代にあうたのだ。犠牲者がその烙印を投げ返す時が來たのだ。殉教者が、その荊冠を祝福される時が來たのだ。

吾々がエタである事を誇り得る時が來たのだ。

吾々は、かならず卑屈なる言葉と怯懦なる行爲によつて、祖先を辱しめ、人間を冒瀆してはならぬ。そうして人の世の冷たさが、何んなに冷たいか、人間を勦る事が何んであるかをよく知つてゐる吾々は、心から人生の熱と光を願求禮讚するものである。

水平社は、かくして生れた。

人の世に熱あれ、人間に光あれ

綱領
一、特殊部落民は部落民自身の行動によつて絶對の解放を期す
一、吾々特殊部落民は絶對に經濟の自由と職業の自由を社會に要求し以て獲得を期す

一、吾等は人間性の原理に覚醒し人類最高の完成に向つて突進す

大正 十一年三月三日　　　　　　　全國水平社創立大會

筆者注

①本文は原文を忠実に再現しています。（旧漢字を使用しています）。

②理解を促進するため、現代仮名遣いでふり仮名を振っています。

③「人間」：「人間」を「じんかん」と読むのは仏教由来。人に個別に光が当たるのではなく、人と人の間の万物すべてに光が当たることで、人も物も平等になるという意味。

資料9　日本国憲法（抜粋）

第十一条【基本的人権の享有と性質】

　国民は、すべての基本的人権の享有を妨げられない。この憲法が国民に保障する基本的人権は、侵すことのできない永久の権利として、現在及び将来の国民に与えられる。

第十三条【個人の尊重、生命・自由・幸福追求の権利の尊重】

　すべて国民は、個人として尊重される。生命、自由及び幸福追求に対する国民の権利については、公共の福祉に反しない限り、立法その他の国政の上で、最大の尊重を必要とする。

第十四条【法の下の平等、貴族制度の否認、栄典の限界】

1　すべて国民は、法の下に平等であって、人種、信条、性別、社会的身分又は門地により、政治的、経済的又は社会的関係において、差別されない。
（2・3略）

第二十五条【生存権、国の生存権保障義務】

1　すべて国民は、健康で文化的な最低限度の生活を営む権利を有する。
2　国は、すべての生活部面について、社会福祉、社会保障及び公衆衛生の向上及び増進に努めなければならない。

大　漁

朝焼け小焼けだ　大漁だ
大羽鰮の　大漁だ

浜は祭りの　ようだけど
海の中では　何万の
鰮のとむらい　するだろう

（金子みすゞ）

数ある金子みすゞの名作の中で、この詩が一番好きです。
表面的なことに目を奪われるのではなく、
背後にある真実なり本質に目を向けたいと思っています。

あとがきに代えて ─ さて、これからどうするのか？

「国民」を考える

　この狭い国土に１億2600万人の国民がひしめき、それぞれの利害を調節・調整して、すべての国民が幸せになるように議会や政府が政策を立案し実行しています（繰り返しますが、あくまでもタテマエですよ）。

　さて根本的なことを考えてみたいと思います。政府や政治家は、本当に国民が幸せになるような政治を行っているのでしょうか？

　第５章第５節「国の借金を考える」で見たように、ここ20〜30年、中間所得層はその大部分が貧困層に転落し、針の先ほどのホンの一部が富裕層へと駆け上がっています。そして貧困層が増大する一方で、富裕層はますますその富を膨らませています。

　「額に汗して働く国民に報いる」と言った総理大臣がいましたね？私はこの言葉を、とんでもなく勘違いしたようです。「額に汗して働く国民」とは「私たちビンボー人、一般庶民」のことだと信じて疑わなかった私は、「え？　政府がビンボー人の味方してくれるの？」とホンの一瞬ですが期待してしまいました。

　"鵜呑み"にしてしまったわけですね。

　くどいようですが、改めて各種数字を見てみましょう（図表１）。

　この個人所得税というものは、先進国ではその大半を「高額所得者が負担」しているものだそうです。表に見るように、日本の高額所得者は、世界で一番税負担が少ないということです。

図表１　主要国の個人所得税の実質負担率
　　　　（対国民所得比）

日本	フランス	アメリカ	ドイツ	イギリス
7.20%	10.20%	12.20%	12.60%	13.50%

出典：「世界統計白書」2012年版

アメリカの個人所得税の税収は、毎年170兆5000億円ほどだそうです。一方で日本のそれは16兆4000億円程度で推移しているそうです。10倍以上の開きがあるわけですね。国民が１年間に産み出す富の総量（GDP）は、アメリカが日本の４倍ほどですから、日本の所得税収もアメリカの４分の１ ─ 40兆円以上あってもおかしくないわけですが、実態は日本の所得税収がいかに低いかってことですね。日本の金持ちが、「いかに税金を払っていないか」の証明だそうです。

日本の金持ちの税率は「高い」のか？

　日本の所得税率は復興税を含み、先進国最高となっています。

　でも、金持ち優遇策があるとかで、株の配当所得がその代表です。

　配当所得に対する税金は分離課税とされ、「所得が高いほど多く納める」という累進課税の性質を持ちません。何億、何十億の配当があろうとも、15％の税だけですみます。

　この投資家優遇税制は、2003年に導入されました。1997年に消費税が３％→５％へと増税され、庶民が負担に苦しむ中で、富裕層は大減税の恩恵にあずかっていたわけです。

　もう一つ、上場企業の株式配当額を見てみました。2009年はリーマンショックの影響で落ち込んでいますが、2005年の4.6兆円から2017年には12.8兆円へと３倍に増加しています。給与生活者には絶対不可能な数字！

　次は一世帯あたりの平均所得額を見てみましょう（図表２）。すべてのジャンルの世帯で減少していますね。全世帯平均では15％以上の大幅

図表２　一世帯あたりの平均所得額（万円）

	ピーク時	2015年	増減（％）
児童のいる世帯	781.6（1996年）	739.8	-5.4
全世帯	664.2（1994年）	560.2	-15.7
高齢者世帯	335.5（1998年）	318.6	-5.0

出典：厚生労働省「平成30年国民生活基礎調査」

減となっています。「生活が苦しい」と訴える人が増えるはずだわ。

　「我が国に貧困が存在してはならない」── フランス国民議会に席を置く右派国会議員の言葉です。残念ながらこの言葉を、日本の政治家から聞いたことはありません。

　さてここに挙げたいくつかの数字と、「額に汗して働く国民に報いる」という言葉を併せて考えると、重大な事実が浮かび上がってきます。それは、「富裕層を一層豊かにするための政治が続けられてきた」結果、「過去20年以上にわたり、貧困層と富裕層がともに増大＝格差が拡大した」ということです。これでわかりましたね。「額に汗して働く国民に報いる」という場合の「国民」とは、決して私たちビンボー人のことではありません。一瞬でも期待してしまった自分が、とんでもないマヌケに思えてきます。「政府も議員も、ビンボー人のための仕事をしていない」ということをしっかり頭に入れておきましょう。政府は、「富裕層の富を増やすために政治をやっている」わけです。

　今の時代はまた、「自己責任論」によって人々のつながりや連帯感というものが希薄になった時代でもあります。妬みや嫉妬が渦巻き、足の引っ張り合いや、監視、分断、対立、競争も一層激しくなりました。

　見てきたように、ヒトは他者の存在を無条件の前提として社会を形作っているわけですから、「お互いさま」という考えが自然の摂理に従うものだと思います。「誰をも頼るな」という考えは、自然の摂理に反し、社会を生きづらいものにしてしまうと思います。また、「自立」がもてはやされていますが、定義の仕方によっては、これまた「自助努力」のみを求め、「エンドレスな努力」を強いるものとなってしまいます。個人に変化を求め、社会の変化を求めない態度は、結局は「支配されやすい自分たち」のままであるということでしょうか？

　さて、こういう時代にあって、「他者がいないと生きていけない」私たちはどうすればいいのでしょうか？

　ひと言で言い切ることはとても難しいのですが、誤解を恐れずに言えば“基本の基”に忠実であるということでしょうか。

ヒトとヒトの関係が「お互いさま」であること、ヒトはヒトを求める
ものであるということ、困っているときに助けられたらヒトはとても喜
ぶし、助けた方もとても嬉しいし、つまりヒトはお互いが関心を持ち合
い、「よき出会い」によって人生が潤うのだということを、"基本の基"
として大切にしていきたいと思います。

　そして何よりも大切なものは、「ヒトとしての尊厳」であり、「人権」
であり、「平等」であること。これらをとことん大切にし、自分や他者
のそれを踏みにじる行為や態度を決して許さないようにしましょう。

　私たち一人ひとりはちっぽけな存在です。でも力を合わせることはで
きます。

　他者に関心を持ち、不当に差別や排除、制限、拒否、否定されている
人がいれば、その人たちと手をつなぎましょう。そしてその人たちと中
心になって、先頭になって、大いに闘いましょう。私たちには、信じ合
える大勢の仲間がいるのです。

まとめ

　長々とお付き合いくださいまして本当にありがとうございました。

　2006年にうつを発症して以来14年間にわたる体験・経験を中心にいろ
いろと書き連ねてきました。この14年間をシンプルにまとめると次のよ
うになります。

1. 人権、尊厳、民主主義、平等、差別、自立などについて、その神
　 髄を主として障害当事者から学んだ
2. 同時に、それらのことを伝えていくことのむつかしさを、骨身に
　 しみて感じた14年間だった。

　ではこれからどう生きてゆくのか？

　去年古希になりました。つまりは２度目の古希（大古希？）に向かっ
て再スタートしたわけです。障害当事者を始め、「無条件の存在を前提

とする」他者と、豊かな関係を結べる人生であることを望んでいます。誰とも比べず、誰とも競わず、誰とも争わず、自分が関心を持ったことに、自分の納得する方法で、楽しむ心をもって取り組んでいきたいと思います。

そして、この世にさよならを言う前に、寛政の三奇人（賢い人）の一人である林子平（六無斎）の「親も無し妻無し子無し板木無し金も無けれど死にたくも無し」という心境に達してみたいなあと思います（板木とは、木版印刷を行うために文字や図様を彫刻した板）。

これまで多くのご厚誼をいただいた皆さん、これからも時々お声を掛けさせていただきますので、どうぞお付き合いくださいましたら幸いです。

最後のまとめ

原稿を書き終えて校正に取り掛かっていた昨日（2020年7月21日）、偶然にも「センメルヴェイス反応」という言葉をネットで目にしました。初めて聞く言葉ですが、「通説にそぐわない見解を拒絶する傾向」を言うそうです。由来は下記の通りです。

センメルヴェイス反応とは

1847年、ウィーン総合病院に勤務していた医師イグナーツ・センメルヴェイスは、出産した母親が産褥熱（さんじょくねつ）という病気にかかって死亡する現象を観察して、分娩を担当する医師の汚れた手が原因ではないかと考えました。助産師が関わった出産に比べて、医師が関わった場合の母親の死亡率が3倍にも達していたからです。そこで、分娩を担当する医師の手を消毒することにしたところ、産褥熱による死亡が劇的に減少しました。

センメルヴェイスは、この大発見を上司の医師に報告しましたが、

医師たちは誰も、この大発見を受け入れようとはしませんでした。

　この発見が事実だとすると、医師たちは「長年、医師が素手で大勢の母子を殺してきた」ということになってしまいます。主流派の医師たちにとって、そんな事実は、到底受け入れられるものではありませんでした。

　こうして、主流派の医師たちは、センメルヴェイスの発見を一蹴し、無視し続けたのです。結局、1850年、センメルヴェイスはウィーン総合病院を解任されました。

　その後もセンメルヴェイスは、自らの主張を唱え続けましたが、1865年、彼はついに精神科病院に送られてしまい、47歳にして膿血症で死去しました。しかし彼の死後数年を経て、ルイ・パスツールが細菌論を、ジョセフ・リスターが消毒法を確立し、センメルヴェイスの理論は広く認められるようになりました。

　センメルヴェイスが活動した時代には、まだまだ細菌やウィルスという概念はなかったそうです。当事の医学界には、「自分たちの行為が非難される！」という恐怖感が満ちあふれたことでしょう。

　センメルヴェイスという名前を初めて聞いた人でも、コペルニクスやガリレオの名前はご存じでしょう。天動説を主張した科学者で、当時の教会が主張する支配的な学説である地動説に真っ向から異議を唱えました。センメルヴェイスが自説を表明する400年も前のことですが、天動説に驚きおののいた教会の反応（＝異端視）は、まさにセンメルヴェイス反応そのものだったわけですね。

　このように、それまで当たり前とされていた見解に異を唱えるときには、しばしばセンメルヴェイス反応が見られるそうです。

　反応を示す人たちは、専門家や権威・大御所・プロと言われる人たち、あるいは多数派や主流派と言われる人たちで、共通しているのは、科学

的、論理的に考えず、異説に対する厳密な検証を行わずに感情的に反発して、時として自分の地位を守ることに汲々とすることすらあります。

　皆さんもこんな場面に出くわしたことがあるでしょう。過去の常識に基づいた感覚的・感情的な反論は、少数意見や新説を唱える人からすれば滑稽でしかありません。「もっと論理的に反論してよ。議論が噛み合わないじゃないの」という不満がたまるだけですね。

　センメルヴェイス反応という言葉は、私に勇気を与えてくれました。そして、自分の意見は自由に表明していいのだという考えに至りました。これまでもほかの人といろんな意見の違いがありましたが、これからも自信をもって、論理的に意見を表明していきたいと思っています。皆さん、どうぞよろしくお願いしますね。

　最後に、私が「うつ」を受け入れた時の心境を読んだ一句をご紹介します。私のレゾンデートル（存在理由）だと思っています。
　「おりゃうつだ　それがどうした　文句があるか」

　この本を手に取っていただいたすべての方に、心よりお礼申し上げます。長時間お付き合いくださって、本当にありがとうございました。

　説明不足、論旨不明、繰り返し、論理矛盾、資料解釈の誤り、不明瞭な結論などがありましたら、すべて私の力量不足によるものです。心よりお詫びいたします。読みやすさを心がけたつもりですが、意に反して、読みにくい点がありましたら重ねてお詫び申し上げます。

　なお、お読みいただいた皆さんの反応をとても楽しみにいたしております。ご意見、ご感想にとどまらず、とりわけて、ご批判、ご指摘、異論、反論などを大歓迎いたします。巻末に記載したメールアドレスにて承っておりますので、ご遠慮なくお寄せいただければ幸いです。

　最後に、この本の出版に当たりご協力をいただいたすべての方々に、この場を借りてお礼申し上げます。本当にありがとうございました。

　　2020年8月1日　　　　　　　　　　　　　　　　　　大平　実男

［著者略歴］

大平実男（おおひら・じつお）

1949年10月20日	大分県北海部郡坂ノ市町（現大分市）に生まれる
1969年4月	進学のため福岡市へ
1974年4月	地元印刷会社へ就職
	以後、印刷業界で29年間働く
2003年2月	勤めていた印刷機材商社が倒産
2004年3月	ホームヘルパー2級資格取得
2005年3月	ホームヘルパー1級資格取得
2006年3月	うつ発症。最初の入院
2006年9月	障害者介護事業所オープン
2008年4月	うつ再発により2度目の入院
2009年11月	アスペルガー症候群と診断される
2012年4月	「福岡・障害者と暮らしを創る会」設立

メールアドレス：kurashi_tsukuru@jcom.zaq.ne.jp
（ご意見はこちらへお寄せ下さい）

うつでアスペなおやじ ヘルパーになる
〜あるいは私のプチ社会保障論〜

2020年9月1日　第1刷発行

著　者　大平実男
発行者　杉本雅子
発行所　有限会社 海鳥社
　　　　〒812-0023　福岡市博多区奈良屋町13番4号
　　　　電話092(272)0120　FAX092(272)0121
　　　　http://www.kaichosha-f.co.jp
装　丁　いのうえしんぢ
印刷・製本　モリモト印刷 株式会社
ISBN978-4-86656-078-6　［定価は表紙カバーに表示］

音声 CD 引換券

視覚障害の方向けに本書の内容を音声化した CD を無料でお送り致します。ご希望の方は下記にご記入の上、海鳥社宛てに郵送してください。

お名前　　　_____

ご住所　　〒

_____

電話番号　_____

（切り取り線）

送付先 ▶ 海鳥社　〒812-0023　福岡市博多区奈良屋町13番 4 号